Glaser

Eutonie

Eutonie

Das Verhaltensmuster des menschlichen Wohlbefindens

Lehr- und Übungsbuch
für Psychotonik® Glaser

Von Prof. Dr. med. Volkmar Glaser

Mit 102 Abbildungen und 4 Tabellen

3., überarbeitete Auflage

HAUG

Karl F. Haug Verlag · Heidelberg

CIP-Titelaufnahme der Deutschen Bibliothek

Glaser, Volkmar:
Eutonie : das Verhaltensmuster des menschlichen Wohlbefindens ; Lehr- und Übungsbuch für Psychotonik Glaser / von Volkmar Glaser. – 3., überarb. Aufl. – Heidelberg : Haug, 1990.

ISBN 3-7760-1057-6

2. Auflage 1981
3. Auflage 1990

Titel-Nr. 2057 · ISBN 3-7760-1057-6

Gesamtherstellung: Progressdruck GmbH, 6720 Speyer

Inhalt

Quellenverzeichnis der Abbildungen

S. 34, 93, 94, 95, 109, 199, 275, 278, 281, 284, 287, 290: Rauscher, München.

S. 109, 148, 149: Aufnahmen: G. Kaspar, Konstanz.

S. 116, 117, 120, 121, 132: Aus D. Trincker, Taschenbuch der Physiologie. Bd. III, VEB-Verlag G. Fischer, Jena 1974.

S. 152: Forschungs- und Schulungszentrum Dr. Brügger, Zürich in KG 4/1987.

S. 152: Umzeichnung von Foto v. F. Stark in Spectramed 4/11/86.

S. 279: H. Wisigenus: Luther vor dem Reichstag in Worms. Wandgemälde in der Kaiserpfalz. Goslar. Verlag Thuhoff, Goslar.

S. 282: G. L. Bernini: David mit der Schleuder. Museum d. Villa Borghese, Rom. Aus: Rom-Vatikan, Bruno del Priore, Rom 1972.

S. 285: J. L. David: Die Sabinerinnen. Louvre, Paris. Aus: Europäische Malerei. Südwest-Verlag, München 1961.

S. 288: W. Mattheuer: Der übermütige Sisyphos und die Seinen, Gemäldegalerie Neue Meister, Dresden. Aus Westermanns Monatsheft 1/1978.

S. 291: A. Rodin: Handzeichnung. Aus: Prisma, Heft 5, März 1947.

Alle weiteren Strichzeichnungen und Photos vom Autor.

Vorwort zur 3. Auflage

Aus meiner mehr als 50jährigen Beschäftigung mit der Atemtherapie entwickelte sich in eigener Praxis bei Fortbildungsveranstaltungen, Kongreßbeteiligungen und Veröffentlichungen eine Sichtweise vom menschlichen Sein, die sich nicht nur mit therapeutischen Maßnahmen zur Beseitigung von Krankheitserscheinungen begnügte, sondern thematisch auch zu den Bedingungen des menschlichen Wohlbefindens Stellung nahm. Viele persönliche Kontakte und Erfahrungen mit den Pionieren der Atem- und Körperfühlarbeit *(Alexander, Dürckheim, Fuchs, Gindler, Heyer, Jacobs, Kallmeyer, Medau, Middendorf, Schaarschuch, Schlaffhorst, Schmitt, Stolze, Wigmann)* ermöglichten es mir, ihre Auffassungsweisen und theoretischen Begründungen mit den wissenschaftlich ausgerichteten Atem- und Bewegungstherapien in Beziehung zu setzen.

Dabei kristallisierten sich zwei Fragenkomplexe heraus:

- Wie lassen sich die empirisch entwickelten Behandlungsweisen mit den jeweils bekannten wissenschaftlichen anatomisch-physiologischen Begriffen erklären?
- Warum scheinen die Erfolge oder Mißerfolge nicht an die therapeutische Methode gebunden zu sein, sondern an die Persönlichkeit des Behandlers, der diese Methode anwendet?

In jahrzehntelanger Forschungsarbeit entstand daraus die Lehre der Psychotonik, die die Phänomene einer gesunden und natürlichen Verhaltensweise für die vielfältigsten Therapieformen (Physiotherapie, Logopädie, Psychotherapie) methodisch nutzbar macht *(Grossmann-Schnyder)*.

Die erste Auflage dieses Buches war als eine Art Repetitorium für die Lehrgangsteilnehmer konzipiert worden. Die wissenschaftliche Forschung hat in den vergangenen zehn Jahren so wertvolle Erkenntnisse beigesteuert, daß die sensomotorischen Kapitel überarbeitet und aktualisiert werden mußten. Durch die Ergebnisse meiner eigenen Forschungen über die archaischen Verhaltensstrukturen des Menschen konnte ich den anthropologischen Aspekt der Eutonie vervollständigen. Die Lehrbeispiele zum Intentionstraining wurden unverändert übernommen, da sie in dieser Systematik den Lehrgangsteilnehmern bekannt sind und dem Leser für die Eigenerfahrung und für seine therapeutischen Bemühungen wertvolle Hinweise geben können.

Allen denen, die mir mit Rat, Kritik und persönlicher Hilfe zur Neugestaltung beigetragen haben, sei hier von ganzem Herzen gedankt. Mein besonderer Dank gilt dem Verlag und seinen Mitarbeitern, die mit ihrer Fachkenntnis die Herausgabe ermöglichten.

Freudenstadt, im Herbst 1990 *Prof. Dr. med. Volkmar Glaser*

Einführung in die Problematik

Dieses Buch wendet sich an jene Berufskreise, die Kranke oder in ihrer Entwicklung Beeinträchtigte zu betreuen haben, also an Therapeuten aller Fachrichtungen: Ärzte, Physiotherapeuten, Krankengymnasten, Psychotherapeuten, Arbeitstherapeuten, Psychologen, Gymnasten, Logopäden, Pneopäden, Sozialhelfer, Pädagogen u. ä. Wir wollen ihnen keine neue Methode anbieten, die im Kampf gegen Krankheitssymptome und Fehlverhaltensformen besser, gründlicher und erfolgreicher als alle anderen sein will. Es geht uns vielmehr darum, das Blickfeld dieser Berufsgruppen auf ein natürliches Verhalten des Menschen auszuweiten.

Dann wird der Therapeut nicht mehr „die Krankheit" diagnostizieren, sondern sich auf die Suche begeben nach den im Menschen noch vorhandenen Entwicklungspotenzen, die zur Heilung mobilisiert werden können. Das gilt sinngemäß auch für Erziehungsaufgaben. Statt Fehlverhaltensweisen aufzudecken und zu verurteilen, sind Bedingungen zu schaffen, durch die die naturgemäßen Entwicklungstendenzen aufgerufen werden können. Erziehung und Therapie wird hier verstanden als Hilfe zum Aufruf brachliegender, blockierter oder fehlgeleiteter körpereigener Selbstregulationen.

Diese Auffassung hebt die in den letzten Jahrhunderten künstlich geschaffenen Grenzen zwischen Therapie und Pädagogik wieder auf und kommt einer Forderung der heutigen Zeit nach mehr „Menschlichkeit" im helfenden Umgang mit dem Menschen nach.

Zwar sehen wir in der Medizinischen Psychologie (*Pohlmeier*) sehr wesentliche Ansätze zu einer Vermenschlichung der Medizin, doch ist auch sie nach *Beckmann* mehr auf die Erforschung von psychischen Krankheitskorrelaten ausgerichtet. *Schipperges,* der Streiter für eine neue Gesundheitspolitik, kommt zu der resignierenden Feststellung, daß der Medizin das Wissen um Gesundheit und eine Lehre gesunder Lebensführung verloren gegangen sei.

Auch heute noch ist „Gesundheit" ein sehr schillernder Begriff. Die Definition der Weltgesundheitsorganisation, Gesundheit als „Zustand völligen körperlichen, seelischen und sozialen Wohlbefindens" zu bezeichnen, besagt gar nichts, wenn man nicht gleichzeitig die Zeichen benennt, worin sich „Wohlbefinden" ausdrückt.

Wir haben darum anstelle von „Gesundheit" den Begriff „Eutonie" als das Verhaltensmuster des Wohlbefindens gewählt (*Glaser,* 22).

Eutonie ist für uns der Zustand der bestmöglichen Ausgewogenheit aller Entwicklungen des Menschen. Ein solcher Zustand ist selbstverständlich vom Reifegrad des Menschen abhängig und bietet sich in der Kindheit anders dar als im Alter. Immer aber besteht dabei eine muskuläre Spannungsbalance, in der alle motorischen Regelungen, die der Mensch zum Umgang mit der Welt benötigt, zwar aufgerufen, aber gleichzeitig auch untereinander ausgeglichen sind. Doch hat er zu jeder Zeit als Hauptkriterium ein Sich-Wohlbefinden, das wesentlich höher zu bewerten ist als eine definierbare Beschwerdefreiheit.

Versucht man diesen angenehmen Zustand zu objektivieren, so schwindet er. Allenfalls bleibt er in unserem Bewußtsein als ein nachklingendes Glücksgefühl, denn er ist an die Freude des Miteinander-Seins, an eine gute Kommunikation mit der Welt, an ein „Wir"-Gefühl gebunden. Er wird immer nur eine Gefühlsgewißheit geben können.

Relativ leicht lassen sich dagegen die Muskelphänomene des Unbehagens erfassen. In diesem Zustand fühlt man sich von der Welt enttäuscht. Man ist auf sich selbst zurückgeworfen und kann sich deshalb auch selbst beobachten. Dabei fallen einem die Muskelverspannungen, die Erschlaffungsgebiete und der Mangel an Koordination der Bewegungen auf. Die Haltung wird mühsam, die Bewegungen ungelenk. Man spürt die „müden Beine", das „abgeschlagene Kreuz", die „Last auf den Schultern", man „läßt den Kopf hängen", ist „bedrückt", „kann nicht aus sich heraus", alles wird „schwer" und was es sonst noch an unangenehmen Sensationen gibt, durch die man einen „Sinn"-Zusammenhang mit dem Tonusgeschehen charakterisieren kann.

Fühlt man sich dagegen wohlgemut, frei und offen der Welt zugewandt, wird alles leicht und selbstverständlich. Der Leib steht unbeachtet zur Verfügung. Von Verspannung oder Erschlaffung ist dann keine Rede mehr.

Natürlich vollziehen sich diese „Nicht"-Sensationen auch durch irgendwie geartete Muskelkontraktionen. Doch sind sie so fein geregelt, daß die Bewegungen wohl als „Gelöst-Sein", „Anmut", „Würde" oder „sinnvolles Tun" in Erscheinung treten, aber vom Träger nie in Form von Spannungszügen empfunden werden.

Die Lehre, die die Korrespondenzen zwischen Spannungsverteilung in der Muskulatur und der Affektivität erforscht, systematisiert und für die erzieherische und heilende Arbeit nutzbar macht, nennen wir Psychotonik. Sie umschließt alle Verhaltensvariationen, die sowohl im Seelischen als auch im Leiblichen denkbar sind, und nicht nur die Eutonie. Damit enthält dieser Begriff weder psychologische noch moralische Wertungen. Im Buch wollen wir aber unser Augenmerk auf jene Momente der Psychotonik richten, die für den Menschen positive, seine Persönlichkeitsentwicklung fördernde Tonusregulationsformen beinhalten.

Unabhängig davon, ob Eutonie im Einzelfall realisierbar wäre, können wir aus den Muskelphänomenen, die zur Bewältigung bestimmter Lebensaufgaben nötig sind, schlußfolgern, von welchen leiblichen und seelischen Momenten der Eutonus abhängig ist und wie sich dieser Zustand darstellt.

Unser Plädoyer für die „Mitmenschlichkeit" in Medizin und Pädagogik heißt nun nicht, daß wir die Eutonie als eine exklusive Methode zu lernen oder lehren hätten. Es gibt begnadete Ärzte und Erzieher, die die Form des „Gut-Seins" mit unbewußter und bescheidener Selbstverständlichkeit leben. Wir wollen nur die Zusammenhänge eines intuitiv guten Handelns aufweisen, um die in jedem Menschen liegenden Anlagen zur freien Entfaltung zu bringen.

Darum möchten wir die Behandler und Erzieher dazu motivieren, unbedingt ihre eigene Persönlichkeit als wirksames therapeutisches Agens miteinzusetzen und eine Zuwendungsform zu verwirklichen, durch die auch beim Patienten und Schüler die natürliche Begegnungs- und Entwicklungsmöglichkeit zur Gesundung, Reifung und Harmonie aufgerufen werden kann.

Diese Einstellungsform stützt sich auf die Urerfahrung, daß Mitmenschlichkeit, die als Würdigung der Person und als Aufruf zur Gegenseitigkeit im Meinen und Geltenlassen zur Wirkung kommt, mit zu den stärksten Lebensauftrieben gehört. Um aber solche aufbauenden Kräfte im Beeinträchtigten zu mobilisieren, muß sie der Behandler selbst entfaltet haben und dazu über den Weg der Selbsterfahrung und Bewußtmachung der Zusammenhänge gegangen sein.

Bedenkt man, daß sich Wohlbefinden ohne besondere körperliche Sensationen abspielt und dem Menschen dabei nur Heiterkeit und Freude am Dasein gegenwärtig sind, so ist das Erforschen der Bedingungen für die Entfaltung eines glücklichen Zustandes sehr oft einem Hindernislauf vergleichbar. Es verlangt ja, daß man sich aus der Unbefangenheit und Unbekümmertheit, die aus der Freigabe seiner affektiven Impulse entstehen, lösen kann und im Erlernen und im Einordnen auch die Fähigkeit zur bewußten Selbstbeobachtung und -direktive entwickelt. Diesen Dornenweg können wir unseren Schülern nicht ersparen, wenn er auch viel angenehmer ist als reine Willensaneignung oder das Einüben technischer Fertigkeiten.

Als Mensch der heutigen Zeit kann sich der Therapeut nicht wie eine Mutter ihrem Kind gegenüber benehmen und seine Behandlung dem Instinkt überlassen. Man würde ihn als Scharlatan einstufen, wenn kein Ordnungssystem erkennbar wäre, dem er sich verpflichtet fühlt und in dessen Rahmen er sich selbst eingliedert.

Ein solches System auf einem Sachgebiet aufzustellen, ist verhältnismäßig einfach, weil man die Objekte abgrenzen und entsprechend einordnen kann. In der Medizin wie in der Pädagogik begegnen wir aber der Gefahr, daß der Mensch in seiner lebendigen Vielfältigkeit zu einem „Fall" vereinfacht und degradiert wird, um der Systematik oder Statistik zu genügen. So lassen sich Krankheitssymptome beschreiben, objektivieren und klassifizieren. Die Rolle des persönlichen Befindens rangiert dann allenfalls als subjektiver Störfaktor.

Doch ausgerechnet diese „Störgrößen" gestalten das Leben in seiner unendlichen Variationsbreite und machen es lebenswert. Will man sie erforschen, muß man den sezierenden, wissenschaftlichen Weg verlassen und phänomenologisch, hermeneutisch vorgehen. „Das Leben erforschen, heißt sich am Leben beteiligen." (*V. v. Weizsäcker*)

Wenn uns jemand die Hand zur Begrüßung gibt, werden wir kaum danach fragen, welche Kraft genau aufgewendet wurde oder welche einzelnen Muskeln an dieser Bewegung beteiligt waren oder gar wie groß die Strömungsgeschwindigkeit des durchfließenden Blutes war, um dieser Hand eine konstante Wärme zu garantieren.

Alle diese Vorgänge sind jedoch nötig, damit wir über das Phänomen des Händedrucks die Stellungnahme des Partners zu uns erfahren. Wir können unterscheiden, ob wir angenommen oder abgelehnt werden, ob uns jemand zur Beruhigung die Hand gibt, sein Mitgefühl ausdrückt und Sicherheit anbieten will oder ob er desinteressiert an dieser Begegnung ist, beherrschend und vereinnahmend mit dem Augenblick umgeht. Das Phänomen wird also mit einem subjektiven „Sinn" verknüpft. Wir deuten, was uns der Händedruck dieses Menschen besagt, und finden uns dazu berechtigt, weil wir uns durch ihn gemeint fühlen. Vergleiche mit früheren Erfahrungen und der sprachliche Austausch mit anderen Beobachtern führen dann zu der Gewißheit, daß es für uns wirklich so „ist". Diese hermeneutisch gefundene Aussage über den Händedruck ist nun unter wissenschaftlichen Bedingungen nicht wiederholbar und stellt somit einen Irritationsfaktor für jede Statistik dar. Für unsere Lebensbewertung ist eine solche Evidenz aber von größter Wichtigkeit und darf unter den Kriterien der Menschlichkeit weder aus der Medizin noch aus der Pädagogik ausgeschlossen werden.

Die Lehre von der Psychotonik berücksichtigt diese unschätzbare Bedeutung und bezieht, wie jedes natürliche Wissen vom Menschen, die subjektive Erfahrung in die Betrachtung mit ein. Sie setzt sich dialektisch mit den Erfahrungen, Ansichten und Feststellungen anderer Experten auseinander und sucht die dadurch erlangte Sicht mit experimental-wissenschaftlichen Forschungsergebnissen zu erklären, beides in Einklang zu bringen oder die Zuständigkeiten abzugrenzen.

Wir haben durch die Beachtung von Phänomenen, die in der Behandlung während der manuellen Therapie erkennbar werden, allmählich einen Überblick über die Einzelkomponenten der Tonusregulation erarbeitet. Dem Leser muten wir in diesem Buch einen ähnlichen Erkenntnisprozeß zu, da er nur im Selbsterleben zu einem eigenen Urteil über den Wert einer verbesserten Tonusregulation kommen kann.

Dazu zeigen wir im ersten Teil des Buches die wesentlichen Erscheinungsformen (Phänomene) der Eutonie in der Reihenfolge auf, wie sie sich im Laufe unserer persönlichen Erfahrungen, Forschungen und Kolloquien herausgebildet haben. Wie sie dann für die Schulung und für den therapeutischen Einsatz genutzt werden können, zeigt der verbal-taktile Eutonieaufbau. Wir gehen dabei auf die Notwendigkeit des haptokinetischen Über-sich-hinaus-Spürens (Transsensus) ein, da die Tonusregulation beim Menschen durch diese Intention verbessert wird. Der Leser ist auf seine Fähigkeit angewiesen, absichtlich einen Intentionswandel vornehmen zu können oder ein bestimmtes Bezugsverhältnis zur Umwelt auszuwählen, wenn er die Phänomene der Tonusregulation kennenlernen, deuten und differenzieren will.

Im zweiten Teil des Buches werden die beschriebenen Phänomene aus der Sicht der Psychotonik interpretiert. Da die Eutonie als Zustand der integralen Tonusregulation durch ein psychophysisches Phänomen motorisch zum Ausdruck kommt, haben wir uns hierbei mit zwei Sachgebieten zu beschäftigen. Das ist einmal die Menschenkunde (Anthropologie), soweit sie sich auf das Empfindungsleben und dessen Ausdruck im Verhalten bezieht. Zum anderen gehen wir auf die naturwissenschaftlichen

Fakten der Sensomotorik ein, soweit es dabei um die Erforschung der Tonusregulation als somatischer Anteil geht.

Beide Forschungsbereiche laufen anscheinend unvereinbar nebeneinander her. Die Anthropologen beschreiben die Tatbestände des Verhaltens. Die Psychologen können dazu psychische Motive beisteuern. Doch die leiblichen Vorgänge beschränken sich auf den Forschungsbereich der Physiologen oder bestenfalls der Neuropsychologen. Und so ist der naturwissenschaftlichen Denkweise und Experimentierpraxis auch heutigen Tages noch immer der Zugang zur Erklärung der Erscheinungsformen eines natürlichen Verhaltens erschwert.

Ja wir meinen, daß sie sich durch ihren Blickwinkel sogar selbst den Weg dazu verbaut hat. Die Phänomene einer guten Tonusregulation wie Lösung, Weitegefühl, Schmeidigung, Zentrierung, ökonomische Atemanpassung und Induktion sowie die dazugehörigen psychischen Komponenten eines guten Kontaktgeschehens, treten in der sachlichen Atmosphäre einer objektivierenden Untersuchungssituation gar nicht erst auf. Die anthropologische wie auch die sensomotorische Kenntnis dieser Momente der Eutonie sind aber von außerordentlicher Bedeutung für die Therapie wie auch für den erzieherischen Umgang mit den Menschen.

Im dritten Teil geben wir dem Leser an Hand von Lehrbeispielen dann die Möglichkeit, sich die Phänomene unterschiedlicher Bezugsverhältnisse in Form eines Intentions-Trainings selbst zu erarbeiten. Aus rein didaktischen Gründen haben wir Übungen im Sachbezug vorangestellt (A I.–VI.), obwohl sich die natürliche Entwicklung der Motorik im Säuglingsalter zunächst am Umgang mit der Mutter und damit mit Lebendigem und nicht mit Dingen orientiert. Der Wert dieser Einstellung auf Lebendiges wird dem Leser erst im zweiten Abschnitt deutlich, wenn er mit einem Partner (B I.–IV.) die Charakteristika einer guten Tonusregulation erarbeitet. Im dritten Abschnitt (C I.+II.) wird er erkennen, daß sogar die Auseinandersetzung mit der Schwerkraft eine Rolle für die Gestaltung des Lebens spielt und für die Fähigkeit, einen transzendenten Bezug zu Unbekannten zu entwickeln, von ausschlaggebender Bedeutung ist. Im vierten Abschnitt (D) geben wir ihm die Möglichkeit nachzuempfinden, welche archaischen Entwicklungsanlagen gefördert werden müssen, um dem Menschen einzelne Kriterien einer eutonen Verhaltensweise als Wohlbefinden erlebbar zu machen.

Die Lehrbeispiele sind so aufgebaut, daß der jeweilige Vorgang zunächst sachlich und formal durchgeführt wird. Dann wird eine Intention auf Transsensus dazugegeben, um den Vorgang mit einer psychologischen Thematik zu verbinden. Es wird ihm also ein Sinn unterlegt. Erst im Anschluß daran sollte man sich die Veränderung seines Befindens und der leiblichen Abläufe vergegenwärtigen (**Poststimulation**), um so zu einer Deutung des Phänomens zu kommen.

Wir möchten betonen, daß die hier angegebene Art der Übungsfolge ausschließlich für unsere Schüler gedacht ist. Für den Einsatz ihrer Arbeit ist es wichtig, daß sie die Phänomene einer formal-sachlichen von einer sinnvollen Übungsgestaltung unterscheiden lernen. Haben sie an sich selbst die Zusammenhänge zwischen Leibgeschehen und Einstellung auf eine Lebenssituation erfahren, so können sie ihre persönliche Evidenz mit den Kommentaren vergleichen, die die praktische Erfahrung mit den Kenntnissen des theoretischen Teiles ergänzen und darauf hinweisen, wie die Prinzipien der Psychotonik auf pädagogischem und therapeutischem Gebiet berücksichtigt werden können.

Verfolgt man die Geschichte einschlägiger erzieherischer oder therapeutischer Verfahrensweisen, so wird ersichtlich, daß sich der Übergang von der Erfahrung zur anerkannten Methode oft auch ohne rationale Einsicht vollziehen konnte. So kennen wir z. B. auf dem Gebiet der manuellen Praktiken eine ganze Reihe gängiger Methoden, von denen wir annehmen, daß den Urhebern die von uns empfohlene Einstellung, die mit aller Behutsamkeit und Sicherheit auf den Partner eingeht, ganz natürlich zu eigen war und mit aller Einfühlungsfähigkeit die individuelle Angepaßtheit ihrer Einwirkung garantiert.

Schulungsmäßig weitergegeben wird aber zumeist nur die dabei getätigte Handlungsweise, deren Technik im Bedürfnis nach wissenschaftlicher Anerkennung dem gültigen sensomotorischen Schema unterstellt wird. Richtet sich ein Schüler nach bestem Wissen und genau sachlich formal nach diesen methodischen Vorschriften, so wundert er sich, daß seine Behandlungserfolge nicht nur geringer als die des Meisters sind, sondern sogar auch unzureichender als die jener Kollegen, die von sich aus „instinktiv" eine gute, menschengerechte Einstellung auf die Persönlichkeit ihres Patienten mitbringen und unbewußt einfließen lassen.

Aus dem Bedürfnis heraus, bei den Menschen, die sich helfend anderen Menschen zuwenden, das Vertrauen in die Rechtmäßigkeit ihres empathischen Handelns zu stärken, ohne daß sie an dem Stellenwert der Wissenschaft zweifeln, haben wir dieses Lehrbuch der Psychotonik geschrieben.

Das Phänomen Eutonie

Das Verdienst, den Begriff Eutonie in einem größeren Kreis bekannt gemacht zu haben, gebührt der Rhythmikpädagogin *Gerda Alexander*. Sie lud 1959 internationale Experten, darunter auch den Verfasser, zu einem Kongreß über „Funktionelle Bewegung und Entspannung" nach Kopenhagen ein.

Zu jener Zeit stand das Phänomen der Eutonie schon in unserer eigenen Arbeitskonzeption. Angeregt durch die Körperfühlarbeit von *Gindler*, die wir 1933 in Berlin erleben durften, und ermutigt durch die eigene Forschungsarbeit über das chinesische Meridiansystem, hatten wir als Schüler des Atemtherapeuten Dr. med. *J. L. Schmitt* die Auffassung von hypotoner, hypertoner, dystoner und eutoner Regulation der Muskelspannung von ihm übernommen und charakterisierten seit 1956 damit spezifische menschliche Verhaltensweisen (*Glaser*, 4). Folgerichtig entwickelte sich der Begriff Eutonie bei uns zur Umschreibung des menschlichen Wohlbefindens, eines dynamischen Zustandes, der zwar an konkret beobachtbare Muskelphänomene gebunden ist, aber gleichzeitig alle möglichen Entwicklungstendenzen des Menschen in einem ausgewogenen Wirkverhältnis beeinhaltet.

Im Gegensatz zu dem in diesem Buch verwendeten Begriff „Eutonie" verknüpfte Frau *Alexander* den Namen mit einer von ihr kreierten, genau definierten Behandlungsweise, die sich um eine bewußte Regulierung des Gesamttonus zu einer Spannungsbalance bemüht (*Alexander*, 1), um dadurch zur Entfaltung der Persönlichkeit und zu einem wirklichkeitsgerechten sozialen Verhalten zu führen (*Alexander*, 2).

Da die auf dem Kongreß geplante Gründung einer „Eutonie-Gesellschaft" als gemeinsame Basis nicht zustande kam, wurde die Eutonie-Problematik getrennt und eigenständig von den einzelnen Schulrichtungen weiter entwickelt. Dabei konnte es nicht ausbleiben, daß sich für die Phänomene, die von allen anerkannt werden sollten, unterschiedliche Bezeichnungen, Interpretationen und empfohlene Arbeitswege herauskristallisierten. Dennoch sind die einzelnen Auffassungsweisen einander ähnlich oder differieren oft nur in unwesentlichen Momenten.

Wir bieten in diesem Buch unsere Sicht der Eutonie dar und stellen den Schülern einschlägiger Schulen und den Lesern, die sich mit der Eutonie schon beschäftigt haben, anheim, die Gemeinsamkeiten oder Unterschiede der Lehrmethoden anzuzweifeln oder zu bestätigen. Dabei müssen folgende Überlegungen berücksichtigt werden:

Die Unverbindlichkeit subjektiver Erfahrungen

Die meisten Methoden der Menschenführung sind aus der unmittelbaren Erfahrung gewachsen. Dabei schwört jeder Pionier auf seine Methode und hebt doch nur Besonderheiten eines Gesamtkomplexes heraus, die unter seiner Sicht als wichtig erscheinen. Vor dem wissenschaftlichen Forum bleiben sie vor allem dann suspekt, wenn sie psychologische Aspekte mit einbeziehen, die experimentell nicht nachprüfbar sind und für die noch kein Modell zur Verfügung steht (*Ehrenberg* in KGy Bd. 1, S. 217).

Das gilt für die Entspannungs- und Lösungspraktiken sowie für eine Reihe von organismischen Verfahren der Psychotherapie, wobei das Autogene Training nach *J. H. Schultz* eine rühmliche Ausnahme zu sein scheint. Das gilt vorerst noch für die asiatischen Praktiken des Zen und Yoga sowie für die Akupunktur. Es gilt aber auch für die Atemtherapie, sofern sie psychologische Fakten berücksichtigt, und es gilt, gewiß nicht an letzter Stelle, für das hier anstehende Phänomen der Eutonie.

Die Unzulänglichkeit wissenschaftlicher Modelle

Wissenschaftlich begründete Forschungsergebnisse, die den Forderungen der Experimentalphysik genügen, sind auch nicht ausreichend, um vornehmlich die Erscheinungen des guten menschlichen Verhaltens darzustellen. So lassen sich z. B. Anmut und Leichtigkeit einer natürlichen Bewegung nicht dadurch erklären, daß das Muskelspiel des Menschen allein auf die Gelenkmechanik und die Kraftzüge bezogen oder über kybernetische Schemata veranschaulicht wird.

Damit soll nicht der Wert solcher Modellvorstellungen für eine Einsicht in Zusammenhänge auf einem bestimmten Sachgebiet in Frage gestellt werden, sondern nur ihr darüber hinausgehender Geltungsanspruch in bezug auf eine natürliche Bewegungsform.

Die Unvereinbarkeit wissenschaftlicher Modelle mit der Praxis

Der Trend vieler Berufszweige, wissenschaftlich anerkannt zu werden, führt allzuleicht zu der Verpflichtung, die therapeutische oder pädische

„Arbeit am Leibe" auf wissenschaftlich objektivierbaren Sachverhalten aufzubauen. Dabei richten sie dann ihr Vorgehen im Umgang mit dem Menschen an den unzureichenden Modellen aus, die von der Experimentalwissenschaft und den daraus gewonnenen Denkprozessen aufgestellt wurden und vergessen, daß in menschlichen Handlungsweisen immer ein ganz persönlich geprägter Sinn zum Ausdruck kommt.

Für die folgenden Erörterungen benutzen wir das Bild der Eutonie, so wie es sich uns im Laufe unserer Lebenserfahrungen gezeigt hat, wohlwissend, daß sie durchaus nicht zum Durchschnittsverhalten des Menschen gehört und ihre Phänomene weder im Experiment noch im Krankheitsfall mit Sicherheit auftreten müssen. Als Verhaltensweise ist sie im Bewegungs- und Haltungsausdruck erkennbar und damit als ein muskulärer Vorgang prüfbar. Eutonie läßt sich also visuell und taktil erfassen.

Es wird nicht leicht, die dabei auftretenden Phänomene über das Wort so differenziert zu schildern, daß die Zusammenhänge auch einem noch nicht damit Vertrauten verständlich werden. Die Schwierigkeit dieses Problems liegt darin, daß sich gewisse, für unser Wohlbefinden wesentliche Sensationen des Leibes gerade dann verflüchtigen, wenn wir sie genauer an uns beobachten wollen.

Achten wir z. B. während einer Bewegung darauf, diese besonders natürlich und graziös ausführen zu wollen, indem wir ihren Ablauf genau verfolgen, so wirkt diese Geste gekünstelt und übertrieben. „Natürlichkeit" und „Anmut" werden wir nie an uns selbst beobachten können, es sei denn um den Preis ihrer Zerstörung (vgl. Dornauszieher bei *H. v. Kleist*, Marionettentheater). Diese Eigenschaften kann immer nur ein anderer an uns feststellen.

Wenn man nun im rechten Handeln sein Augenmerk nicht auf sich selbst richtet oder sich gar vergißt, so heißt das keinesfalls, daß man dabei kein Bild von seinem eigenen Zustand hat. Das „Wissen" um seine eigene Befindlichkeit bezieht der Mensch nicht aus der Reflexion. Es bildet sich aus einer ganz besonderen Art der Eigenerfahrung, wenn man sich zwar nicht beachtet, aber sich dennoch seines Seins in erhöhtem Maße inne ist.

Empfindungen, die in kontaktenden Verhaltensweisen aufsteigen, gehören in den Bereich der koinästhetischen Gefühle. Sie signalisieren das allgemeine Befinden in angenehmer oder unangenehmer Weise. Dabei sind sie uns nur marginal bewußt, d. h. sie machen uns unseren augenblicklichen Lebenszustand in ähnlicher Weise deutlich, wie z. B. Randbemerkungen (Marginalien) den wesentlichen Inhalt einer Buchseite hervorheben.

Darum lassen sich die Gefühle des Eutoniezustandes auch nur widersprüchlich oder als Paradox beschreiben.

- Der Eutone verschwendet keinen Gedanken an sich selbst, sondern ist ganz auf den anderen eingestellt. Im Vergleich zum Nicht-Eutonen-Zustand erfährt er sich aber als größer, weiter und umfassender.
- Der Eutone übernimmt vorbehaltlos die Aufgabe, auf den anderen einzugehen. Er verausgabt sich aber dabei nicht, sondern fühlt sich eher belebt, gestärkt, erfüllt und froh.
- Der Eutone kann den anderen stützen, mithelfen und tragen, ohne daß ein Last- oder Kettungsgefühl in ihm aufkommt. Was dabei zu tun ist, vollzieht er problemlos und so selbstverständlich, wie es die Lage erfordert.
- Der Eutone stellt sich mutvoll einer Situation und kann sich ihr anheimgeben. Er fühlt sich dabei nicht ausgeliefert, sondern entwickelt eine Elastizität, die ihm das Gefühl des Geschützt-Seins vermittelt.
- Dem Eutonen erwächst in der liebenden Hinwendung ein persönliches Wertgefühl. Er empfindet es als Geschenk, sich beglückt und wohl fühlen zu können.

Eutonie ist das Verhaltensmuster des menschlichen Wohlbefindens.

I. Das Bild der Eutonie

Die Eutonie als integrale Tonusregulation ist nicht nur auf die Regelung der Organfunktion beschränkt, sondern sie ist die bestmögliche psychophysische Ausbalancierung des Menschen in allen seinen Lebenslagen. Sie drückt in der Jugend den gesunden Ansatz zur Entwicklung und im Alter den wohlgefundenen Reifeprozeß aus. Im Laufe des gesamten Lebens gibt sie den harmonisierenden Hintergrund des tätigen Verhaltens.

Um deutlich zu machen, in welcher Weise uns dieses Bild begegnen kann, bringen wir zwei Beispiele, die wir in der ärztlichen Praxis erleben konnten.

Peter

Peter ist drei Jahre alt. Er wird mir, dem Arzt, von der Mutter nur gebracht, um prüfen zu lassen, ob auch „alles in Ordnung" sei.

Peter nimmt sofort Besitz vom Sprechzimmer, kriecht unter die Untersuchungsliege, inspiziert die Waage, möchte alles anfassen und erklärt bekommen. Bei aller Impulsivität wirkt er nicht fahrig, sondern er ist einfach auf Erkundung aus, wie ein Hund, der alles beschnüffeln muß und sich erst dann zufriedengibt, wenn ihm alles vertraut ist. Dabei fremdelt er überhaupt nicht. Auch ich werde in seinen Erkenntnisdrang mit einbezogen. Er erklärt mir, was er alles entdeckt. So ganz nebenher und ohne Unmut läßt er sich ausziehen und auf die Bank legen.

Er ist kernig, mit elastischem Fettpolster und samtiger Haut. Auch bei herzhaftem Zupacken während der Untersuchung gibt es keine Abwehrreaktion. Angefaßt zu werden, scheint ihm ebensoviel Freude zu machen, wie selber zuzugreifen. Reflexe prüfen und Perkutieren ist ein Spaß. Der Hammer, das Stethoskop, die Armbanduhr sind interessante Objekte, mit denen er spielen muß. Er ist aufmerksam und immer beteiligt, weniger an dem, was mit ihm geschieht, als daran, was um ihn vorgeht, was der Doktor alles hat und tut. Da ich ihn auf den Rücken lege, um den Leib abzutasten, beschäftigen sich seine Hände mit meinen Fingern, keineswegs um mich abzuhalten, sondern um auch etwas zu tun. Sein Bäuchlein ist federnd, gleich einem weichen Gummiball, keine Abwehrspannung, Bauchdeckenreflexe nur angedeutet. Diese elastische Federung ändert sich auch nicht bei der ständigen Körperbewegung, beim Sprechen und beim Atmen. Ich gebe ihm die Uhr in die Hand, um ihn von meinen Händen abzulenken. Er verfolgt aufmerksam die Zeiger, aber auch dabei taste ich den Leib in gleicher Weise elastisch. Der eindrückende Finger findet keine Resistenz in der Tiefe; er wird wie durch ein Luftkissen abgefangen. Das Kind ist nicht im geringsten irritiert, nimmt anscheinend nicht einmal Kenntnis von dieser Manipulation, sondern beschäftigt sich mit der Uhr.

Ich rolle den Kleinen auf den Bauch. Er richtet dabei den Oberkörper mühelos etwas hoch, um die Uhr in seinen Händen im Blick zu behalten. Trotzdem ist der Rücken nicht verspannt. Er jauchzt vergnügt, wenn ich im Kreuz massiere und den Popo verhältnismäßig kräftig klopfe. Ja, er wird noch munterer, rollt sich erst zusammen, hockt auf die Knie und richtet sich schließlich hoch, um auch beim Doktor handgreiflich zu werden. Dann möchte er sich am liebsten nicht mehr anziehen lassen und nackt herumtollen.

Er sei auch sonst gut zu haben, ein immer heiteres, sonniges Kind, tags sehr lebhaft und doch leitfähig. Nachts schlafe er bis zum Morgen gut durch. Man habe kaum Mühe mit ihm, versicherte mir die Mutter.

Die alte Dame

Frau M., eine kleine, ob ihrer unaufdringlichen Heiterkeit sofort sympathisch wirkende Dame mit freiem Blick und warmem Händedruck, kam ins Sprechzimmer.

Es fehle ihr eigentlich nichts, aber wir hätten ihrer Freundin so gut geholfen, daß sie gedacht habe, sie könnte auch noch etwas dazulernen und vielleicht ihren Atem verbessern, erklärte sie mir. Ich glaubte anfangs, dies sei nur ein Ausdruck der Bescheidenheit und Liebenswürdigkeit, doch als ich sie zur Untersuchung unter den Händen hatte, gewann ich einen völlig anderen Eindruck.

Schon visuell bot sie keineswegs das Bild der erschlafften Alten. Ohne Koketterie stand sie zu ihren 72 Jahren. Eine 50jährige hätte sie um diesen Körper beneiden können. Der Tastbefund bestätigte dies noch: Glatte Haut und guter Turgor des Bindegewebes, selbst am Rücken und Nacken kaum muskuläre Verspannungen. Als ich sie auf den Rücken liegen hieß, um die Konsistenz ihres Leibes zu prüfen, begegnete sie meiner eindrükkenden Hand mit einem geschmeidigen Gegendruck – ein Phänomen, das wir sonst nur als Ergebnis unserer Eutoniearbeit beobachten können. Dabei blieb sie freundlich lächelnd mir zugewendet. Dieser Zustand änderte sich auch nicht, als ich kräftiger zugriff, die Bauchdecken erschütterte. Ich fragte noch zusätzlich, ob ihr das kräftige Zufassen unangenehm sei. Sie lächelte heiter: „Nein, ganz und gar nicht!" Der Atem ging dabei ruhig und lautlos, von meinen Eingriffen unbeeinflußt, gemächlich wogend auch unter meiner Hand.

Ich drückte ihr meine Verwunderung darüber aus, daß ich an ihr nichts zu korrigieren habe, sondern im Gegenteil von ihr lernen könnte. Diese Tatsache sei so selten, daß ich sie am liebsten meinen Mitarbeitern zeigen möchte. Sie gewährte es ohne Scheu: „Gern, wenn ich jemandem damit helfen kann."

So standen wir zu viert um sie, die weiter allen freundlich zugewendet blieb. Wir durften sie abtasten, die Elastizität ihrer Bauchdecken prüfen, die Geschmeidigkeit ihrer Glieder im Hin- und Herbewegen unter Beweis stellen. Es war ein für alle erfreuliches Erlebnis. Wir fühlten uns von ihr einbezogen, angenommen, freundlich bedacht. Sie war mit in unserem Kreise oder wir in ihrem.

Unsere Belobigung machte sie keineswegs stolzer. Sie nahm es mit selbstverständlicher Bescheidenheit hin, daß es so war, und versuchte ihrerseits zu begründen, womit es zusammenhängen könnte.

Ein aufschlußreiches Gespräch entwickelte sich daraus, das die dazugehörige Lebenshaltung illustrierte: Sie sei Gewerbelehrerin gewesen, hätte jahrzehntelang in einem Internat kochen gelehrt. Nun, da sie pensioniert sei und eine kleine Wohnung habe, hätte sie sich Nachbarschaftshilfe zur Aufgabe gemacht. Sie würde immer von sich aus suchen, wo sie etwas Freude bereiten könnte, sei es auch nur durch ein freundliches Wort oder durch eine kleine Handreichung. Man könne sie auch ganz gut zum Kinderhüten gebrauchen oder sie holen, um kleine Feiern auszurichten. Auf meine Frage, ob sie sich da nicht überfordern lasse, meinte sie heiter: „Ach nein, ich spüre ja, was gebraucht wird und was ich vermag. Daß ich nicht nähen kann, wissen alle schon!"

Sie sei ganz zufrieden mit ihrem Leben. Mich interessierte: „Haben Sie es nie vermißt, eine eigene Familie gegründet zu haben?" Sie meinte, daß sie es schon gerne gewollt hätte. Es sei recht schmerzlich gewesen, als ihr Verlobter aus dem 1. Weltkrieg nicht zurückgekommen sei. Doch dann sei sie ja Mutter für viele Kinder geworden. Sie hätte es sich auch immer angelegen sein lassen, sich besonders jener Mädchen anzunehmen, die etwas abseits standen, um diese – natürlich möglichst unmerklich – wieder in die Gemeinschaft hineinzuführen. Es klang so viel Stille und doch tätige Liebe aus ihren Worten.

Aus diesen beiden Erlebnisbildern kann auf folgende **10 Kriterien** geschlossen werden, die das Bild der Eutonie charakterisieren:

1. Eutonie ist kein Ergebnis eines bewußten Lernprozesses

In der Eutonie wird der Rahmen üblicher menschlicher Handlungsweisen nicht gesprengt, wie wir es bei Höchstleistungen oder artistischen Kunststücken finden.

Sie kommt in allen Lebenssituationen vor und ist auf jeder Altersstufe erkennbar, nur unterscheidet sich ihr charakteristisches Bild je nach dem Reifegrad, in dem sich der Mensch befindet. Sie ist Ausdruck eines sich selbst regelnden Ausgleichsvorganges sämtlicher Strebungen.

Beim gesunden Kind empfinden wir die Eutonie als einen natürlichen Zustand, der uns beglückt. Wir sind achtungsvoll von ihr angetan, wenn sie sich beim reifen Menschen zeigt und halten den für weise, der sie noch im Alter zu verwirklichen vermag.

In der Eutonie findet das Erreichte einen Ruhepunkt und eine Sammelstätte, zugleich aber auch eine potentielle Ausgangslage für weitere Entwicklungen. Eutonie selbst ist kein Entwicklungsvorgang, sondern dokumentiert in der fortschreitenden Entwicklung den ausgeglichenen und abgerundeten Reifeprozeß.

So gibt es drei bevorzugte Lebenssituationen, denen der Begriff Eutonie zukommen könnte:

Die vorprädikative Eutonie

Sie eignet dem Säugling, der so bündig in die Welt integriert ist, daß er noch keine Objektauswahl treffen kann; er ist noch eins mit allem.

Die integrale Eutonie

Sie ist kein fixierbarer Zustand. Sie ist jeweils abhängig von der gegebenen Situation und dem Reifezustand oder Entwicklungsgrad der Person. Sie entspricht dem instabilen Gleichgewicht des Ruhezustandes erfüllter Strebungen und der Offenheit für neue Begegnungen.

Die transzendente Eutonie

Sie ist ein Zustand, der von der Vorstellung einer universellen Allverbundenheit bestimmt ist, die auf einer höheren Stufe wieder der vorprädikativen Eutonie des einfachen Daseins entspricht. In ihr werden die durchlebbaren Entwicklungstendenzen zu einer Wesensschau des Menschlichen schlechthin verbunden.

2. Eutonie ist kein Vorgang, sondern ein Zustand

Eutonie kennzeichnet eine Verhaltensweise, in der der Mensch sowohl in die Umwelt als auch innerhalb seiner selbst harmonisch eingegliedert ist. Dieser komplexe Vorgang drückt sich psychisch in einer heiteren Kommunikationsbereitschaft und somatisch in einer besonderen Elastizität und Koordination des Muskelsystems aus. Eutonie ist damit eine Sonderform der höher integrierten Formen der Tonusregulation.

Eutonie ist das Integral der Tonusregulation.

3. Eutonie vereinigt die potentiellen, archaischen Intentionen

Eutonie bedeutet immer eine ausgewogene Bereitstellung aller zur Zeit entwickelten Bewegungs- und Ausdrucksmöglichkeiten unseres Leibes. Die Strebungen des Menschen, sich mit der Welt auseinanderzusetzen oder auf sie einzuwirken, lassen sich zu 6 **Grundformen der Bewegungsentwicklung (GFE)** vereinfachen, denen wir archaische Intentionen zuschreiben. Sie weisen in ihrer kinetischen Ausformung jeweils

Lösungs- und Dehnvorgänge auf, die wir als Obtentus bezeichnen. In der Eutonie gleichen sich diese Strebungen untereinander aus, und die unterschiedlichen Gesten der Bewegungsentwicklung vereinigen sich zum ausgewogenen Bereitschaftszustand, einem aktuellen Integral der GFE, das in der Geste des Umfassens zum Ausdruck kommt. Verbunden damit ist ein Zustand des kommunikativen Da-Seins.

4. Eutonie ist die vollkommene Selbstregulation

Sie bildet den Rahmen, der alle Möglichkeiten leiblicher und seelischer Strebungen umspannt, so daß diese sich in gleicher Weise nach ihren biologischen Anlagen wie nach den sozialen Erfordernissen entfalten können. Ein solcher gegenseitiger Ausgleich dieser Entwicklungstendenzen ist nicht bewußt lenkbar und auch subjektiv nicht direkt feststellbar, da eine Beobachtung dieses Bewegungsvorganges die autonome Regelung irritieren würde. Lediglich das mit diesem Vorgang verbundene koinästhetische Allgemeingefühl wird bewußt. Es zeichnet sich dadurch aus, daß eventuell vorher vorhandene Sensationen, die die eigene Leiblichkeit ins Bewußtsein rücken konnten, verschwinden. Die Skala solcher Sensationen ist weit gespannt. Sie reicht von Spannungszuständen, Anstrengungen, Schmerz, Müdigkeit, Erschlaffung und unspezifischen Depressionen, die alle aus den eigenen leiblichen Funktionsverhältnissen erwachsen können, bis zu den Situationen, die ihre Veranlassung in der Umwelt zu haben scheinen, so daß man sich durch sie betroffen, gefordert, verpflichtet, verletzt oder in irgendwelcher Weise beeinträchtigt empfindet und um eine besondere Verhaltensweise bewußt zu ringen hat.

In der Eutonie verliert sich dagegen der Gedanke an die eigene Verhaltensweise, dies allerdings nicht dadurch, daß sich der Geist umnachtet wie im Schlaf, in der Ohnmacht, Absence oder Hypnose, sondern durch eine Bewußtseinshelligkeit, die den Umweltraum erleuchtet. Das koinästhetische Gefühl zeitigt dann Leichtigkeit, Lockerheit, Heiterkeit, Schmerzfreiheit und Munterkeit, keinesfalls aber gibt es die Grundlage ab für Sorglosigkeit und Gleichgültigkeit, sondern für Weltoffenheit, Begegnungsfreude und Anteilnahme.

Im gleichen Maße, wie sich die Problematik der eigenen Verhaltensweise auflöst, heben sich auch die Probleme des Umweltbezuges auf. Die Welt wird liebenswert und deren Existenz eine Angelegenheit der eigenen Daseinsthematik. Wir geben im Bestätigen und Anerkennen ihres Da-Seins und So-Seins unsere eigene Gestaltungsfähigkeit dazu, so daß aus dem „Ich" und „Du" oder „Ihr" als neue Form ein „Wir" entsteht. Diese angstfreie, in jedem Augenblick sich neu konstituierende bündige Einbettung in die gegebene Lebenssituation bezeichnen wir gern als Selbstsicherheit und Eigenständigkeit, obwohl diese Begriffe dem, der sie hat, in solchen Zustandsformen niemals aufleuchten würden, eben weil das eigene Verhalten problemlos ist. Er fühlt sich wohl.

5. Eutonie ist subjektiv nicht faßbar

Aussagen über den Zustand der eigenen Eutonie können erst dann gemacht werden, wenn sie nicht mehr besteht. Im Abklingen ihrer leiblichen und psychischen Phänomene können sie aber noch Gegenstand der Beobachtung sein. Erst durch ein Verlustgefühl steigt der Wert der Eutonie auf. Im Versuch, sie wieder zu erlangen, tritt die Gefahr der Intellektualisierung auf, und zwar dann, wenn man bemüht ist, die damit verbundenen Vorgänge, etwa die Atemform oder die Bewegungsgestaltung, bewußt zu vollziehen oder die psychischen Äquivalente der Sicherheit, Gelassenheit, Unempfindlichkeit, Heiterkeit oder gar Glückseligkeit übungsmäßig zu erstreben und die Methoden nur darauf auszurichten. Es liegt in der Natur der Sache, daß ein solches Bemühen scheitern muß. Allenfalls kann dann Eutonie nur als Zufallsergebnis auftreten, aber keinesfalls als zwangsläufige Folge der selbstsüchtigen Übung.

Der Eintritt der Eutonie als ein sich selbst regulierender Vorgang wird immer als ein „Geschenk" empfunden, das man sich nicht als Verdienst anrechnen kann. Da in der Eutonie Probleme schwinden, ist es widersinnig, ihre Verwirklichung zu einem persönlichen Problem zu machen. Diesen Verhältnissen ist beim Einsatz von Methoden zum Eutonieaufbau Rechnung zu tragen.

6. Eutonie ist nur taktil-kinetisch effektiv prüfbar,

und zwar im Verhältnis von Mensch zu Mensch. Eutonie ist ein Zustand, aber kein Besitz, den man „haben" kann. Sie kann einem nur zuerkannt werden von einem anderen Menschen, also einem anderen Subjekt, auf das man bezogen ist. Will man sie bei sich objektivieren, so verliert man sie.

Vorerst stehen also nur subjektive Bewertungen zur Verfügung. Es ist auch nicht wahrscheinlich, daß zur Objektivierung registrierende Vorrichtungen ausreichen könnten. Diese könnten das Besondere der eutonen Elastizität nicht so erfassen, wie es der Mensch durch Berührung vermag. In ihm steht uns ein elastisches System zur Verfügung, dessen Schwingungsmöglichkeit der des Objektes annähernd adäquat ist oder werden kann, je nach dem Erfahrungs- und Erlebnisgrad dessen, der berührt. Die taktile Prüfung orientiert sich an der kinetischen Antwort auf eine Eigenbewegung. Die Bewertung dieser Rückmeldung ist abhängig von der Eigenresonanz des Prüfenden und der Möglichkeit, diese Empfindsamkeit zu differenzieren und zu interpretieren. Schon bei der Berührung eines leblosen Körpers gibt es unterschiedliche Rückmeldungen, die von dessen Struktur abhängig sind. Als erstes erfahren wir an der Härte oder Schmiegsamkeit die Oberflächenelastizität, dann an der Eindrückbarkeit die Wanddickenelastizität, an der Verformbarkeit die Elastizität der Körpermasse und an der Beweglichkeit des Ganzen die Körperstruktur.

Bei einem lebendigen Körper, wie dem Menschen, kann aber die Elastizität durch kontraktile Elemente der Muskulatur in ihrem Spannungsgrad verändert werden (Tonus). Dadurch können verschiedene Elastizitätsgrade eingestellt werden wie hart, prall gespannt, weich oder schlaff. Diese Veränderungen werden dann zwangsläufig nicht mehr als solche der Struktur angesehen, sondern als die des persönlichen Verhaltens. Man spricht dann beispielsweise von „Abwehrspannung", „stahlhart sein", „eisern sein", „totstellen", „schmierig sein" u. a.

Eutonie ist an die koordinierende Regulation, die sich über die gesamte Muskulatur ausbreitet, gebunden. Aus didaktischen Gründen soll hier aber der eutone Elastizitätszustand in vier großen Gruppen abgehandelt werden:

a) Elastizität der einzelnen örtlichen Muskelgruppen,
b) Elastizität der Glieder in Bewegung und Haltung,
c) Elastizität des Körperstammes mit Atem- und Bauchraum,
d) Elastizität der Gesamtheit des Körpers.

a) Der eutone Elastizitätszustand einzelner Muskelgruppen

Ein kontrahierter Muskel wird hart, ein nicht innervierter Muskel erschlafft. Das sind taktile Erfahrungen, die üblicherweise am arbeitenden Muskel erhoben werden. Allenfalls können auch bei der Inaktivität noch Restspannungen als Muskelhärten in gewissen Gebieten getastet werden.

Ein eutoner Muskel zeigt ein anderes, recht verwunderliches Phänomen. Selbst wenn er durch eine Belastung oder eine andere mechanische Inanspruchnahme offensichtlich eine Leistung vollbringt, zeigt er sich bei der taktilen Prüfung weich, eindrückbar und geschmeidig, jedoch in einer anderen Weise als ein erschlaffter Muskel, den man hin und her schütteln kann. Ein eutoner Muskel fängt einen Druck elastisch ab, stets an die einwirkende Kraft adaptiert. Seine Elastizität ist mit der einer dehnbaren Hülle vergleichbar, die einen Luftraum umschließt. Dabei sind Dichte der Wandung sowie ihr pneumatischer Gegendruck variabel. Selbstverständlich ist dieses Phänomen nur auf Grund einer neuralen Schaltung simuliert, und es legt sich lediglich eine solche Analogie nahe.

Herrigel schildert diesen Zustand an der Oberarmmuskulatur des Zen-Meisters beim Spannen des Bogens, *Graf Dürkheim* demonstriert ihn oft seinen Schülern.

b) Der eutone Elastizitätszustand der Glieder in Haltung und Bewegung

Hier kommt zur Elastizität des Einzelmuskels die Koordination der Synergisten und Antagonisten hinzu. Durch sie wird eine Variationsmöglichkeit aufgebaut, die zur Gestaltung der jeweils unterschiedlichen Daseinsthematik des Menschen erforderlich ist.

In der Eutonie sind die Variationsmöglichkeiten jedoch untereinander ausbalanciert. Dadurch tendieren alle Bewegungen in eine Grundhaltung, die der des leicht gespreizt stehenden Menschen mit der Andeutung der umfassenden Gebärde entspricht. Läßt sich diese Geste der Umstände halber nicht realisieren, so verschieben sich nur die einzelnen Bewegungskomponenten bis zur Anpassung an diese Umstände. Das bedeutet: Ganz gleich, ob der Mensch sitzt, steht oder liegt, ob er etwas trägt oder sonstwie behindert ist, die Grundtendenz, etwas zu umfassen, bleibt bestehen.

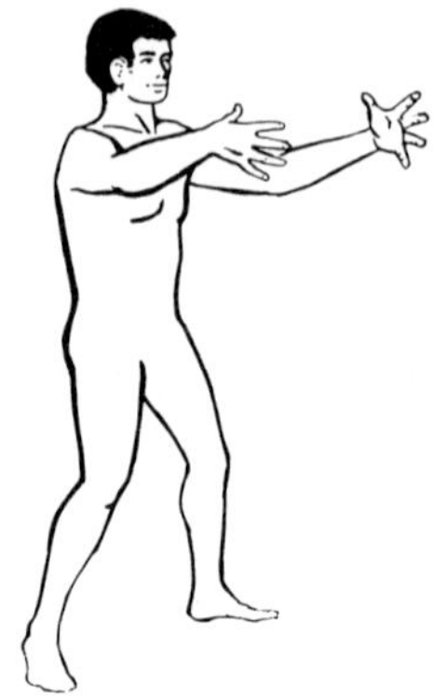

Die Glieder scheinen dabei schwerelos zu sein. Ein Druck auf einen angehobenen Arm wird von oben nach unten wie von unten nach oben in gleicher Weise elastisch abgefangen, als würde die Schwerkraft keine Rolle spielen. In Verbindung mit dem örtlichen Tastbefund gewinnt man dann den Eindruck, daß das Glied nicht massiv sei, mit Knochen und Muskeln angefüllt, sondern daß seine Materie leicht sei wie Luft. Diese Auffassung wird noch durch den Eindruck bekräftigt, daß das Glied sich – einem Polypenarm gleich – mit jeder Stelle anschmiegen und anpassen könnte, als gäbe es gar keine Gelenke. Bewegt man den Fuß oder die Hand passiv, so fließt diese Bewegung das Glied hinauf, als sei sie die Fortsetzung der eigenen Bewegung und breite sich über den ganzen Körper aus.

c) Der eutone Elastizitätszustand des Körperstammes

Am eindrucksvollsten und signifikantesten ist die Prüfung der Eutonie an den Bauchdecken im Liegen auf dem Bauch oder Rücken. Hier gleicht das Spannungsverhältnis der Bauchdecken einer pneumatischen Federung, etwa analog der eines Luftballons mit weicher Wandung.

Charakteristisch ist das Phänomen der „ruhenden Luft", die einen Druck abfangen kann, und zwar durch einen Gegendruck, dessen Kraftkomponenten sich auf einen Mittelpunkt vor dem 5. Lendenwirbel zu zentrieren scheinen.

Wir stoßen hier auf ein völlig anderes Phänomen als wir es sonst bei der bekannten Bauchpresse und Bauchatmung beobachten. Dort wird die getastete Muskelspannung auch als Luft unter der Hand interpretiert, erscheint uns aber so, als würde diese Luft vom Brustraum her gegen eine feste Wand mit einem gewissen Überdruck gepreßt, eingeengt wie in der Lederhülle eines Fußballes oder wie durch Kolbendruck gegen einen festen Zylinder gedrückt.

Bei der Elastizität der eutonen Bauchdecken dagegen wird eine solche Abfederung erreicht, die sich in jedem Augenblick in bezug auf Fülle, Dichte und Geschmeidigkeit der Wandung an eine Belastung mit gleichbleibendem Gegendruck anpassen kann. Verwunderlicherweise geschieht diese Anpassung sogar bei gleichzeitiger Adaptation an die Atembewegungen und an andere Einwirkungen, die sich aus der gesamten Lebenssituation ergeben.

d) Der eutone Elastizitätszustand des gesamten Körpers

Die Eutonie ist stets eine Angelegenheit der gesamten Person. Haben wir zum Beispiel den Menschen liegend vor uns und versuchen, ihn hin und her zu bewegen – ganz gleich ob am Kopf, am Rumpf, an den Armen oder Füßen –, so wird die Bewegung, wenn er bejahend auf uns eingestellt ist, durch den ganzen Körper hindurchfließen und jeden anderen Körperteil mitschwingen lassen. Dabei werden wir den Eindruck haben, als lasse er es nicht völlig passiv geschehen, wie ein geschütteltes Bäumchen, sondern als gliedere er sich aktiv in dieses Spiel mit hinein, nehme Anteil, als sei er Mit- und Gegenspieler, ja wirke sogar auf uns zurück. Die Glieder sind dabei schwerelos leicht, eben wie mit Luft gefüllt und abgefedert. Selbst Stöße werden harmonisch abgefangen und vielfältige Angriffe ausgeglichen.

Es scheint, als schaffe ein Zugriff, der ansonsten schmerzen würde, dem Eutonen keine Irritierung. Er bleibt „gelassen". Vor allem läßt sich der Ablauf des Atems nicht in seinem Eigenrhythmus stören; da er lautlos fließt, bemerkt man ihn kaum. Die Gesichtszüge bleiben heiter und gelöst. (Als Beispiel diene uns die Übung B III zur Stabilität S. 243)

So empfinden wir die Elastizität der Eutonie als Nachgiebigkeit bis zu einer gewissen Abfanggrenze oder als eine so straffe Federung, daß sie einem unverrückbaren Widerstand gleicht. Sie ist abhängig von der persönlichen Thematik dessen, den wir berühren.

7. Eutonie ist durch weitere Sinne erschließbar

Abgeleitet von der taktil prüfbaren Erfahrung im zwischenmenschlichen Bezug, kann eine analoge eutone Verhaltensweise auch über die visuelle Beobachtung annähernd beurteilt werden. Es ist also eine Frage der Definition, ob man gewillt ist, nur den taktil prüfbaren zwischenmenschlichen Bezug als Eutonie zu bezeichnen, oder ob man bereit ist, auch Analogien dazu einzubeziehen.

Wir gewinnen dann folgendes Bild vom Zustand der Eutonie: Bei allgemeiner Körperruhe im Liegen „lösen" sich die Glieder, ohne zu erschlaffen. Es bleibt auch der schwer zu definierende Eindruck von Lebendigkeit und Munterkeit des gesamten Leibes erhalten. Die Gesichtszüge werden heiter und gelöst. Die Augen fixieren nicht, sondern „schauen".

Der **Atemablauf** bekommt eine undulierende Charakteristik. Ein- und Ausatemphasen gehen fließend ohne Pausen ineinander über. Der erste Ansatzpunkt einer Einatembewegung liegt regelmäßig in der Mitte des Unterleibes, bei Bauchlage etwa unter dem 5. Lendenwirbel. Der Verlauf dieser Bewegungen ist auch hier fließend, sich radiär von einem Zentrum aus entfaltend. Amplitude, Frequenz und peripheres Ausbreitungsgebiet können variabel sein und ermöglichen bis zu einem gewissen Grade eine Interpretation der diesen Variationen zugrundeliegenden psychischen Themata. Diese Atemcharakteristik kann auch im Stehen oder Sitzen, also bei der Haltearbeit des Leibes, unverändert bleiben. Sie scheint diese sogar durch elastische Spannung zu unterstützen. Der Mensch steht und sitzt dann gelöster und balanciert leichter.

Bei **Bewegungen des Rumpfes und der Glieder** wird die Rhythmik des Atems nicht unterbrochen. Im Gegenteil, jede Bewegung ist in ihrem Ablauf auf das gleiche Zentrum wie das der Atembewegungen bezogen, so daß der Eindruck entsteht, die Bewegung fließe aus dem Atem oder der Atemraum weite sich von diesem Zentrum her aus, fülle die Glieder und mache sie leicht und bewegt. Wir bezeichnen diese Bewegung dann als frei und gelöst.

An sich gehört zur Eutonie keine spezielle Bewegungsintention. Sie ist ein Zustand, in dem alle nur möglichen Bewegungsintentionen gleichzeitig bereit liegen, ohne daß sich eine einzelne dominant heraushebt. Allenfalls haben dann die Bewegungen eine Art Bumerangcharakteristik, d. h. sie kehren immer wieder zurück. Sie umspielen einen Raum der mittleren Reichweite. Die Glieder werden also nie ganz an den Körper herangezogen oder fallen nie von ihm erschlaffend weg. Sie bleiben stets in einem tonischen Spannungsgrad, der einer Bereitschaftsstellung entspricht.

Für die **Tongebung** muß nicht besonders Luft geholt werden, sie steht in jedem Augenblick dafür zur Verfügung. Nach einem Phrasierungsabschnitt schwingt der Atemapparat unmittelbar, lautlos und anscheinend mühelos in seine Ausgangslage zu neuer Tongebung zurück. Die genannte Zentrierung des Atemablaufes auf den Bewegungsmittelpunkt im Unterleib bleibt als sogenannte Atemstütze erhalten.

Die Tonerzeugung selbst ist sogar bei kräftigster Stimme in der Eutonie anstrengungslos. Sie bleibt aber in Modulation und Ausmaß dem Wirkungskreis des Anzusprechenden angepaßt. Immer finden wir gleichzeitig die Bereitschaft des „Lauschens" und des „Aufhorchens".

8. Eutonie hat unspezifischen universellen Transsensus

Als psychologisches Äquivalent der Muskelelastizität steht das aktive Über-sich-hinaus-Spüren im Vordergrund. Es ist auf das Erkennen dessen ausgerichtet, was den Umweltraum erfüllt. Das Bewußtsein ist in der Eutonie jedoch niemals so eingeengt, daß durch Konzentration der Sinne Einzelheiten herausgehoben werden, sondern der Umweltraum wird in Form einer diffusen Aufmerksamkeit rundum erleuchtet.

Die eigentliche Grundlage für die erkenntnismäßige Erhellung des gesamten Umweltbezuges ist das haptische Empfindungsvermögen, diese Mischung aus Koinästhesie, Kinästhesie und Taktus. Alle drei bilden den sensorischen Anteil des tonusregulierenden Systems, den wir auch Transsensus nennen. Er schaltet in der Eutonie auf Spüren und Erfühlen diffus und rundum und ist nicht spezifisch auf die zielgerichteten Funktionen des Berührens und Tastens bezogen. Dadurch wird das Ertastete unmittelbar bezugsgerecht in das Raumgefüge eingeordnet. Es verbleibt nicht als einzelnes Objekt, sondern erhält seinen Stellenwert im Ganzen.

Aber auch die anderen Sinne werden mit in Anspruch genommen, um diesen Rund-um-Bezug auf die Umwelt auszugestalten. Die Augen erfassen schauend den gesamten Sehraum. Ruhigen, offenen Blickes nehmen sie die Veränderung des Panoramas auf, ohne zu fixieren. Selbst wenn sie auf Einzelheiten eingehen, bleibt das Tableau-Bewußtsein erhalten. Das Hör- und Riechvermögen wird seiner spezifischen Sinneswahrnehmung nach zum Ausloten des Umweltraumes eingesetzt. Auch hier finden wir eine diffuse Ausrichtung auf „Lauschen“ und „Riechen“ statt auf ein gezieltes „Horchen“ und „Schnuppern“.

In der Synthese dieser Sinnesfunktionen gestaltet sich die Umwelt als haptischer Raum, in dessen Mittelpunkt sich der Mensch befindet. Er steht dann dem anderen im Raum empfindungsmäßig weder als ein Betrachtender gegenüber noch als ein Subjekt, das die Erscheinungsformen der Welt passiv aufnimmt. Dadurch fühlt er sich nicht nur berührt, sondern schickt seine eigenen Fühler aus, um die Welt im wahrsten Sinn des Wortes abzutasten, um sich ein Bild von ihr zu machen. Ja selbst im erkennenden Begreifen bestätigt er nicht nur die Welt in ihrem So-Sein, sondern er vollzieht damit eine Art Schöpfungsakt. Er gestaltet sie durch seine Hinwendung völlig neu. Im Anerkennen bildet er sich die Welt. Sein Wesen ist dann um den haptischen Raum erweitert, den er als ihm zugehörig empfindet, weil er ihn mit seiner Seele umfaßt und umhüllt. Was dort lebt, ist ihm vertraut, weil er seine eigenen Regungen mit dazu gegeben hat. Diese Verhaltensweise ist im eutonen Zustand rundum auf alles bezogen, was sich dem haptischen Empfinden bietet.

Die taktile Wahrnehmung wird durch die visuelle Erfahrung bereichert. Sie verbildlicht das Ertastete durch die Vorstellung. Da wir schauen, erfassen wir die Welt, als hätten wir sie wahrhaft taktil ergriffen. So vervollkommnen wir die Welt der Erscheinungen durch unsere an der Erfahrung gereiften Imaginationen. Den auf diese Weise aufgebauten imaginären haptischen Raum kann man mit der Atmosphäre der Erde vergleichen, die den Menschen Lebens- und Atemraum gewährt. Eine ähnliche, persönliche Atmosphäre belebender Zuwendung kann der Mensch immer als Gastraum um sich tragen. Sie muß nicht erst dann erzeugt werden, wenn sich den Sinnen etwas tatsächlich Greifbares bietet. Der Mensch ruht dann wie in einer Hülle von hinausprojizierter Anpassungsfähigkeit, angstfrei, voller Entdeckungsfreude und naiven Wunderns.

So ist der Eutone stets begegnungsbereit und offen für die Kommunikation mit der Welt. Er ist ruhig dem Wandelbaren hingewendet und nimmt daran Anteil, ohne sein Selbst-Sein zu verlieren. Im Erfassen der Eigentümlichkeiten dessen, dem er als einzelnes Wesen Lebensrecht in seinem haptischen Raum gewährt, bleibt er sich doch der ganzen Struktur dieses Raumes bewußt, empfangsbereit für weitere Eindrücke.

9. Eutonie wirkt durch Induktion

Wäre an das eigene tonusregulierende System nicht die Eigenschaft der Beeinflussung eines anderen – die Induktion – geknüpft, so würden die Ausführungen des vorigen Punktes über das psychologische Äquivalent der eutonen Bewegungsgestaltung zur Bedeutungslosigkeit schrumpfen, weil sie dann nur noch unkontrollierbare Behauptungen wären. Doch die Gestaltung eines haptischen Raumes bleibt nicht nur eine subjektive Empfindung dessen, der ihn bildet; sie wird auch dem spürbar, der davon einbezogen ist, vor allem dann, wenn er selbst berührt wird oder seinerseits berührt.

Wir stellten fest, daß man die Eutonie nicht bei sich selbst registrieren kann. Sie wird einem von dem Menschen, auf den man taktil bezogen ist, zuerkannt. Doch dieser andere registriert an uns keinesfalls nur objektivierend die Erscheinungsform der Elastizität, wie wir sie unter Punkt 6 ausführlich geschildert haben. Da er berührt, wird er auch selbst in seiner Tonusregulation verändert. Es wacht in ihm ebenfalls ein koinästhetisches adäquates Gefühl auf. Dadurch vermag er die taktil aufgenommenen Regungen auch nach ihrem psychologischen Gehalt zu interpretieren. Bei der Eutonie wird diese Deutung wohl bei der Erfahrungstatsache beginnen, daß ihm die Elastizität angenehm erscheint. Doch er wird gewiß unbewußt weiter folgern, daß ihm der Mensch – als Träger der Elastizität – ebenfalls sympathisch wird. Er selbst fühlt sich durch das elastisch anschmiegsame Verhalten der Muskulatur unter seinen Händen angesprochen, bewegt und gemeint. Er erfährt tatsächlich eine Bereicherung seines Lebensgefühls, die ihm durch die Bestätigung und Anerkennung dessen zuteil wird, der ihn in seine Atmosphäre aufnimmt.

Induktion baut Gegenseitigkeit auf. Als schöpferische Komponente der Tonusregulation führt sie unabdingbar zur Beeinflussung und ruft zur Stellungnahme auf. Die Induktion kann allerdings bei rücksichtsloser Dominanz einseitiger Strebungen entgleisen und dann auch die Grundlage für menschliche Macht und Durchsetzungsfähigkeit bilden.

In der Eutonie, der integralen Tonusregulation, jedoch, da alle Eigenstrebungen nivelliert, aber nicht aufgehoben sind, bildet die Induktion die Basis für die soziale Kommunikation. Der Zusammenklang eigener Entwicklungstendenzen gipfelt in der Gestaltung des belebenden Gastraumes, den der Mensch der Welt zur Verfügung stellt. Derjenige, der in diesen Raum eintritt, wird in seiner Eigenexistenz nicht beeinträchtigt, sondern nur bestätigt. Er erfährt wohl das belebende Moment der Induktion, aber keine fordernde oder abweisende Strebung wird so dominant, daß er sich dagegen wappnen müßte.

Darum kann man sich in der Atmosphäre eines eutonen Menschen frei und doch gut behütet fühlen. Die elastische Anpassung, der man begegnet, erweckt das Gefühl der Zusammengehörigkeit und macht zur eigenen Adaptation geneigt. Im gegenseitigen Bezogen-Sein, im selbstverständlichen Verstehen mischen sich dann unterschiedliche Strebungen zu einem gemeinsamen Handlungsakt. Führen und führen lassen ist zwischen beiden Menschen kein Problem mehr. Das Notwendige, dem beide unterstehen, geschieht.

Darum kann eutones Verhalten auch ein unterschiedliches äußeres Bild zeigen. Unter gewissen Bedingungen wird es als spritzige Munterkeit und Spielfreude oder als warmherzige Aufgeschlossenheit und Anteilnahme, vielleicht auch als stille Friedfertigkeit und Gelassenheit Ausdruck finden. Unter Umständen kann sich aber auch daraus eine reaktionsschnelle und mutige Einsatzbereitschaft entfalten. Doch wird niemals böswillige Gegnerschaft in Erscheinung treten.

Der Wesenskern des Eutonen bleibt – der Achse des Rades vergleichbar, um die sich alles dreht – ruhig, ausgeglichen und nivelliert. Die Wirrnisse der Welt federt er weit draußen an der Peripherie seines Wesens ab.

10. Eutonie gestaltet das Bezugsfeld rundum, weltnah und transzendent

Wenn man von kommunikativem Verhalten spricht, legt sich allzu leicht die Vorstellung nahe, daß es sich einem Vis-à-vis gegenüber zu entfalten habe. Diese einseitige Orientierung entspricht aber nicht dem eutonen Verhalten, denn dabei ist stets ein Rundum-Bezug vorhanden.

Da der Mensch jedoch in seiner Gestalt nicht kugelig angelegt ist, wird er nach den verschiedenen Dimensionen auch unterschiedliche Bezugsverhältnisse verwirklichen. Bei der Gestaltung dieser Welt nach seinem haptischen Empfindungsvermögen entfaltet er eine Lebendigkeit, die wir tatsächlich als eine bewegungsmäßige Ausweitung, Lösung und Betonung der Regsamkeit in Richtung der Ansprache beobachten und auch als Induktion zu spüren bekommen.

Schon bei noch nicht eutonen, aber höher integrierten Formen der Tonusregulation differenzieren sich deutlich gewisse haptische Räume, die von der Richtung des Bezugsverhältnisses abhängig sind. Ohne uns begrifflich festlegen zu wollen, können wir folgende Unterscheidungen aufstellen:

der Handlungs- und Gestaltungsraum nach vorne,
der Nachbarschaftsraum nach den Seiten,
der Hintergrundsraum nach rückwärts,
der tragende Raum nach unten,
der Überschau-Raum nach oben.

Die ersten drei Räume betreffen den horizontalen und damit den sozialen Bezug, die letzten beiden den vertikalen Bezug.

In bezug auf die horizontalen haptischen Räume wird der Mensch immer das Empfinden haben können, ein reales Partnerschaftsverhältnis aufzubauen, weil er durch seine eigene Gestaltungsfähigkeit an ihren Änderungen teilhaben kann.

Beim Handlungsraum ist uns dieser Vorgang in allen Variationen geläufig, denn dort erfassen, handeln und begreifen wir im wahrsten Sinne des Wortes. Noch im Nachbarschaftsraum sind uns solche Vorstellungen gängig. Doch tritt hier an Stelle des Handelns und Bewirkens die Charakteristik des Sich-Verbindens zum Aufbau eines Miteinander-Seins, zur Kreis- oder Kettenbildung, damit man mitschwingend und gleichen Sinnes sein kann, selbstverständlich auch mit der Möglichkeit, tonangebend zu wirken. Aber auch zum Hintergrundsraum, den wir mit unseren Gliedern nicht mehr ergreifen und mit unseren feststellenden Sinnen nicht mehr erfassen und vollgültig erschließen können, haben wir ein aktives Bezugsverhältnis aufzubauen. Wir erkennen damit durch eigene gefühlsmäßige Bestätigung an, daß wir eingebettet sind in hinter uns stehende Gruppen, Instanzen oder Mächte, die wir, je nach unserer Einstellung, fürchten oder lieben können. Im guten Sinne meinen wir, von dort einen Auftrag für unser Handeln zu erhalten, und wir glauben, eine Rückendeckung für unsere Auffassung oder eine Bestätigung unseres Wesens zu finden. Wir fühlen uns von diesem Hinter-uns-Seienden geführt und sind wohl auch darum geneigt, uns ihm zu verpflichten.

Der vertikalen Dimension gegenüber ist der Mensch nicht fähig, ein echtes Partnerschaftsverhältnis aufzubauen. Er kann die Schwerkraft nicht verändern und den Himmel nicht greifen. Dennoch gewinnt er an Festigkeit, je positiver er sich dem tragenden Raum überantwortet, und er wird sich um so leichter fühlen, je mehr er sich um Überschau bemüht. In der Polarität zwischen beiden erfährt er sein Aufgerichtet-sein. (Siehe Übungsteil C I., Transsensus und Haltung S. 254)

Selbstverständlich ist das vertikale dem horizontalen Bezugsverhältnis inhärent, weil ein lebendiges Wesen nicht als Fläche, sondern nur als Körper vorstellbar ist. Es kann aber beim Menschen thematisch dann eine Betonung erhalten, wenn er nicht alles nur sich selbst und seinem Verhältnis zu anderem Lebendigen verdankt, sondern auch einem Prinzip, das über ihn und seine Existenz gestellt ist. Damit erhält diese Dimension einen transzendenten ethischen Bezug.

Selbst die 4. Dimension, die Zeit, wird von ihm mit integriert. In der Bejahung seiner Endlichkeit verwirklicht der Eutone letztlich dann auch eine religiöse Einstellung. Er nimmt freudigen Anteil am Gegenwärtigen und tritt heiter den Weg ins unbekannte Neuland an. Für ihn hat das Schicksal keinen Stachel.

Wir hatten unter Punkt 3 von einem **aktuellen Integral** gesprochen, das der Eutone in der Bereitschaft, mit der Welt umzugehen, zum Ausdruck bringen kann. Es ergab sich aus der ausgewogenen Mischung seiner persönlichen Strebungen, die in den Grundformen der Bewegungsentwicklung (GFE) symbolisch erfaßbar sind.

In ähnlicher Weise können wir auch von einem **Zustands-Integral** sprechen, in dem dem Menschen in einer gewissen Stetigkeit seine Einstellungsweise zu den verschiedenen Dimensionen der haptischen Räume ausgewogen gegenwärtig ist. Ein solcher Zustand dokumentiert dann augenfällig die Abrundung seiner Persönlichkeit gemäß dem jeweils erlangten Reifegrad.

Im Zustands-Integral steht der Mensch dann im wahrsten Sinne inmitten dieser lebensvollen Beziehung zur Welt, als ginge sie von ihm aus, weil er sie durch seine aktive Bejahung ihres So-Seins neu gestaltet. Könnten wir ihn dabei taktil prüfen, so würden wir auch finden, daß er eine Elastizität aufweist, die unabhängig davon ist, von welcher Richtung her er eine Annäherung erfährt.

In der Anerkennung des anderen gesteht er ihm aber auch die gleiche Eigenständigkeit und das gleiche Zentriert-Sein zu, ohne durch das offensichtliche Paradoxon behelligt zu sein. Er läßt sich nicht zwingen oder herausfordern, sondern er ordnet sich von sich aus ein, immer ausgleichend und anscheinend zum Rechten waltend. Zum Handeln kommt er, wenn es die von ihm selbst erspürte Konstellation des gesamten Raumes bedingt. Sein Tun ist dann „Not-wendend“, unbedingt angepaßt und anscheinend ohne besonderen Einsatz. Es geschieht mit der Sicherheit, Leichtigkeit, Heiterkeit und Bescheidenheit, die ihm selbstverständlich vorkommt. In dieser von uns als „Liebendes-Miteinander-Sein“ empfundenen Haltung erfüllt er, unabhängig von jeder Regierungsform, zwanglos einen wirklichen sozialen Bezug. Ist auch die Vertikale mit im Spiel, so sind seine Standfestigkeit und seine Freiheit im Aufgerichtet-Sein nur äußere Zeichen seiner inneren Haltung. Im Anerkennen eines höheren, über das menschliche Begriffsvermögen hinausgehenden Ordnungsprinzipes, dessen Gesetzmäßigkeit er vertrauensvoll und bedingungslos anerkennt, löst er sich von jeder Selbstsucht in bezug auf seine Daseinsthematik. Er fühlt sich nach höherem Willen an seinen Platz gestellt. Ihn nach seinem Gefühl für seine persönliche Bestimmung bestmöglich auszufüllen, ist ihm heilige Verpflichtung. Er wird das Leben lieben, doch jederzeit bereit sein, abzutreten.

II. Die hochintegrierten Formen der Tonusregulation

Auch wenn die Eutonie den nivellierten Ausgleich aller aktivierten potentiellen Entwicklungsmöglichkeiten des Menschen beschreibt und damit keine Fertigkeit ist, die erlernt werden muß, lassen sich gewisse erübte Verhaltenssituationen beobachten, die einen Anklang an die geruhsame Geschmeidigkeit und Elastizität zeigen. Selbstverständlich führt nicht jedes Empfinden des „Über-sich-hinaus-Fühlens“ und des „In-die-Umwelt-Ausweitens“ schon zur Eutonie, aber diese Intention ist ebenso notwendig für das geschickte Hantieren mit Dingen, für den angstlosen Umgang mit Tieren oder für das verstehende Miteinander einer sozialen Gruppe. An Hand der folgenden drei Erlebnisbilder möchten wir **hochintegrierte Tonusregulationsformen (HIT)**, hier in bezug auf Sachliches, Lebendiges und Abstraktes, dem Bild der Eutonie gegenüberstellen, um den Unterschied deutlich werden zu lassen.

Der Skifahrer

Wer sich erst in reifen Jahren auf die Skier stellt, dem mag es ergehen wie mir. Gewohnt, aufrecht zu sein, rutschten mir die langen Latten sogar auf dem kleinsten Übungshang weg. Ich fiel, als hätte man mir die Beine weggezogen. Darauf bedacht, mich zu halten, wurde aus meinem Bemühen nur ein ungeordnetes Wackeln. Die Bretter waren Fremdkörper, Anhängsel mit Eigenleben. Sie liefen dorthin, wohin sie wollten, doch nicht nach dem Willen. Ich befolgte wohlgemeinte Ratschläge: Schultern zurück, talwärts neigen, Gewicht verlagern, Knie zusammen! Doch betrafen diese immer nur einen Teil meines Körpers; ich zerfiel in Einzelglieder, die nicht zueinander paßten. Stürze und Anstrengungen zermürbten mich.

Doch im Laufe der Tage ward offenbar, daß ich nicht nur schmerzhafte Bekanntschaften mit dem Boden gemacht hatte. Ich spürte ihn und seine Unebenheiten durch die Bretter hindurch. Mein Körper stellte sich, trotz der Skier, auf ihn ein. Noch verlor ich das Bodengefühl, wenn ich versuchte, die Bretter zu lenken oder auf die eigene Haltung achtete. Am besten ging es, wenn ich hinter dem Skilehrer fahren konnte. Eingestellt auf seine Geschmeidigkeit, entstand unbeachtet und unwillkürlich ähnliches bei mir; ich lebte ihn nach oder mit und fuhr dadurch sicherer.

Allmählich wurde ich so ein Skifahrer, gleichsam mit angewachsenen Brettern. Ich stand nicht nur auf ihnen, lenkte sie nicht bloß, sondern ich wandte mich einfach hier- und dorthin. Aber immer noch gab es Buckel, die mich warfen, Hindernisse, die mich schreckten, Abgründe, die ich fürchtete. Alles kam noch zu schnell auf mich zu, ich bremste mich und spürte die Anstrengung.

Bis eines glücklichen übersonnten Tages mich die Weite und Tiefe lockte. Ich hätte Flügel haben mögen. Es hob mich innerlich, ich ward leicht und schwebte fast hinab. Die Unebenheiten der Piste betrafen mich nicht mehr; das machten die Beine und Skier unter sich aus. Das Schwingen erschien mir nicht als Bremse meines Laufes, sondern wie freundliche Begrüßung dieses Platzes, den ich berührte. Dem Falter gleich, der an Blüten nippt, tanzte ich hinab, rhythmisch und sicher.

Es war eine Sternstunde, gewiß. Ich begegnete der Welt, ward eins mit ihr; kein Gedanke an die eigene Funktion oder Stolz auf die Fähigkeiten, doch unaussprechliche Freude, daß ich da sein durfte in dieser Welt.

Der Reiter

Ich liebe Tiere, habe mich aber im Reiten nicht versucht. Doch ich sprach mit einem, der es konnte. Er war ein Mensch, der verwachsen war mit seinem Tier, ein Mensch, der – auf dem Pferde sitzend – den Eindruck erweckte, vier Beine zu haben, oder bei dem das stolze Pferd vermenschlicht schien. Er war so anders als die stümperhaften Reiter, die wie ein nasser Sack lustlos auf dem Pferderücken schwanken oder sich wie ein Holzklotz steif und beziehungslos schütteln lassen. Der Mann war sich dieser Verbundenheit aber selbst bewußt. Er meinte, durch das Pferd hindurch erkenne er den Boden, überließe sich aber doch gern der Sicherheit des Hufes. Pferd und Reiter waren einander vertraut wie ein gutes Paar; ein jeder spürte und achtete die Neigung des anderen. Mal überließ er sich der Bewegungslust oder Müdigkeit seines Tieres, dann wieder schwang er sich auf zur Dominanz des Führenden. Er brauchte weder Gerte noch Sporen. Er warf sich selbst voran und ließ die Zügel locker, dann flog das Roß dahin. Sein Geist, der über beiden stand, sprang über die Hürden; seine Seele, die sich in die Landschaft weitete, beflügelte beide. Für ihn galt der alte Reiterspruch: „Das Glück der Erde liegt auf dem Rücken der Pferde." Er war von Kindheit an mit ihnen verwachsen, lernte fast früher reiten als laufen.

Mit Menschen konnte er schlecht umgehen.

Große Frage: Flüchtete er zum Tier?

Der Dirigent

Ich möchte Ihnen den Dirigenten schlechthin vorstellen. Es sei nicht einer, der nur Takt- und Einsatzgeber ist, auch nicht ein solcher, der als Komponist einmal sein eigenes Werk zur Geltung bringen darf; erst recht nicht jener, der das Organisationstalent aufbringt, ein Orchester zusammenzustellen. Ich meine einen wirklichen Interpreten, dem ein qualifiziertes Orchester zur Verfügung steht. Lassen wir ihn namenlos sein, damit er nicht das Image des Stars unter den Dirigenten bekomme, der oft nur sich selbst darbietet.

Wohl könnte das Orchester von sich aus spielen, hat doch jeder einzelne Musiker die Noten vor sich. Doch er, als Dirigent, schweißt sie zusammen, macht sie zum Klangkörper seiner inneren Stimme. Ihm steht nur sein Leib als Instrument zur Verfügung. Nur durch ihn vermag er die Musik, die in ihm lebt, zum Ausdruck zu bringen. Seine Gesten müssen diejenigen erreichen, die sie zu deuten wissen, um ihnen Stimme zu verleihen. Wir können sicher sein, daß seine Bewegungen nur dann verstanden werden, wenn seine Arme nicht leer im Raume umhergeistern. Die Bewegungen müssen so aus ihm herausfließen, daß sie nicht an den Händen enden, sondern hinüberreichen, den einzelnen Spieler oder die Stimmgruppen zu erfassen, dort hineinzuwirken, zu wandeln oder zu bewegen. Da er die Arme hebt, sein Orchester aufzurufen und zu umfassen, um dann den Einsatz zu geben, liegt, noch ungezügelt, schon die ganze Fülle der Lebendigkeit in seinen Gliedern. Der Raum ist gefüllt von seinem Gestaltungswillen. Aus dieser anfänglichen Geste des Umfassens erwachsen alle Abwandlungen dynamischer und rhythmischer Entfaltung. Wohl können die Hände die Unruhe dämpfen und die Rhythmik verzögern, doch immer bleiben die unsichtbaren Fäden in seiner Hand. So ist er eins mit allen.

Und dieser Organismus, dessen Zentrum er bildet, wirkt dann hinaus, berührt und bewegt auch uns, als sei er, der uns den Rücken kehrt, unser eigentliches Gegenüber. Wir hören die Klänge, werden mitgerissen von der Thematik und nehmen, da wir ihn betrachten, bewundernd und doch selbstverständlich hin, daß die Musik gleichsam von seinen Bewegungen ausgeht, aus ihm herausquillt, den Raum erfüllt und uns umhüllt.

Er ist ein Künstler.

Wie mag er im persönlichen Umgang sein?

III. Die emotionellen Bausteine: Transsensus und Intention

Aus den bisherigen Betrachtungen über das Eutoniephänomen wird deutlich, daß Eutonie und HIT-Formen nur während eines bejahenden Bezugsgefühls existent sein können. Sie bedürfen beide der Hinwendung auf ein anderes System, das variable Rückwirkungen zeitigen kann und sich als ein Miteinander offenbart.

Merleau-Ponty spricht von „wundersamer Ausweitung des Körpers", *Schilder* von der „Ausweitung des Körperschemas". *Gerda Alexander* benützt die Formulierung „Verlängerung in den Raum, um den Tonus auszubalancieren". Selbst in volkstümlichen Ausdrücken finden wir die Beschreibung dieses Vorganges: „Ganz bei der Sache sein", „sich im Tun ganz vergessen", „in einer Arbeit ganz aufgehen", „mit ganzem Herzen dabei sein", „umfassend da sein" und ähnliches. Auch der allgemeine Begriff des mitmenschlichen Kontaktes in all seinen Spielformen des „Aufeinander-Eingehens" oder „Ineinander-Aufgehens" basiert auf dem lebensnotwendigen Bezugsgefühl des „Über-sich-hinaus-Spürens", das wir als **Transsensus**-Funktion bezeichnen.

Den Begriff Transsensus haben wir aus didaktischen Gründen gewählt, um das komplexe Moment der Ausweitung des persönlichen Empfindungsvermögens in den Raum hinein methodisch zu systematisieren und damit auch schulbar zu machen. Dieser natürliche Prozeß, der aus unserem Leben nicht wegzudenken ist, bildet die Grundvoraussetzung für das Ansprechen der automatischen Tonusregulation. Wenn z.B. der Jäger von seinem Anstand aus aufmerksam das Wild beobachtet oder der Schreiner mit der Säge ein Brett zerteilt, wenn ein Trainer beim Geräteturnen zur Hilfestellung bereit ist oder zwei Buben im spielerischen Gerangel die Regeln des Miteinander erlernen, dann sind sie alle auf eine reaktionsfähige Muskulatur angewiesen. Durch vorsichtiges Abtasten der Verhältnisse und artgerechtes Reagieren auf die Situation, müssen sie die jeweiligen Veränderungen, die sich in ihrer Umwelt vollziehen, empathisch mitleben, auch wenn die dazu notwendigen neuronalen Prozesse innerhalb ihres Körpers ablaufen.

Es ist eine ausgesprochene Fehlauffassung heutiger kontaktschwacher und problembeladener Menschen, die da glauben, sie müßten erst zu sich selbst gekommen sein, um auf die Welt zugehen zu können. Bedauerlicherweise wird diese Meinung auch noch von manchen Lehrern der Lebensschulung geschürt, erscheint es doch so probat, einfach Anweisungen zum Umgang mit sich selbst zu geben. Keine Rückmeldung aus der Welt führt dabei zu negativen Erfahrungen, aber dementsprechend auch nicht zur Korrektur von Fehlverhaltensweisen.

Das „Selbst" findet man nicht, solange man in sich auf Suche geht, doch wird man sich im marginalen Bewußtsein seiner selbst „inne", wenn man sich ganzheitlich der Welt im Transsensus überantwortet.

Mit dem Begriff Transsensus haben wir die Bedingungen erfaßt, die geeignet sind, die körperliche und seelische Verfassung des Menschen zu verbessern. Deswegen sehen wir sie als die unumgängliche Voraussetzung zur Eutonie an.

Damit ein solcher Prozeß aber zur Wirkung kommen kann, muß er auch veranlaßt und in Gang gesetzt werden. Dieser Anstoß ist als persönliche Entscheidung ein wesentlicher Akt einer Verhaltensweise und wird im heutigen Sprachgebrauch mit **Intention** bezeichnet. Mit dieser Definition hat aber der Begriff Intention einen Teil seiner ursprünglichen Bedeutung verloren. Von alters her konnte man in der Intention die Weltverbundenheit als übergeordnetes Prinzip erkennen. Es wurde ihr also zur Entscheidungsfähigkeit und zum Wahlverhalten zusätzlich ein positives Wertgefühl zuerkannt, das wir hier deshalb als Transsensus wieder gesondert herausgehoben haben. Wegen dieser Bedeutung bleibt Intention immer eine persönliche Entscheidung. Sie ist also in keinem Fall provozierbar und läßt sich nicht durch Vorschriften anerziehen.

Zwar hat ein Säugling noch keine Fähigkeit, sich bewußt zu dieser oder jener Regung zu entscheiden, doch ist ihm in der Urverbundenheit mit seiner Mutter die Heiterkeit, die auf andere ausstrahlen kann und ihn selbst gesund und rege erhält, als Ausdruck der vorprädikativen Eutonie selbstverständlich.

Wenn sich der Erwachsene vollbewußt der Welt intentional zuwendet, um eine sinnvolle Beziehung herzustellen, verwirklicht er damit ein „Ordnungsprinzip sittlichen Handelns" (*Albertus Magnus*, 12. Jh.) als Inbegriff der integralen Eutonie.

Auch in der transzendenten Eutonie läßt sich die Intention als Eigengestaltung einer sinnvollen Eingliederung in übergeordnete Gesetzmäßigkeiten erkennen.

In diesem Lehrbuch sehen wir unsere Aufgabe darin, die Gesetzmäßigkeiten des Transsensus und ihre Auswirkungen auf die Verhaltensweise des Menschen darzulegen. Diese Anregungen aufzunehmen, nach den

Erkenntnissen der Psychotonik zu handeln und das Bild der Eutonie in sich lebendig zu halten, bleibt immer eine Angelegenheit der persönlichen Intention.

So sehen wir es als gerechtfertigt an, wenn der Sprecherzieher *Coblenzer* empfiehlt, die Atem- und Stimmfähigkeit durch „Intention" zu verbessern.

IV. Der erkennende Weg: Die FAB-Methode

Von den widersinnigen Gefühlen des Eutoniezustandes haben wir schon gesprochen. Aber auch die leiblichen Phänomene der Eutonie unterstehen einer paradoxen Gesetzmäßigkeit. Obwohl sie im Körper ablaufen, kann man sie nicht unmittelbar an sich selbst beobachten. Sie entstehen nur während der Hinwendung auf etwas, was sich außerhalb unseres Leibes befindet und zudem auch nur dann, wenn man einheitlich „mit Leib und Seele“ darauf eingestellt ist.

So ist es unsinnig, von sich selbst zu behaupten: „Ich bin euton“ oder „Ich mache Eutonie“. Eutonie kann man höchstens indirekt erfahren. Das eventuell vorher so gegenwärtige Leibbewußtsein schwindet dann und läßt das seelische Empfinden für das gefühlsmäßige In-der-Welt-Sein vordergründig werden. Durch die Hinwendung auf ein sinnvolles Tun erhält der Leib eine Art Durchlässigkeit oder Transparenz, als wäre er gar nicht vorhanden, und doch bedient man sich seiner mit natürlicher Selbstverständlichkeit. Die muskulären Spannungen fallen ab, die Glieder verlieren ihre Schwere. Stehen, Handeln und Reden werden problemlos und vollziehen sich ohne Augenmerk auf den Vorgang wie von selbst. Die Sensibilität für Berührung ist gesteigert, ohne schmerzhaft zu sein, und führt unbewußt zu besserer Anpassung, Koordination, Elastizität und Balance. Erst im nachhinein vermerkt man mit Erstaunen und voll Freude, daß der Leib alles so gut und richtig vollzogen hat, wie man es unter willkürlicher Direktive nie hätte „machen“ können.

Erst in der Rückerinnerung kann man sich bis zu einem gewissen Grad Klarheit darüber verschaffen, welche leiblichen Funktionen sich tatsächlich vollzogen haben. Das liegt an folgenden Besonderheiten der motorischen Regulation:

Zum einen vollziehen sich die leiblichen Regungen langsamer als unser Denken. Sie klingen noch nach, wenn eine Situation, auf die die Gedanken gerichtet waren, schon nicht mehr aktuell ist. So kann sich das Bewußtsein von einem gerade erlebten Situationsgefühl – vielleicht einer liebevollen Hinwendung – auf das noch nachklingende Leibgefühl wenden und ist frei dafür zu bemerken, wie sich der Brustkorb weitete, wie weich und dynamisch der Atem ging, wie sicher man stand und wie lebensvoll es einem die Arme hob. Dieses Nacherleben einer Situation nennen wir **Poststimulation.**

Zum anderen bilden die vollzogenen Handlungen und Verhaltensweisen Bewegungsmuster, die als Runen in den Hirnzentren gespeichert werden und bis zu einem gewissen Grade sowohl als Erinnerung an die durchlebte Situation als auch zur Vorplanung auf eine ähnliche Situation abgerufen werden können. Wir nennen diesen Vorgang **Prästimulation**, weil allein schon die Vorstellung einer Situation – nicht die einer Bewegung – die entsprechende leibliche Phänomen-Kette aufruft. In dieser Phase, in der die eigentliche Handlung noch nicht vollzogen wird, beginnt sich bereits die Atmung in spezifischer Weise zu verändern und es entsteht in der Muskulatur eine Vortonisierung, die als Bewegungsbedürfnis die beabsichtigte Handlung vorbereitet. Diese leiblichen Begleiterscheinungen sind in der Vorbereitungsphase viel leichter der Selbstbeobachtung zugänglich als in der tatsächlichen Ausführung, weil da das Bewußtsein von der echten Situation gefangen genommen wird.

Man kann sich also, im Wechsel zwischen Leib- und Situationsgefühl schnell hin- und herpendelnd, mit Hilfe der Prä- und Poststimulation über eine Reihe von leiblichen Phänomenen der Eutonie Klarheit verschaffen, ohne sich in der Situation selbst beobachten zu müssen. Wir nennen dieses Fühlen mit alternierendem Bewußtsein FAB-Methode. Sie ist ein Weg zur Klärung psychophysischer Zusammenhänge.

Viele Lehrer, die mit der Fühlsfähigkeit täglich arbeiten, gehen mit den Gesetzmäßigkeiten, die der FAB-Methode zu Grunde liegen, mit Selbstverständlichkeit um, ohne sich dessen bewußt zu sein oder auf den Aspektwechsel zwischen Leib- und Situationsgefühl hinzuweisen. Wir wollen darum in dieser Arbeit versuchen, zu den Übungen auch Anweisungen zu geben, die den Aspektwechsel beachten. So werden die einzelnen Vorgänge besser einsichtig und manche Zusammenhänge klarer; doch ein Rest der Eutonie mit seiner selbstverständlichen, weltoffenen und unreflektierten Gelassenheit wird dem Übenden letztendlich immer im ahnungsvollen Dunkel verbleiben.

V. Der verbal-taktile Eutonieaufbau

Die Verfahrensweise des verbal-taktilen Eutonieaufbaues geht von der Atemmassage nach *Schmitt* aus. Wir haben diese manuelle Praktik dahingehend ausgeweitet, daß wir die dabei auftretenden Tonusphänomene am Atemsystem zum Anlaß nahmen, mit dem Klienten über die begleitenden kommunikativen Einstellungsweisen und Bewertungen ins Gespräch zu kommen (*Glaser*, 10, 11, 12). Unsere so gewonnene Erfahrung haben wir dann Jahre später mit Unterstützung von *Veldman* zu einer ersten Version des verbal-taktilen Eutonieaufbaues systematisiert.

Trotz eminenter Bedeutung für Schulung und Therapie entspricht der verbal-taktile Eutonieaufbau nicht der naturgemäßen Entwicklung der eutonen Verhaltensweise, denn diese ist angeboren und wird späterhin allzuleicht durch Dressate, falsche Leitbilder und fehlerhafte Lernstrategien beeinträchtigt.

Der Einsatz des verbal-taktilen Eutonieaufbaues ist nur dann sinnvoll, wenn es dem Menschen nicht möglich war, das intentionale Grundverhalten in naturgerechter sozialer Kommunikation weiter unbeeinträchtigt aufrecht zu erhalten. Es muß vorausgesetzt werden, daß kommunikative Erfahrungen bereits vorhanden waren, als Erinnerungen gespeichert sind und über sprachliche Anforderungen und Vorstellungsbilder abrufbar gemacht werden können.

Sind aber offensichtliche Defizite in der Erfahrung der eutonen Regelungsformen beim Klienten zu vermuten, müssen ihm erst unmittelbare taktil-kinetische Erfahrungen im zwischenmenschlichen Bezug angeboten werden. Dafür ist für einen Behandler wohl die Kenntnis des eutonen Verhaltens – und möglichst auch dessen theoretischen Unterbaues – erforderlich, aber es darf nicht mit der verbalen Leitung begonnen werden, sondern es muß – eventuell auf averbalem Wege, z. B. über eine Atemmassage – die gute menschliche Zuwendung unmittelbar zur Auswirkung kommen.

Das Besondere am verbal-taktilen Eutonieaufbau ist, daß die Tonusveränderungen der Rumpfwandung an der liegenden Person über die aufliegende Hand registriert werden können und sich zugleich in ihrer Abhängigkeit von der intentionalen Einstellung des Daliegenden auf den in seinem Umfeldraum befindlichen Untersucher differenzieren lassen.

● Es muß eindringlich davor gewarnt werden, ohne kontrollierte praktische Anleitung damit zu experimentieren. Der Umgang mit dieser Methode ist von einem Einfühlungsvermögen abhängig, das nur unter der Kontrolle eines Erfahrenen erlernt werden kann. Er wird aber im theoretischen Teil ab S. 161 ausführlich interpretiert.

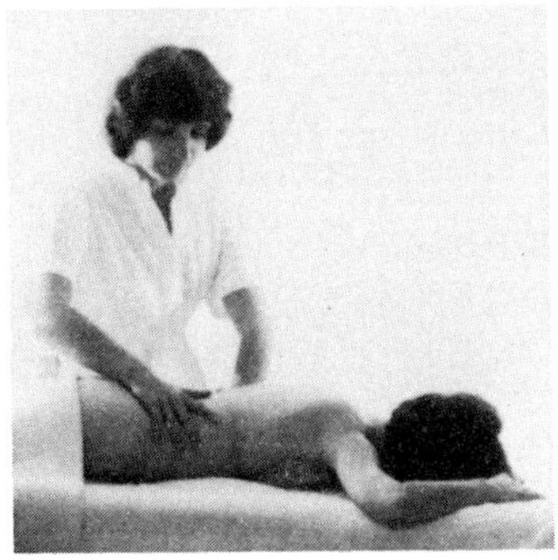

Die Bedeutung des verbal-taktilen Eutonieaufbaues:

Für den Behandler in der Schulung

a) Selbsterfahrung bezüglich des natürlichen kommunikativen Verhaltens.
b) Intentionstraining zum bewußten Einstellungswandel.
c) Sensibilisierung für taktil-kinetische Erfahrungen.
d) Differenzierung der erfahrenen Einzelphänomene.
e) Kommunikativ-taktil-verbale Leitfähigkeit.

Für den Klienten

1. als pädagogische Intervention
a) Aufbau des Wertbewußtseins für natürliches kommunikatives Verhalten.
b) Stärkung der Fähigkeit zu intentionaler Eigengestaltung.
c) Einleitung gangbarer Wege, um den Nachholbedarf an Kommunikation zu substituieren.

2. als therapeutische Intervention
a) Wiedererwecken natürlichen kommunikativen Verhaltens (Entängsten, Entstressen).
b) Harmonisierung der vegetativen Balance.
c) Motivierung zur Selbstverantwortung und Selbstdirektive intentionalen Verhaltens (Prophylaxe und Rehabilitation).

I. Stufe

Kinetischer Test der Ausgangslage des Patienten

Belastungstest:

Therapeut legt beide Hände übereinander auf den Rücken des Patienten bei L 4 und drückt unter Gewichtsverlagerung immer stärker gegen die Unterlage. Keine Erklärung dazu geben, sondern nur die Reaktion des Patienten registrieren.

Aggressionstest:

Therapeut stößt von beiden Seiten gleichzeitig mit Klammergriff in die Flanken des Patienten. Dieser muß dabei überrascht werden. Auch hier keine Erklärung, aber unmittelbar anschließend die Stufe II anwenden.

Phänomene der Fehlverhaltensweisen

Während des Ausgangstestes können Flucht- oder Abwehrreaktionen auftreten, die wir hier in typologischer Gliederung besprechen:

A. Hypotone Muskelreaktionsformen (Körperschema maximal eingeengt)

Belastungstest:

Muskulatur erschlafft unter der drückenden Hand (man vermeint, bis zur Unterlage durchdrücken zu können). Atemsystem ist in Ausatemlage gedrängt. Lange Ausatempausen. Ansatzpunkt und Ausbreitungsgebiet des Einatmens verlagern sich zum Brustraum hin. Der Atemzug setzt abrupt ein und wird hörbar.

Aggressionstest:

Fluchtreflex verstärkt. Der ganze Körper will sich wegwenden. Apnoe im Ausatem. Flanken eingezogen. Einatmen nur in Brust. Hypersensibilität, auch bei nachfolgenden schwachen Reizen.

B. Hypertone Muskelreaktionsformen (Körperschema an Berührungsstelle abgegrenzt)

Belastungstest:

Reaktive Gegenspannung, hart wie ein Lederball. Druck scheint wie bei der Bauchpresse vom Brustkorb des Patienten auszugehen. Isometrische Muskelanspannung. Irregularität der Innervation als Zeichen bewußter Willensspannung. Kurze hörbare Preßatmung. Atemsystem nach dem Einatem verlagert. Stauung im Einatmen.

Aggressionstest:

Starke Stretch-Reflexe. Einmauerungstendenz noch stärker (Vorsicht! Explosionsgefahr! Gegenaggression kann sich gegen den Therapeuten entladen und muß abgefangen werden).

C. Dystone Muskelreaktionsformen (Beeinträchtigtes Körperschema durch Ignorieren)

Belastungstest:

Anscheinend keine Muskelreaktion (Fleischkonsistenz ohne Eigenreaktion: eher hart als nachgiebig). Atemablauf in unregelmäßigem Rhythmus mit wechselnder Betonung einzelner Muskelgebiete unter Bevorzugung des unteren Brustraumes. Kleine oberflächliche oder langsame, verhaltene Atemzüge. Ein- und Ausatem meist hörbar. (Nur die Atemirregularität weist auf die „Aushaltetendenz" hin.)

Aggressionstest:

Anstelle von Muskelreaktionen treten vegetative Fehlreaktionen auf: Blaß- und Feucht-Werden im Zugriffsgebiet, Kongestionen im Kopf- und Nackengebiet, Gänsehaut, Dermographismus. (Vorsicht! Vegetativ-dystone Spätfolgen. Als Zeichen der Desintegration sind bei zu starken Tests zu erwarten: Kopfdruck, Schlaflosigkeit, Herz- und Kreislaufsensationen, Darmspasmen, Folgen: Retardierte Stellungnahme mißkreditiert die Behandlungsweise).

Bemerkung:

Sonderformen mit nur teilweiser Ausweitung des Körperschemas sind hier nicht aufgeführt, z. B. intellektuell nicht bejahte Kontaktneigung, die nur im Berührungsgebiet bemerkbar wird, oder Dissoziierung der Strebungen, die sich als Flucht im Berührungsgebiet und gleichzeitigem verbalen oder tätlichen Angriff ausdrückt. Die Möglichkeit, solche Sonderformen zu erkennen und mit ihnen umgehen zu können, verlangt vom Therapeuten eine geschulte Beobachtungsgabe und eine eingehende Kenntnis.

II. Stufe

Verbalisierung der Ausgangslage

Auf die in Stufe I durchgeführten Tests kann der Patient mit verschiedenen Verhaltensweisen antworten.

A. Bei eutoner, kontaktbereiter Reaktionsform mit elastischer Abfangfähigkeit der Muskulatur und Mitspiellust des Patienten während der Testsituation erübrigt sich die weitere Erarbeitung des Transsensus der Stufe III. Die vorgefundene Verhaltensweise kann entweder bestätigt oder auf Stufe IV und V erweitert werden.

B. Zeigt der Patient die unter Stufe I geschilderten Fehlreaktionen, so werden sie mit ihm besprochen. Der Therapeut schildert bildhaft seinen Eindruck der entsprechenden Verhaltensform, die keine Ausweitung des Körperschemas zeigt (verbales Feedback):

„Sie haben sich wegdrücken lassen“, „Sie haben sich verkrochen“, „Sie sind geflohen“ (hypotone Reaktion) oder

„Sie haben sich eingemauert, eingeigelt, eingepanzert, hart gemacht“ (hypertone Reaktion) oder

„Sie haben nur ausgehalten“, „Sie haben sich scheinbar unbeteiligt gezeigt“ (fragen, ob es vielleicht unangenehm gewesen sei), „Sie haben ein dickes Fell gezeigt“ (dystone Reaktion).

Dann werden die hypotone und hypertone Fehlverhaltensweise, da sie eindeutige Reaktionsformen zeigen, mit dem Patienten durchexerziert. Er soll dabei lernen, diese Zustandsformen der später erreichten Eutonie gegenüberzustellen und sie selbst bewußt gegeneinander abzugrenzen. Die dystone Reaktionsform und auch die Dissoziierungsformen dürfen nicht geübt werden.

III. Stufe

Erarbeitung des haptischen Raumes durch Transsensus

Erst hier beginnt der eigentliche **Eutonieaufbau** auf taktilem und verbalem Wege.

1. Phase

Hinwendung auf die Grenze zwischen Körper und haptischen Raum. Das Körperschema entspricht der eigenen Leibesform. Bemerken der berührenden Handfläche des Therapeuten.

Vorgehen

Der Therapeut hat seinen eigenen haptischen Raum um den Patienten ausgeweitet. Er ist „umfassend" anwesend, ohne eine spezielle Einwirkung zu intendieren.

taktil: Hand liegt ruhig, neutral kontaktend auf L 4.

verbal: Zum Daumen fühlen lassen, zu den übrigen Fingern, zum Handteller, die ganze Auflagefläche der Hand erspüren. Erfolg verbal bestätigen.

Phänomen

Leichter örtlicher Andruck der Körperdecke an die angesprochene Stelle der Hand.

Psychologie

Ansprechen des Körpergefühles. Bemerken der eigenen Körperbegrenzung.

Test

Hautempfindlichkeit hat etwas nachgelassen. Leichtes Kratzen mit den Fingern wird ohne Abwehrreaktion ertragen.

---

2. Phase

Entdecken des haptischen Raumes. Ausweitung des Körperschemas **in** den Umfeldraum. **(Horizont-Erweiterung).**

a) Ausweitung des Körperschemas auf das **Volumen** der Hand des Therapeuten.

Vorgehen

taktil: Mit der zweiten Hand auf die eigene aufliegende Hand klopfen und reiben.

verbal: Fragen, was der Patient empfunden hat. Wenn richtig erkannt, auf die Fähigkeit des Patienten zum Durchspüren durch einen anderen Gegenstand (Transsensus) hinweisen.

Phänomen

Der Körper schmiegt sich der Hand an und hebt sie leicht mit dem Einatmen. Die weiche Herauswölbung der Rumpfwandung ist noch 1–2 cm größer als die Auflagefläche der Hand.

Psychologie

Der Patient hat die Hand inkorporiert oder sich auf sie ausgeweitet. Der Therapeut empfindet seine aufliegende Hand zwischen Rücken und der zweiten Hand weich eingebettet.

Test

Der Patient fühlt sich durch das Schlagen der oberen Hand überhaupt nicht beeinträchtigt. (Er fühlt sich nicht getroffen.)

b) radiäre Ausweitung des Körperschemas über Handgelenk und Arm zur **Schulter** des Therapeuten.

Vorgehen

taktil: Obere Hand wieder entfernen, die untere Hand bleibt ruhig aufliegend.

verbal: Patienten auffordern, sich in gleicher Weise wie auf die Hand nacheinander auf das Handgelenk, den Unterarm, den Oberarm und schließlich auf die Schulter einzustellen.

(Vorsicht bei der Wortwahl! Nicht suggerieren, daß er etwas fühlen würde, was er faktisch nicht fühlt. Nur in der natürlichen Art des Gesprächs anraten, dorthin zu fühlen. Der Therapeut hat ihm dann zu bestätigen, wenn er die entsprechende Stelle bei sich als induktiv belebt empfindet.)

Phänomen

Großflächigere Ausbreitung des entgegengewölbten Gebietes (Obtentus) während der Einatmung.

Psychologie

Patient tritt in den Raum des Therapeuten ein. Beim Therapeuten entsteht ein koinästhetisches Gefühl des Leichter- und Lebendiger-Werdens im Arm, wenn die Intention des Patienten darauf gerichtet ist (Induktion).

Test

Wenn die Einstellung des Patienten bis zur Schulter reicht, kann er nunmehr einen leichten Anstoß, der von dort ausgeht, während der Einatemphase aushalten. Im Ausatem läßt er sich noch wegdrücken.

c) horizontales Ausweiten des Körperschemas auf die Breite des Körpers.

Vorgehen:

taktil: Die zweite Hand im Laufe der Anweisungen auch im Thoraxgebiet mit anlegen.

verbal: Der Patient möge von der von ihm erspürten Schulter die Verbindung über den Rücken zur anderen Schulter herstellen und sich vergegenwärtigen, daß dort auch ein Arm sei, der mit auf den Rücken gelegt werden könne. Auffordern, dieses Körpergebiet innerlich vorzubereiten, wo nach seinem Empfinden die Hand am passendsten liegen würde. Nach der tatsächlichen Berührung möglichst erfragen, ob die Hand wirklich auf der erwarteten Stelle liegt.

Phänomen

Mit der Ausweitung in die Breite zur anderen Schulter vergrößert sich, gleichlaufend mit der intendierten Richtung, beim Patienten das Gebiet, in das sich der Atem hineinwölbt. Wenn die Aufforderung zur Vorbereitung des zusätzlichen Berührungsortes verwirklicht werden kann, so erfährt dieses Gebiet, das zumeist im Schulterblattbereich liegt, zusätzlich eine visuell erfaßbare Betonung der Herauswölbung.

Psychologie

Der Patient hat einen Ring über die Arme des Therapeuten aufgebaut, der von ihm selbst ausging und in dem er selbst – gleichsam wie ein Stein in diesem Ring – mit eingeschlossen ist. Die im Erwartungsgebiet intensivierte Lösungstendenz signalisierte dem Therapeuten einen averbalen Wunsch nach Berührung, dem er nachkommen konnte.

Test

Wenn sich der Patient des Ringgefühles sicher ist, kann er durch leichtes Hin- und Herbewegen unmittelbar den Therapeuten mitbewegen.

---

3. Phase

Die dreidimensionale Ausweitung des haptischen Raumes zur Atmosphäre **(Präsenz).**

Vorgehen

taktil: Keine Veränderung des Anfaßvorganges.

verbal: Weitere Ausbreitung des Körperschemas auf die ganze Gestalt des Therapeuten. Rücken, Kreuz, Gesäß, Beine und Füße erfühlen lassen und durch das koinästhetische Gefühl des Therapeuten den Vollzug bestätigen. Kopf des Therapeuten gesondert mit einbeziehen lassen.

(Vorsicht! Sachlich bleiben, damit nicht durch Empathie im Patienten Bindungsängste aufgerufen werden. Er darf nicht im Therapeuten aufgehen wollen, sondern sich nur auf ihn hin zusätzlich ausweiten. Darum ist es wichtig, immer auch das Zurückgehen- und Abwandeln-Können dieser Ausbreitungsfähigkeit mit aufzurufen.)

Phänomen

Das anschmiegende Gebiet verbreitert sich auf größere Körperabschnitte mit Betonung in die angesprochene Richtung. Das Atemsystem stellt sich dabei auf eine erhöhte Mittellage ein, ohne im Ausatem den Tonus zu verlieren. Der anschmiegsame Druck der Rumpfwandung an die Hand stabilisiert sich unabhängig von der Atemphase.

Psychologie
Der Patient hat sich jetzt nicht mehr nur auf ein Gliedersystem bezogen, sondern auf einen Menschen in seiner grundsätzlichen Formstruktur. Es bestehen keine Berührungsängste, denn er selbst ist mit in dem von ihm gestalteten Raum anwesend.

Test
Selbst einem stärkeren Belastungsdruck kann in jeder Atemphase ohne Irritierung und Mühen begegnet werden. Der Aggressionstest würde noch zum Zusammenbruch der Einstellungsform führen.

---

4. Phase

Gestalten des haptischen Raumes als Begegnungsraum (**Grundeutonie**). Das Körperschema entspricht der **aktuellen Orientierung** im haptischen Raum.

a) Einstellung auf die Belebtheit des haptischen Raumes (**Reagibilität**).

Vorgehen
taktil: Hände bleiben anfangs noch ruhig liegen. Erst wenn sich der Therapeut gewiß ist, daß die Reaktionsbereitschaft des Patienten auf seine Bewegung eingestellt ist, versucht er die gleichen Testbelastungen wie am Anfang des Aufbaues anzuwenden. Sie dürfen dann vom Patienten nicht mehr als störend bewertet werden.
verbal: Der Patient möge der von ihm erfaßten Figur, die ja einen Kopf und damit eigene Entscheidungsfähigkeit haben müßte, noch zugestehen, daß sie auch ihre Glieder nach eigenem Willen bewegen darf.

Phänomen
Im Augenblick, wo der Patient dem Anfassenden Bewegungsmöglichkeit zugesteht, verändert sich der ruhige Andruck des Rumpfes an die Hände und wird variabler, wie wenn ein ruhiger Teich eine bewegte Un-

terströmung erhält. Die Charakteristik der Bauchdeckenspannung könnte dabei als Luftfederung interpretiert werden, die von einem Mittelpunkt im Unterleib des Patienten auszugehen scheint und so unabhängig von der Atemphase ist, daß der Wechsel zwischen Ein- und Ausatmen kaum wahrzunehmen ist. Selbst an heftige Stöße adaptiert sich der Rumpf automatisch, ohne daß der gleichmäßig schwingende Atem gestört wird.

Psychologie

Der Patient ruht in sich und federt die Irritierungen von außen anscheinend an seiner Peripherie ab. Er kann sich sicher fühlen, weil er die Bewegungen seines Umfeldes in angepaßter Weise mitzuvollziehen vermag.

Test

Nach Prüfung durch Belastung und Aggression den Patienten auffordern, das Gefühl für den haptischen Raum wieder aufzugeben. Dann wieder Testung in der gleichen Stärke, um dem Patienten bewußt zu machen, daß die gute Abfangfähigkeit tatsächlich von seiner eigenen Einstellung auf den haptischen Raum abhängig ist. Sofortiger Neuaufbau bis zur Grundeutonie ist wichtig. Eventuell müssen wieder alle Phasen des Aufbaues, wenn auch in Kurzform, durchlaufen werden. Niemals eine Sitzung ohne Neuaufbau beenden!

b) Eigenständigkeit im haptischen Raum (**Spontaneität**).

Vorgehen

taktil: Berührung erst dann, wenn eine Atemveränderung auftritt, die als Aufforderungsphänomen erkennbar wird.

verbal: Im Patienten das Gefühl für den Raum, den er um den Therapeuten aufgebaut hat, durch geeignete analoge Vorstellungsbilder wie: ruhender Raum, Atmosphäre, gemeinsame Hülle, Begegnungsraum o. ä. festigen. In diesem Raum möge sich der bis dahin bäuchlings liegende Patient nunmehr herumdrehen, so daß seiner Empfindung nach dieser gestaltete Raum nun von seiner Vorderseite ausgehe.

Hierbei sollte beim Patienten nachgefragt werden, ob sich der erfühlte Raum mitgedreht hat, also weiterhin am Rücken geblieben ist, oder sich, wie angegeben, tatsächlich nur der Körper in ihm gedreht hat. Wenn der Endzustand erreicht ist, den Patienten auffordern, auch die Augen zu öffnen.

Phänomen

Das natürlichste wäre, wenn sich der aufgebaute Raum automatisch so ausgeweitet hätte, daß er nunmehr sowohl vorn wie hinten den Liegenden umgibt.

Verbleibt der aufgebaute Raum auf der Rückseite, so macht es den Eindruck, als lausche der Mensch nach hinten und hätte noch keinen Kontakt nach vorn aufgenommen. Gelingt ihm auf Anforderung, das Gleiche auch nach vorn hin zu entwickeln, so wird die Rumpfwand vom Becken bis zum Thorax gleichmäßig ausgeweitet. Die ganze Person wird gegenwärtiger, auch wenn sie noch die Augen geschlossen hat.

Fordert man sie auf, die Augen zu öffnen, so wird der Zustand von ihr nur bestätigt; es tritt kein Befremden auf.

Psychologie

Patient ist offen und frei gegenwärtig. Es besteht ein selbstverständlicher freundlicher Kontakt bei natürlicher Distanz (Distanz durch Kontakt). Problemloses Gemeinschaftsgefühl. Berührungstabus sind so weit aufgehoben, daß nicht mehr die Gefahr einer Fehlinterpretation von Seiten des Patienten besteht.

Test

Man kann nun, wie am Rücken, in gleicher Weise auf den Leib oder den Thorax drücken, stoßen oder kneifen, ohne daß Abwehrreaktionen auftreten. Die Mimik bleibt dabei gelöst und heiter im Blickkontakt.

IV. Stufe

Transposition der Behandlung auf andere Lebenssituationen.

Für die kommunikative Daseinsbewältigung müssen dem Menschen alle vier Qualitäten des haptischen Raumgefühls (Horizont, Präsenz, Reagibilität, Spontaneität) ständig zur Verfügung stehen. Im natürlichen Leben entwickelt er sie aufgrund eigener Intentionen (der potentielle haptische Raum). Hier werden sie durch verschiedene Transpositionsformen erarbeitet.

Vorgehen

taktil:

1. Loslösen von der taktilen Leitung bei gleicher Bezugsperson.
2. Hinzuziehung einer weiteren Person, auf die der Therapeut den Transsensus überleiten kann. Diese muß auch in den haptischen Raum einbezogen werden und dann zugreifen dürfen.
   Die Ausweitung auf die gegenwärtige andere Person = **Ampho-Eutonie**

verbal: Den Patienten dazu animieren, seinen haptischen Raum (seine Atmosphäre, seinen Begegnungsraum) so auszuweiten, daß er ihn ständig rund um sich trägt. So kann er dann eventuell Neuhinzukommende in gleicher Weise annehmen = **Amphi-Eutonie.**

Phänomen

Wie in Stufe III, 4. Phase

Psychologie

Patient ist jetzt in jedem Falle, auch in neuen Situationen, heiter, gelassen, begegnungsbereit und nicht störbar.

Test

Wenn möglich Aggressions- und Belastungstest durch fremde Personen ausführen lassen.

V. Stufe

Transzendente Valenzen der Eutonie.

Die Stufen I–IV bilden die Vorbereitung dafür, daß es dem Menschen später gelingen kann, sich auf solche Bezugsverhältnisse assoziierend einzustellen, die weder sachlich noch persönlich eine reale Begegnung ermöglichen: Schicksalsvertrauen, Gläubigkeit, soziale Eingliederung, Verantwortungsbewußtsein, ethisches Verhalten, Wissen um die eigene Bestimmung u. a. m. (der imaginäre haptische Raum).

Stufe V gehört nicht mehr zum praktisch durchführbaren Eutonie-Aufbau, sondern in einen Bereich, der durch keine „Methode“ erfaßbar ist.

Psychotonik

A) Der anthropologische Aspekt der Eutonie

I. Eutonie im Spannungsfeld zur Welt

Das „Bild der Eutonie" haben wir bereits vorausgestellt. Hier wollen wir versuchen, es phänomenologisch verständlich zu machen.

Gebraucht man das Wort „Spannung", so ist immer ein Verhältnis zu etwas gemeint. Das gilt im technischen Bereich wie auch im organischen und psychologischen Bereich. Es ist also stets die Bezugsebene und das Bezugsverhältnis mitzuberücksichtigen. So haben wir übereinzukommen, für welchen Bereich wir den Begriff „Tonus" in Anspruch zu nehmen gedenken und welche Kategorien wir dem guten, dem „Eutonus" zugestehen.

Wenn wir von Eutonie sprechen, so meinen wir einmal den gesamten Menschen in der Art, wie er sich zu seiner Umwelt stellt. Das beinhaltet, daß zwischen ihm und seinem Lebenskreis ein Spannungsfeld mit wechselseitigem, aber ausgeglichenem Kommunikationsaustausch besteht.

Zum anderen können wir dabei den Blick auf die individuelle Struktur des Menschen richten, um ihn im Spannungsverhältnis zwischen Bewußtem und unbewußtem Geschehen zur Wahrung seines inneren Gleichgewichtes zu sehen. Heiterkeit, Gelassenheit und Beschwerdefreiheit würden uns dann ausdrücken, daß der Mensch auch „mit sich im Reinen" ist.

Zum dritten können wir die eigentliche Tonusregulation der Skelettmuskulatur beachten, die in der Eutonie zum ausgewogenen Spannungsausgleich zwischen Halten und Bewegen kommen würde.

Alle diese Momente klingen in der Eutonie gemeinsam an; nur wir richten unser Augenmerk betonter auf den einen oder anderen Bereich.

Im Vordergrunde unserer Betrachtung steht immer die Gesamtverhaltensweise des Menschen, also die Art, wie er sich in seine Welt stellt. Alle weiteren hier genannten Momente gliedern sich als Facetten in das Bild des Menschen ein.

Wir ersehen hierin mit *Buytendijk* die phänomenologische Urevidenz, daß der Mensch in seiner biologischen Funktion auf die Welt hin angelegt ist. Und wir gehen in allen Stücken mit *von Uslar* konform, wenn er sagt: „Seine Wirklichkeit endet nicht an den gestalthaften Grenzen des Körpers, sondern er ist in diese Welt hinein verwoben." „Leiblichkeit und

Weltlichkeit sind also komplementäre Begriffe" und „alle psychischen Erscheinungen sind Manifestationen dieses In-der-Welt-Seins". „Seele als Wirklichkeit des Leibes ist darum immer die Wirklichkeit eines Verknüpftseins mit der Welt." „Das Psychische ist nicht nur etwas in meinem Innern, sondern ebenso draußen bei den Dingen. Es ist in sich selbst Weltlichkeit."

Diese Feststellung umreißt ein sehr komplexes psycho-somatisches Phänomen, für das in jedem Menschen eine Gefühlsgewißheit besteht, das sich aber anscheinend einer genauen sprachlichen Erfassung entzieht. Es gibt dafür die vielfältigsten Umschreibungen, handelt es sich doch darum, deutlich zu machen, worin die „Wirklichkeit dieser Weltlichkeit" für den Menschen besteht.

Von Arnim spricht regelrecht von einer „zweiten funktionellen Gestalt" in Anlehnung an den „Bildekräfteleib" *Rudolf Steiners,* der „aus wirkenden Kräften, nicht aber aus Stoff" bestehen würde. Er ist dem „Körperschema" von *Schilder* vergleichbar, das sich nach *Merleau-Ponty* als „Prolongement miracouleux de notre corps" in den Raum hinaus ausweiten kann und dann als „Spielraum des Leibes" von *Plügge* angesehen wird. Bei *von Weizsäcker* wird es zum „Gestaltkreis", und auch das „Kraftfeld der Seele" von *Heyer* könnte ihm entsprechen. Aber es gibt noch viele mehr oder weniger gute Bezeichnungen, die volkstümlich gebräuchlich und je nach der anstehenden Thematik verständlich sind. Wir finden z. B. oft synonym gebraucht die Ausdrücke: Atmosphäre, Kontakt- oder Bezugsfeld, Begegnungs- oder Anmutungsraum, Gefühlsbereich, aber auch Geborgenheitsraum,Umfassungsraum und viele andere mehr.

Unter einem anderen Aspekt wird dieser Wirkzusammenhang von *Graumann* mit dem Begriff des „Sinnes" verknüpft, durch den das Bezugsverhältnis erst Bedeutung erhält. Ihm kommt ein „Horizont möglichen erfüllbaren Verhaltens" zu, der ihm einen „Verhaltens-Spielraum" ermöglicht.

1. Transsensus als Weg zur Weltlichkeit

Unabhängig davon, welche Bezeichnungen man für den geschilderten Sachverhalt wählt: Die Wirklichkeit der Weltlichkeit ist das Erlebnis des Über-sich (d. h. über den Bereich der tatsächlichen Leibesgrenzen)-hinaus-Spürens, das wir mit dem Begriff **Transsensus** charakterisieren. Wir haben im praktischen Teil des Lehrbuches den **Transsensus** – als Vorbedingung der Eutonie – nach seinen Variationen für die Verhaltensweise des Menschen gegliedert. Hier wollen wir auf das Phänomen selbst eingehen.

a) Das Phantomgefühl

Einen wesentlichen Beitrag zur Einsicht in das Phänomen des Transsensus hat die Untersuchung der Phantomerlebnisse beim Verlust oder beim angeborenen Mangel von Gliedmaßen gegeben.

Aus den Beobachtungen von *Poeck* und *Plügge* entnehmen wir folgendes: Ein Phantom ist ein Trugbild. Im Falle eines Gliederverlustes ist es ein Empfinden, als wäre dieses Glied noch vorhanden, so daß man es zwar nicht sehen, aber doch weiter mit ihm umgehen könne. Es habe allerdings nicht die gleiche Gestalt wie das verlorene Glied. Das Phantom wird im allgemeinen als mehr „leer" und „gehäusehaft" geschildert, als unterstehe es nicht dem Gesetz der Schwerkraft; auch sei es „unzuverlässig" und füge sich nur träg der „willkürlichen" Direktive, ja verschwinde vorübergehend, wenn eine rasche Bewegung intendiert wird. Dagegen werden die Phantomglieder „besonders deutlich und bewegen sich am ehesten sinnvoll, wenn sie nicht gewollt sind, z. B. im Rahmen eines unwillkürlichen motorischen Ausdrucks" (*Plügge*). Das Phantom kann ohne weiteres in ein anderes Medium hineindringen, sich aber auch wie erschreckt davor zurückziehen, sich dabei teleskopartig zusammenschieben oder zur Seite weichen, ist also nicht an Gelenke gebunden. Zumeist wird die Hand als größer und lebendiger empfunden als der Arm, der dann dünn und kurz und schemenhaft erscheint. In Mißstimmung kann das Phantomglied völlig schwinden, und es tritt gar nicht auf, wenn das Glied, wie bei Leprösen, schon vorher abgestoßen war, oder wenn bei Frühamputationen das Glied funktionell nicht genügend gebraucht werden konnte.

Die Gleichzeitigkeit und doch Unterschiedlichkeit dieser beiden Wirklichkeiten vom gesunden und verlorenen Glied wird von den Amputierten fürs erste als „Dilemma" erlebt. *Wunderlich* schildert, wie ein Patient diese Diskrepanz überwindet: „Meine gesunde Hand repräsentiert den ‚Besitz', d. h. hier habe ich die ‚Gewalt' über eine Sache, aber das Phantom verkörpert das ‚Eigentum', und hier habe ich das ‚Recht' über eine Sache. Das Phantom streitet sich also nicht um denselben Platz, sondern im Gegenteil: es räumt sich den Platz als gemeinsam ein."

Phantomglieder können sich aber auch bei Dysmelie-Kindern einstellen, denen von Geburt an Gliedmaßen fehlen. Dort wird das Auftreten eines Phantom-Gefühls als außerordentlich positives Ereignis bewertet. Es tritt im allgemeinen erst mit dem sechsten Lebensjahr auf. Ein armloses Mädchen pflegte zu Beginn seiner Schulzeit wie die anderen Kinder zum Lösen von Rechenaufgaben seine unsichtbaren Phantomhände auf den Tisch zu legen und zählte die ausgestreckten Finger einen nach dem anderen ab.

b) Das erweiterte Körperschema

Der Exkurs über das Phänomen des Phantomgliedes sollte deutlich machen, daß es für das Leibesempfinden unterschiedliche Wirklichkeitsbegriffe gibt. Einmal das Wissen um den eigenen Leib als Körper und zugleich als empfindendes Subjekt (durch das der Körper erst zum Leib wird), zum anderen das Empfinden für eine dem Leibe zugehörige Wirklichkeit außerhalb der realen Körperlichkeit. Dieses Phänomen ist gleichbedeutend mit dem, was wir als Transsensus bezeichnen. Er gehört als eine Gestaltungsfähigkeit zum Wesen des Menschen und ist ihm in einer eigentümlichen „Ambiguité“ zu eigen.

Mit dem nach *Plügge* kaum übersetzbaren Wort „Ambiguité“ wollte *Merleau-Ponty* ausdrücken, daß eine paradoxe Gleichzeitigkeit der lebendigen Natur entspricht, sowohl dem tatsächlichen „Körper“ die Qualität der Beseeltheit hinzuzufügen und ihn damit zum „Leibe“ zu machen, als auch dem funktionellen Bereiche außerhalb der Leibesbegrenzung eine reale Leibeszugehörigkeit zuzugestehen. Wir werden eine solche Gleichzeitigkeit im Empfinden unterschiedlicher Wirklichkeiten noch unter anderen Gesichtspunkten beschreiben.

Für arm- und beinbehinderte Menschen mag der Ersatz-Umgang mit dem Phantom ein Dilemma sein oder wie bei den Dysmelie-Kindern eine Notlösung zur Vervollkommnung ihres Leibbildes. Für den Gesunden ist der gleiche Vorgang eine Erweiterung seines persönlichen Lebensraumes zur Bewältigung seiner Daseinsthematik. Dann bedeutet unser Transsensus-Begriff eine Ausweitung des Körperschemas im Sinne von *Merleau-Ponty*, *Plügge* und *von Arnim*. Ständig bilden wir im Umgang mit der Welt zusätzlich zu unseren realen Gliedern solche Phantomglieder aus.

Möchten wir selbst einen Apfel greifen, so hat der Wunsch dazu – abhängig von der Intensität dieses Wunsches – schon einen großen Phantomarm hingeschickt, bevor sich der tatsächliche (und viel schmälere) Arm dazu bequemt, mit ihm deckungsgleich zu werden und die Frucht wirklich zu pflücken. Nehmen wir einen Stock zur Hand, um die Nachgiebigkeit des Bodens zu ertasten, so haben wir „uns“ durch den Stock hindurch „verlängert“. Wir haben ihn inkorporiert; wir „sind“ der Stock; wir befinden uns durch ihn hindurch am Boden. Unser Leibesraum ist um die Länge des Stockes größer geworden.

Die Phantomglieder sind abhängig davon, wie wir die realen Glieder handhaben, wie wir durch sie mit der Welt umgehen. Der vielfältige Gebrauch vermittelt unserem Erleben Erinnerungsbilder, die von uns aus wieder hinausprojiziert werden können als Möglichkeiten des Tuns.

Die Reichweite der Glieder, die wir so erfahren haben, wird zu einem Raum, der uns zu eigen ist, so uns zugehörig, daß ein anderer „uns“ zu nahe kommen kann, wenn er in diesen Bereich hineingreift. Und lassen wir jemanden an unseren Leib heran, so sind wir sicher, daß wir den Raum unseres Phantomleibes mit ihm teilen. Wir nehmen uns das Recht (wie der Amputierte von seinem Phantomarm sagte), diesen Raum in Anspruch zu nehmen, ein Recht, das uns keiner verweigern kann.

Es obliegt unserer persönlichen Intention, ob wir uns in unseren eigenen Körper zurückziehen und damit diesen gemeinsamen Raum aufgeben, oder ob wir ihn zu einer dichten Atmosphäre machen, so daß der andere das Gefühl einer „dicken“ Luft“ bekommt und in vorsichtigem Abstand bleibt.

c) Das Verbindungsgefühl

Wir können unsere Arme ausbreiten und einen anderen Menschen unter unsere Fittiche nehmen. Der tatsächliche Arm symbolisiert dann diese Absicht mit einer Geste; unser Empfinden gestaltet aber das Raumbild eines Armes, das in Größe und Weite unserer Vorstellung eines riesigen Flügels gleichen mag, der die Fortsetzung unseres Leibes bildet.

Selbst beim Berühren eines Menschen ertasten wir nicht nur eine Oberfläche, sondern für unser Empfinden greifen wir mit einem unsichtbaren und doch für uns realen Arm in ihn hinein, erfassen ihn in seiner ganzen Gestalt, stellen eine Gemeinsamkeit her, vor allem dann, wenn wir ihn „von ganzem Herzen meinen“. Unsere ganze „funktionelle zweite Gestalt“ (*von Arnim*) kann dabei im empathischen Mitleben „Eins mit dem Anderen“ sein, eine neue Einheit bilden, in der ein jeder er selbst im eigenen realen Leibe verbleibt und doch in Ambiguité mit dem Gefühl seiner zweiten Gestalt den anderen mitlebt, ohne ihn in seinem Raumgefühl beeinträchtigen zu müssen. Im Übungsteil wurde unter Teil B) Transsensus mit Feedback im Partnerbezug zur Übereinstimmung (Konsens) dieses Beispiel ausführlicher kommentiert.

„Die überzeugendsten Verbindungen unseres Selbst zu allem Welthaften scheinen die ‚koinästhetischen‘ zu sein. Sie verbinden uns nicht nur mit unserer Welt, sondern sie holen die Welt in uns hinein – soweit, daß eine Trennung nur noch theoretisch möglich ist.“ Das sind Worte von *Plügge*.

d) Die Beeinflussung

Die „Weltlichkeit“ setzt voraus, daß sich die Welt „begegnend“, das heißt haptisch-taktil, wirklich den Sinnen merkbar, im Anfassen und Zugreifen gemeldet hat, die Sinne „beeinflußte“ und in irgendwelcher Weise „induzierte“.

Primär ist jeder sinnvolle Handlungsvorgang als eine Bewegungsentwicklung in den Raum hinaus auf eine Veränderung dessen ausgerichtet, was sich in diesem Raum befindet – und dieser Mitweltraum ist immer mit einem Etwas bevölkert. So sind auch die einzelnen Grundformen der Bewegungsentwicklung, die wir als archaische Komponenten der Eutonie (ab S. 273) herausstellen, ausschließlich auf Veränderung der Umwelt ausgerichtet.

Erst im eutonen Ausgleich aller Tendenzen ergibt sich zwangsläufig eine Induktionsform, in der die Mitwelt nicht nur angenommen wird, sondern darüber hinaus auch einen belebenden Anreiz erfährt. Ein solches belebendes Moment würde wegfallen, wenn nicht die ganze Palette der Wandlungsmöglichkeiten in der Hinwendung auf die Partnerschaft zur Verfügung stehen würde.

In einseitiger Dominanz aktiver Beeinflussung würde sich das Gegenüber „in Anspruch genommen“, „bemächtigt“, „dirigiert“, ja eventuell „vergewaltigt“ fühlen, in übertriebener passiver Beeinflussung „gelockt“, „veranlaßt“, „gedrängt“ oder vielleicht gar „ausgesogen“. Auf jeden Fall würde der so Betroffene aus seiner Eigenbalance gerissen und hätte „Stellung zu beziehen", die natürlich ihrerseits wieder eine Gegeninduktion bedeuten würde.

Das Wechselspiel der Induktionen ist im sozialen Gefüge unabdingbar. In ihm stimmen sich die Menschen aufeinander ab, lernen sich kennen und in all ihren Wirkungskomponenten aufeinander beziehen. Nur durch solche Induktion erfahren sie unmittelbar die Bedürfnisse eines Partners. Ohne die Orientierung auf die vielfältigen Entwicklungsbedürfnisse eines Menschen – die ja in seinen ganzen motorischen Möglichkeiten gegeben sind – vollzieht sich keine Anpassung, keine Führungsmöglichkeit und erst recht nicht das, was im Sinne von *Binswanger, Buber, Fromm, Lotz, Maeder, Seguin, Trüb* und vielen anderen als Philia oder Menschenliebe herausgestellt werden könnte.

2. Die Radikale des Transsensus

Wir müssen auf drei Grundwerte eingehen, die den Transsensus auszeichnen, weil sie gegebenenfalls unterschiedliche Beachtung erfordern und Anlaß für Fehldeutungen sein können.

a) Die Empfindungsqualität des Transsensus

Über die Gefühlsgewißheit der zweiten Gestalt – und das beinhaltet jeder Transsensus – kann es streng genommen nur subjektive Aussagen und Bewertungen geben. Es bleibt zwar unbestreitbar, daß das Empfinden für das „Verwobensein mit der Welt" ein Vorgang ist, der sich innerhalb des Leibes abspielt, doch er muß mehr sein als ein nervaler Ablauf in den Gehirnzellen, denn er verändert die Verhaltensweise des gesamten Menschen und offenbart sich als deutbarer Ausdruck.

Transsensus gehört zu den Empfindungen der Koinästhesie, ein Begriff, den man mit „Allgemeingefühl" übersetzen könnte. Es beinhaltet nach *Calon* „nicht nur das Erleben des eigenen Leibesbefindens, sondern zugleich auch das Verhältnis der Person zur Welt insgesamt". Wohl ist ursprünglich damit der „Leibessinn" gemeint, doch in den Empfindungen des angenehm oder unangenehm, frisch oder müde sein, eben in all den Zuständen der Befindlichkeit des Leibes, ist deren Weltbezogenheit miteingeschlossen. Dem widerspricht auch nicht, daß gerade dann, wenn Transsensus verwirklicht wird, man sich selbst nicht mehr beobachten kann; denn da ist man ja mit allen Sinnen „draußen bei den Dingen“ und der eigene Körper ist nur noch am Rande unseres Bewußtseins marginal oder lateral copräsent.

Dem Beobachter – oder noch besser der Bezugsperson – wird aber eine Veränderung der gesamten motorischen Situation deutlich, denn Transsensus führt zum Spannungsausgleich, also ebenso zur Verminderung von Verspannungen wie zur Anhebung von Erschlaffungszuständen. Dabei vollziehen sich Veränderungen in der muskulären Spannungsbalance, die wir mitverantwortlich machen für die Ausprägung der Gefühlssensationen.

b) Die Intention zum Transsensus

Der Vollzug des Transsensus ist an eine persönliche Entscheidung zur Hinwendung auf die Umwelt gebunden.

Das Problem ist eng mit dem Begriff Intention verknüpft. Im allgemeinen Sprachgebrauch bedeutet er Absicht, Vorhaben, oder die Richtung des denkenden und erkennenden Bewußtseins auf einen Gegenstand hin. Intentionalität ist nach *Duden* die Lehre von der Zielgerichtetheit aller „psychischen Akte“ auf ein reales oder ideales Ziel.

Die philosophische und psychologische Interpretation dieses Begriffes ist weitgespannt. *Graumann* spricht von Intentionalität als „Tendenz allen Sich-Verhaltens, das je Vermeinte zur Erfüllung zu bringen“. *Bühler* und *Eckstein* definieren sie als einen „Leitbegriff der Selbstbestimmung, um zu Lebensergebnissen und Lebenserfüllung zu kommen“ schlechthin. Damit ist als wesentliches Charakteristikum ausgedrückt, daß die Intention in ihrem Anlaß und ihrer Zielrichtung eine ganz persönliche innere Angelegenheit des individuellen Menschen ist. Seine Ausrichtung kann ganz in unserem Sinne auf den Aufbau des Transsensus eingestellt sein.

Doch meint Intentionalität nach *Keller* „jene allem Erleben und Verhalten eigentümliche, nicht weiter definierbare Ausrichtung und Bezogenheit auf ein ‚Etwas überhaupt‘. Sie ermöglicht das ‚Welthaben des Daseins‘.“ Die Modalitäten der Intention als auf die Welt bezogenes Dasein sind mannigfaltig. Sie liegen im „Erfaßten“, „Erstrebten“, „Gefühlten“, „Gewollten“ und „Bewirkten“, also in dem, wodurch die Welt erst die entsprechende Bedeutung und Bestimmung erhält. Dieser Bereich schließt aber auch die „Rückbezogenheit des Selbstseins“ in sich ein, und zwar besteht dieses „innere Wahrnehmen“ eigentlich nur in „Befindlichkeiten", und doch ist es auch intentional, wenngleich nur „eben jetzt auf das Dasein selbst bezogen mit dem Vorzeichen ‚Reflexionsintentionalität'." Als solche ist Intention dem Phänomen des Transsensus nicht mehr zuzurechnen, denn dieses ist nach außen gerichtet.

So ist es kaum verwunderlich, wenn *Binswanger* von der „einseitig konstituierenden (d. h. von der Einzelperson ausgehenden) Intentionalität" *Husserls* abrückt und postuliert: „Das Dasein als Wirheit oder Liebe ist die Bedingung der Möglichkeit solcher Intentionalität." Dem pflichten wir vollauf bei und sind durchaus damit einverstanden, wenn die Blickrichtung auf Kommunikation herausgestellt wird. Nur durch sie wird Transsensus als gehobenes Lebensgefühl erweckt. Nach *Rudolfs* Interpretation *Husserls* eröffnet gerade die Intention „das Verständnis für kommunikative Vorgänge", beinhaltet sie doch den allgemeinsten kognitiven (d. h. wahrnehmenden), emotionalen (d. h. bewertenden) und praktischen (d. h. der motorischen) Weltbezug. Eine Störung in diesem Bereich führt zur „Unfähigkeit, eine zwischenmenschliche Atmosphäre zu schaffen und Anmutungshaftes aus Blick, Geste und Ausdruck zu erfassen und zu verstehen. Es sind bereits die vorsprachlichen Kommunikationssysteme beeinträchtigt und damit das Vermögen, sich in lebendigen und anschaulichen Sprachsymbolen verständlich zu machen."

Menschen, denen der Einstellungswandel nicht gelingt, bleiben farblos, ohne emotionelle Bezogenheit und Resonanz, im Extremfall bis zum echten Autismus, der nach *Kehrer* anlagemäßig als Störung der Wahrnehmungsverarbeitung vorkommen kann. Hierbei mag durchaus das periphere Ausführungssystem, in dem der Transsensus als Geste oder Mimik zum Ausdruck kommen würde, intakt sein, nur wird es nicht in Anspruch genommen.

So haben wir bei der therapeutischen Arbeit mit Autisten beobachten können, daß sie unsere Übung B II (Transsensus zur Verbindung, die die gegenseitige Unterstützung anbahnt) ohne weiteres durchführen können und eine gute hapto-kinetische Zuwendung in adäquater Weise mit Transsensus beantworten. Aber hierbei handelt es sich um eine Zustandsform; es gelingt ihnen kaum, diese spielerisch abzuwandeln oder gar aus einer Spontaneität in Gang zu setzen. Sie verbleiben in der Tendenz des Beibehaltens oder brechen ab, wenn die Intention nicht von außen stetig unterhalten wird. Die dem Autisten mangelnde Intention verlockt natürlich auch nicht zum Umgang mit ihnen, und die Umgebung beläßt sie allzuleicht in ihrer Abkapselung, obwohl die von außen herangetragenen taktilen Intentionen am ehesten geeignet erscheinen, das zentrale Schaltungsdefizit neu zu bahnen.

Im Gegensatz zu den Autisten ist anscheinend bei den Spastikern die Intention intakt, aber es besteht nach *von Arnim* bei ihnen eine „mangelnde Ausbildung und Verfügbarkeit der Phantomglieder. Man möchte geradezu annehmen, es sei die ‚Phantombeweglichkeit', die Möglichkeit einer ‚Vorbewegung' der Phantomglieder, die den Spastikern abgeht." „Der notwendige ‚Vorentwurf' zu einer jeglichen Bewegung will ihm nicht gelingen." Hier liegt eine Störung im Überleitungssystem vor, wodurch die Intention die peripheren Schaltstellen nicht erreichen kann, selbst wenn diese intakt sind. Auch hier besteht die Möglichkeit, in gewissem Ausmaße durch Partner-Arbeit mit Transsensus-Induktion über brachliegende Verbindungszüge neue Bahnen zu belegen. Wir haben im Kommentar zu B IV (Transsensus zur Beeinflussung, Induktion) auf solche Praktiken hingewiesen. Auch *Gerda Alexander* berichtet von einschlägigen Erfolgen.

Die Rolle der Intention haben *Coblenzer* (1, 2) und *Muhar* in bezug auf Atem und Stimme in Übungsbüchern und Cassettenbeispielen deutlich herausgearbeitet und damit die gleichen Phänomene in Gang gesetzt, die wir mit Transsensus charakterisieren. Mit Bezug auf *Keidel* ist für die Autoren Intention eine „Leistung des ZNS, die im Aufnehmen, Verarbeiten und angepaßten Reagieren auf Sinneseindrücke besteht".

Immer bedeutet der Einsatz der Intention nach draußen eine Aktivierung der Motorik in Richtung auf Verbesserung der Tonusregulation. Dabei schwindet die Befindlichkeit des eigenen Leibes so aus der Beachtung, daß oft sogar Schmerzen nicht mehr registriert werden. Darauf hat *Kienle* hingewiesen. Er berichtet mit Bezug auf *Bergström* von der Stufenfolge der Einstellungen der Intentionalität (die er als „Aktivität, die der ‚Einstellungsvariation' zugrunde liegt", bezeichnet).

Bergström hat die Erlebnis-Antworten bei Einstellungsvariationen im Bereiche der Propriozeptoren, also für den sogenannten Muskelsinn untersucht. Danach lassen sich drei Stufen unterscheiden:

Erste Stufe: Intendiert man eine Spannung in der Muskulatur, so braucht auf keine Umwelt Rücksicht genommen zu werden, und die Erlebnisantwort ist immer das Spannungs- und Krafterlebnis innerhalb des Körperschemas.

Zweite Stufe: Wird ein Glied auf irgendeinen Raumpunkt hingeführt, so tritt das Anspannungserlebnis völlig zurück. Die Erlebnisantwort ist immer eine räumliche Gestalt oder räumliche Beziehung.

Dritte Stufe: Beim Umgang mit Objekten, etwa dem Einschlagen eines Nagels, vergißt man die Lage oder Stellung des eigenen Körpers. Die Aufmerksamkeit ist lediglich auf das Verhältnis des Objektes zu einem Ziel gerichtet.

Diese letzte Situation wird von *Kienle* in der Art gedeutet, daß nunmehr der eigene Körper ein Objekt unter Objekten sei und deswegen so wenig Beachtung finde, so daß selbst Schmerzempfindungen unter dieser Intention schwinden können. Das Schmerzerlebnis habe eine eindeutige Beziehung zur Intention der ersten Stufe. Wir halten diese Interpretationsform nicht für glücklich, wenn sie auch dem Tatbestand entsprechen mag. In Anlehnung an unsere Ausführungen zum Körperschema würden wir vorziehen zu sagen: In dieser 3. Stufe hat eine subjektive Ausweitung zu einer neuen Gemeinsamkeit durch Transsensus stattgefunden, die nicht mehr ermöglichte, sich nur auf sich zu beziehen. Damit verändert sich das Schmerzerlebnis (*Glaser*, 21). In den Kommentaren zu unseren Übungsbeispielen haben wir deutlich herausgehoben, daß intentionale Einstellungsvariationen zu ähnlichen Erlebnisantworten führen. Man kann sie in der Poststimulation erfragen.

c) Die Realisierung des Transsensus

Selbst wenn wir zum Aufbau des Transsensus an die Intention als den inneren zentralen Aktivator appellieren, so tritt der Transsensus doch erst als sinnvoller Ausdruck eines seelischen Geschehens in der Verhaltensweise der Person an die Oberfläche. Sein Wirkfeld ist die sensomotorische Peripherie. Hierbei spielt Berühren und Anfassen die bedeutendste Rolle. Schon *Aristoteles* hielt den Tastsinn bei Mensch und Tier für den grundlegenden Sinn. Und der Umweltraum ist für den Menschen primär ein haptischer Raum (*Calon* und *Prick*), denn die „Beziehung geschieht (nach *Bodenheimer*) haptisch-taktil, das meint im Berühren und Anfassen". Haptik und Taktilität sind die beiden Radikale des haptisch-taktilen Elementes der Beziehungen. Das erstere ist nach *Bodenheimer* die aktive Form der berührenden Hinwendung, das Erfassen, Ergreifen und Behalten. Taktilität oder Taktus ist die passive Form, das Sich-anrühren-Lassen, das Ergriffen-Werden oder -Sein.

Selbst sprachlich ist die Ableitung der übrigen Sinneseindrücke von diesem grundlegenden Sinn gegeben. „Man wirft ein Auge auf die Dinge", man „erfaßt ein Bild, ein Musikstück", man wird „ergriffen" von einem Gefühl, vom Eindruck, den ein Geschehnis uns macht, und vieles andere mehr.

Wir müssen uns aber darüber klar sein, daß diese Transposition von einem Sinnesgebiet ins andere ein Vorgang der zentralen Intention ist. Daß dabei aber immer noch die Verbindung zum motorischen System besteht, erkennen wir daran, daß selbst eine Veränderung der Blickrichtung zum Aufbau von Phantomempfindungen und zu merkbaren Atem- und Tonusvariationen führen (*Coblenzer, Feldenkrais, Gaymans*).

Die Zeit, in der wir leben, ist bedauerlicherweise dazu angetan, uns die hapto-taktilen Erfahrungen zu mindern oder gar vorzuenthalten. Wir haben uns kaum mehr greifbar um die Dinge zu bemühen, da uns die Elektronik – ferngesteuert – bedient. Über die eigene Motorik erfahren wir nur selten noch die Struktur unserer bewegten Umwelt. Für die Kommunikation werden „Informationsmedien" eingesetzt. Dieses Dilemma für das Lebensgefühl ist so offensichtlich, daß die Stimmen lauter werden, die auf diesen Mangel hapto-taktiler und hapto-kinetischer Begegnungsformen hinweisen, z. B. *Kückelhaus.*

So ist es heute schon bekannt, daß sich die Intention zur Kommunikation gar nicht entwickeln kann, wenn die Kinder im frühen Lebensalter liebevolle Zuwendung entbehren mußten, weil sie zum Beispiel beim Getragen-Werden, in der Sicherheit des Geborgenheitsraumes, nicht genügend passive Bewegungsvariationen erleben konnten oder stundenlang allein im stillen, ruhigen Bettchen hospitalisiert waren. Sie zeigen dann alle die autistischen Züge des kontaktunfähigen Menschen, der keinen Blickkontakt aufnimmt und auch auf sensorische Reize nicht reagiert *(Prekop).* Und es entspricht auch dem Zeitgeist, daß sich als natürliche Gegenströmung Unmengen von Praktiken der averbalen Kommunikation in den vielfältigsten Varianten anbieten und große Resonanz finden. Es ist nicht unsere Absicht, sie aufzuzählen, zu bewerten und gegeneinander abzuwägen, aber sie sprechen alle das Problem an, die Fähigkeit zum Transsensus wieder zu erlernen.

Wir sehen unsere Aufgabe darin, denen, die in diesem lebenswichtigen Bereich tätig sind, mit diesem Lehrbuch eine Hilfe und Ausrichtung auf das allen gemeinsame Ziel zu geben. Und dies wird Eutonie sein, selbst wenn man sich nicht zu dieser Bezeichnung bekennen wird und andere Umschreibungen wählt. „Liebendes Miteinander-Sein“ hat *Binswanger* dazu gesagt. Wir halten diesen Ausdruck für die schönste und treffendste Umschreibung der Eutonie.

II. Die Eutonie im Reifungsprozeß des Individuums

Eutonie wird allgemein definiert als eine gut ausbalancierte Spannungsregulation der Muskulatur, die unbedingt an eine Verhaltensweise gebunden ist, die ebenfalls einem ausgeglichenen Bezugsverhältnis zur Umwelt entspricht.

Unter diesen Bedingungen möchten wir drei Lebensabschnitte herausheben, die den Reifungsprozeß des Menschen beeinflussen: Die vorprädikative, die integrale und die transzendente Eutonie.

1. Die vorprädikative Eutonie

Wir finden sie nur bei dem Säugling, der so bündig in die Welt integriert ist, daß er noch keine Objektauswahl treffen kann. Er ist noch eins mit allem. Dieser herrliche Zustand des „schlichten Erlebens" *(Lersch)* ist nichts anderes als „Gefühl", dem in seinem ungegenständlichen „atmosphärischen Charakter" *(Lersch)* nach *Scheler* eine vorkognitive und vorlogische Intentionalität zukommt. „Die Umwelt begegnet dem Neugeborenen noch nicht gegliedert in einzelne Dinge mit festen Eigenschaften, sondern in ganzheitlichen, verschwommenen Eindrücken. Wie also die Seele noch undifferenziert ist, so sind auch die erlebten Inhalte diffus, ohne scharfe Trennungslinien in sich und nach außen abgegrenzt" *(Remplein)*. Der Raum hat einen unbestimmten „Horizont" *(Wyss)*. Es gibt noch keine Vergangenheit, noch keine Zukunft. Das Dasein ist, wenn wir *Wyss* weiter zitieren, die „reine entgrenzte Gegenwart mit der Charakteristik der Dauer". „Die Zuwendung des Neugeborenen an seine Umwelt, die im Ausgeliefertsein begründet ist, stellt die Urerfahrung des Vertrauens dar, daß Dasein ist und nicht ‚nichts' ist."

„Die daseiende Umwelt, ‚Resonanzboden' für die auf sie gerichtete Zuwendung, bestätigt wiederum den in der Zuwendung enthaltenen Akt des Vertrauens, daß Welt da ist, und fördert damit das Vertrauen, sich erneut der Welt zuzuwenden." Und so erscheint Vertrauen als die „Voraussetzung von Beziehung oder Bezugnahme". Zuwendung und Vertrauen sind „durch ihre starke Gefühlsbezogenheit pluriintentional" *(Wyss)*. Das beinhaltet aber auch, daß in ihnen alle Möglichkeiten, die die Sensomotorik zum Handeln und Empfinden zur Verfügung stellen könnte, ausgeglichen anwesend sind. Und da Intentionen den Transsensus bestimmen, so gehört zum Zustand der vorprädikativen Eutonie der unspezifische, diffuse Transsensus.

Das Neugeborene steht am Anfang seiner Entwicklung als Erdenbürger. Doch jetzt schon stehen ihm seine Glieder in voller, ja für den Erwachsenen beneidenswerter Spielfreudigkeit und Elastizität zur Verfügung. Wir könnten – die bisherigen Gedankengänge berücksichtigend – sagen: Die unzähligen Intentionen, die von der ganzen Kette der Vorfahren durchlebt wurden, haben bereits die menschliche Gestalt phylogenetisch geprägt. Sie liegen nun bei der Geburt als Entwicklungsmöglichkeiten vor. Doch bedürfen sie der Bekräftigung und situationsgemäßen Anregung, damit sich ontogenetisch die individuelle Reifung des Menschen vollziehen kann.

So sehen wir beim wachen, gesunden Säugling, der im unspezifischen, diffusen Transsensus noch ungezielt der Welt gegenüber geöffnet ist, schon eine für dieses Lebensalter charakteristische Tonisierung seiner Glieder, also eine gewisse Spezifität. Die Ärmchen und Beinchen sind angehoben und spielen um eine gewisse Mittellage, während die Seele – wenn man diesen Wahrnehmungs- und Erlebnisbereich so nennen will – sich, dem diffusen Transsensus entsprechend, heiter gestimmt in die Welt verliert.

Allmählich wird durch den beginnenden Erkenntnisakt der Aufmerksamkeit die vorprädikative Einheit zwischen Subjekt und Umwelt unterbrochen. Die Aufmerksamkeit darf „als erster Schnitt zwischen Individuum und Umwelt angesehen werden, der die vorgegebene Einheit von Bewegen und Wahrnehmen, den Gestaltkreis, trennt und damit den Gegenstand begründet" *(Wyss)*. Aufmerksamkeit stellt die Vorstufe der Konzentration dar. Diese ist „nicht ohne eine entsprechende Ausblendung auch der subjektiv anklingenden Strebungen und Empfindungen zu denken". Oder anders gesagt: „Ohne Verdrängung keine Aufmerksamkeit, keine Konzentration, keine Intentionalität, kein Erkennen, sondern diffuses Hingegebensein an äußere und innere Eindrücke" *(Wyss)*.

Damit verliert sich die vorprädikative Eutonie. Der unspezifische diffuse Transsensus wird fokussiert und abgewandelt durch Intentionen auf einen spezifischen (monointentionalen) Transsensus. Das Gefühlsareal im diffusen Transsensus war nur im passiven Erleben von außen her begrenzt worden. Es war der Raum der Geborgenheit, in dem die Sicherheit gefahrloser und heimeliger Entfaltung der Lebensbedürfnisse gegeben ist. Unter Einwirkung des spezifischen Transsensus wird er auch aktiv als bewußter eigener Raumanspruch und als Verteidigungsstellung zur Sicherung des Selbstseins abgesteckt und gestaltet.

War in der unbefangenen, glückseligen Anfangszeit des diffusen Transsensus die Grenze verstrichen, so erhält die Seele – einer Amöbe gleich – nunmehr eine Hülle, die zwar ein gewisses Umfeld miteinbezieht, aber einen überblickbaren Horizont aufweist. Dabei gliedert sich dieses Umfeld in Bereiche der „Zugehörigkeit". Ihnen gegenüber bleibt das Gefühl der Einheit, wie zwischen Kleinkind und Mutter; doch es beginnt eine Abgrenzung dieser Gemeinsamkeit, bis sich im Wechsel der Strebungen und Fokussierungen die Selbst-Objektivierung einstellt. Sie wird keinesfalls stets als angenehm erlebt, da sie mit Tonusverlust (alleingelassen) oder Tonusübersteigerung (betonte Distanz) einhergeht, auf jeden Fall aber nicht mehr die unmittelbare Tonusanpassung zeitigt und damit aus der Eutonie fällt. Darum äußert *Wyss*: „Die Struktur der Wirklichkeit muß in jedem Fall dem irrationalen Bedürfnis nach Vertrauen Grenzen setzen und damit Enttäuschungen bereiten."

Jegliche Art von Frustrationen rufen neue Intentionen auf, die darauf abzielen, die Umwelt dazu zu veranlassen, sie zu befriedigen. So entsteht aus jedem unbestimmten Bedürfnis erst ein unspezifischer Antrieb, und dieser kristallisiert sich zum spezifischen Trieb heraus. War das Gefühl noch stationär und der Mensch in seinem Befinden „in erster Linie ganz bei sich selbst – gleichgültig, ob er sich oder Welt erfühlt –, im Antrieb ist er jedoch auf die Welt gerichtet" *(Wyss)*. Und der nächste Schritt geht über in die Tat. *Wyss* gibt ein Bild dafür: „Aus einer Kränkung (dem Gefühl derselben) kann die Empörung aufflackern, aus der Empörung die Tat, die Kränkung zu tilgen. Aus dieser Tat wiederum kann rückwirkend ein neues Gefühlsleben auftauchen: Genugtuung, Scham oder nicht abklingender Zorn." Er folgert daraus: „Triebe sind somit generell aus Weisen der Weltzuwendung bestimmt, in denen sich die Person in der Art ihrer Weltzuwendung manifestiert. Das Schwergewicht dieser Bestimmung liegt auf dem aktiven Charakter, dem dynamischen Wesenszug der Zuwendung, die dann über die Handlung in die Welt eingreift. Der Trieb verändert die Umwelt real, das Gefühl nicht."

Doch in der vorher betonten Ambiguité verwirklicht sich mit der triebhaften Tendenz, die Welt zu verändern, zur gleichen Zeit – und ungewollt

– die Entwicklung des Menschen in der rein körperlich motorisch beanspruchten Leibesregion.

Und wir folgern weiter: Ohne Frustration keine Intention zum Trieb, ohne Trieb keine Entwicklung. Im Hinblick auf die Eutonie formuliert: Ohne den Sturz aus dem unbefangenen Glück der Eutonie des Kindes keine Reifungsmöglichkeit.

Zur motorischen Regelung gehört, daß ihrem Ausmaß physiologische Grenzen gesetzt sind. Jede Intention zu einer Bewegung nach draußen findet ein biologisches Ende und bedarf einer Rückführung des Gliedes. Das gilt für den kleinen Bereich der Einzelbewegung wie auch für die Strebungen der Gesamtperson bei der Entfaltung triebhafter Regungen. Sie beenden sich, wenn sie erfüllt sind oder an die biologische Grenze gelangen und machen neuen Intentionen Platz.

Diese Rückführung ist nicht als Rückschritt auf eine niedrigere Stufe zu betrachten, sondern im Gegenteil als Aufbau einer höheren Integrationsstufe im Reifungsprozeß. Die Gesetzmäßigkeit, daß jeder Ausbreitung ein Nachlassen folgt, liegt mit im Bauplan der Natur des Menschen als eine der Entelechie innewohnende Harmonisierungs-Tendenz, die die Strebungen untereinander wieder auszugleichen trachtet.

Hierbei vollzieht sich – wenn es regulär geschieht – der Übergang zur integralen Eutonie.

2. Die integrale Eutonie

Sie entspricht dem labilen Gleichgewicht des Ruhezustandes erfüllter Strebungen und der Offenheit für neue Begegnungen. Sie ist ein passagerer Zustand, der jeweils sowohl von der gegebenen Situation als auch vom Reifegrad der Person abhängig ist. Ihr kommt als Vereinigung der durchlebten spezifischen Transsensusformen der integrale oder Rundum-Transsensus zu. Er ist damit auf einer höheren Reifestufe wieder unspezifisch. Im motorischen Ausdruck imponiert er als Bereitschaftszustand zum aktiven Eingreifen in heiterer, begegnungsfreudiger Gelassenheit.

Dieser Zustand des Ausgewogenseins ist so angefüllt von Lebendigkeit, Gegenwärtigkeit, Einheitlichkeit und Vielfältigkeit, eben in seinen nicht genutzten, aber doch anwesenden Möglichkeiten so universell, daß jeder Versuch, ihn in Worte aufzugliedern und mit dem Bewußtsein zu durchleuchten, das Wesen dieses Zustandes verfehlen muß. In ihm liegt in vielfacher Hinsicht eine Ambiguité insofern, als das Eine ist, aber dieses Eine auch ein Anderes ist. Ambiguité ist eben mehr als Doppeldeutigkeit im Sinne des „Sowohl als auch". Sie ist abhängig vom Betrachtungsstandpunkt und der Blickrichtung. Es ist die Gleichzeitigkeit im Erleben, wobei man sich der einen Seite bewußt sein mag und der andern nur co-präsent inne ist.

Auf drei uns wesentlich erscheinende Aspekte der Ambiguité in der integralen Eutonie wollen wir hinweisen:

a) Selbst-Sein als Miteinander-Sein

Integraler Transsensus bedeutet „Rundum-draußen-Sein", das heißt, das Miteinander-Sein in universalem Gefühlsbezug durchleben. Das ist ein einheitliches Gefühl, kein Zerflattert-Sein zwischen dem Bei-sich-Sein oder Beim-anderen-Sein. Und dennoch: Zur gleichen Zeit entsteht ein Gefühl des Zentriert-Seins, des In-mitten-Seins, dessen man sich in einer beglückenden Deutlichkeit inne ist, ohne es objektivieren zu können – ja nicht einmal zu wollen. Das Selbstgefühl „geschieht" als ein „Geschenk". Seine Färbung als Fülle, Kraft, Sicherheit, Entscheidungsfähigkeit, Beschwingtheit, Freude, Heiterkeit oder einfach als Liebe, ist von der Konstellation dieses Miteinander-in-der-Welt-Seins abhängig.

In solchem Miteinander-Sein ist kein Platz für Reflexionen, denn diese Rückbiegung des Fühlens, Denkens und Wollens hieße Trennung. Im Eins-sein-Miteinander gibt es auch keine Spaltung seiner selbst. Jede Entäußerung ist „echt", wenn sie aus der Mitte des Eigenen kommt, und sie ist dann zugleich auch „echt" in bezug auf dieses Gemeinsame. *Lersch* drückt nur die eine Seite dieses Geschehens aus, wenn er schreibt: „Alles Echte im Menschen reicht hinab in die Tiefe der unbewußten Bildekräfte des Lebens, aus der die menschliche Existenz in die Helle des bewußten Daseins aufragt". Wir sind im Kommentar zur Übung C) I. (Transsensus und Haltung) auf dieses Mittelpunkt-Problem näher eingegangen.

b) Hier-Sein im Dort-Sein

In der vorprädikativen Eutonie war ein vertrauensvolles Hingegeben-Sein ans Dasein, ohne Richtung, ohne Grenze, ohne Stellungnahme, ein beglückender Zustand, der in den ziellosen, ungerichteten und doch vergnüglichen Bewegungen des Säuglings sich kund tat. Im weiteren Entwicklungsgang erhielt dieses diffuse Feld Konturen; die einzelnen Intentionen fanden Widerstände, und so begrenzte und bevölkerte sich der Garten Eden, wurde zum Land des Erkennens, zur Polarität zwischen dem Ich und dem Anderen. Ihm gegenüber entfalten sich die Strebungen der Einkörperung und Entkörperung *(Wyss)*. Einkörperung möchte nehmen, in Anspruch nehmen, Besitz ergreifen, zu sich herziehen bis zum Verschlingen oder Töten des anderen; Entkörperung hat die Tendenz des Gebens, Sich-Verströmens, des Entgrenzens bis zur Selbstaufgabe.

Hier im Zustand des Integrals gleichen sich diese Intentionen aus. Das beinhaltet: Das Ich und Du wird zum Wir, wird zum Gefühl des Gemeinsamen, des Einsseins auf einer höheren Stufe. Im Wissen um das Eigene ist – wieder als Ambiguité – eingeschlossen das Wissen um das andere. Das eigene Wesen ist ausgeweitet (entkörperlicht) um den Bereich des anderen und gleichzeitig begrenzt es sich (körpert sich ein) in ihm. Jede Regung des eigenen Leibes lebt das andere mit. Das ist nicht gleich der Identifikation, die sich selbst zum anderen macht, es ist auch nicht gleich dem Mitgefühl als Anteilnahme, es ist vielmehr der Beginn einer neuen Einheit, in der sich die Wesenszüge mischen zur Ausweitung und Bereicherung des individuellen Seins im Miteinander-Sein, das dann immer die Charakteristik des Liebens im Sinne von *Binswanger* erfüllt.

Damit ist nicht gemeint, ein Zuwachs von „Eigenraum“ im Sinne „weltlichen Besitzes“, sondern ein „Gelten“ und „Gelten lassen“, ein Erkennen im „Anerkennen“. Ein solcher Transsensus stößt sich nicht am anderen. Es entsteht ein Gemeinschaftsraum in der Art wie *Binswanger* schreibt: „Anstelle der wegräumenden Verdrängung ‚des Anderen‘ von seinem Platze in einer vorbestimmten Gegend und des Einnehmens dieses Platzes durch den Verdrängenden tritt hier das merkwürdige Phänomen, daß gerade da, wo Du bist, ein Ort (für mich) ‚entsteht‘; an Stelle der Abtretung einer Position ‚an den andern‘ in der vorbestimmten Räumlichkeit der Ratio und des entsprechenden Verlustes an Eigenraum tritt die eigenartige Erscheinung der ‚grenzenlosen‘ Mehrung an Eigenraum durch Hingabe von Eigenraum!...eine unbestimmte, den Liebenden aber durchaus vertraute, schimmernde und leuchtende, grundlose ‚Tiefe‘ und ‚Weite‘, in der es ... nur das ‚Glück‘ unaufhörlicher ‚Vertiefung‘ und ‚Erweiterung‘ gibt. Vertiefung und Erweiterung bedeuten hier aber zugleich Annäherung. Ferne bedeutet hier zugleich Nähe, Klarheit und Wahrheit.“ *Fromm* meint das gleiche, wenn er sagt: „In der Liebe ereignet sich das Paradox, daß zwei Wesen eins werden und doch zwei bleiben.“

c) Grenzen sind Übergänge

Wir sprachen vom grenzenlosen Sein der vorprädikativen Eutonie des Neugeborenen. Und doch ging ihm voraus ein Lebensabschnitt in der bergenden Höhle des Mutterleibes, die gleichzeitig die Grenze des Lebensraumes bildete. In ihr entwickelte der Embryo seine Glieder und Organe, die dort noch nicht ihre endgültige Aufgabe hatten; sie sind für ein Nachher, für das Grenzüberschreitende-Sein vorbestimmt. Geburt ist der Drang zur Entgrenzung. Das Glück der vorprädikativen Eutonie ist die Freiheit vom Druck dieser Grenze und Neuorientierung in einem vorerst grenzenlosen Raum durch die nun sinnvoll gewordenen Organfunktionen. Im von jetzt an haptokinetischen Miteinander erfährt der Säugling die Grenze des Umsorgungsraumes, bis seine Fähigkeiten zu fassen und zu strampeln so gereift sind, daß er den vertrauten Bereich reiner Spielfreude als Enge empfindet und aus eigenem Impuls ungegängelt in Neuland vorstoßen möchte. Jede Bereitschaft zu einem Schritt ins unbekannte Land ist Wagnis und – wenn es im rechten Reifegrad geschieht – beglükkende Freiheit zugleich (*Glaser*, 19).

In dieser Übergangsphase von einem Entwicklungsschritt zum anderen (man könnte sagen, in der schwingenden Atempause, die im Rhythmus der Entwicklung durchlaufen wird) tritt das Phänomen der integralen Eutonie auf – vorausgesetzt, dieser Schritt sei (wie ein gutes Wort, das den Atemzug beendet) bis zur ausgereiften Integrierung der Entwicklung dieser Stufe abgeschlossen worden.

So durchdringen sich bei der integralen Eutonie zwei Entwicklungsprinzipien in gleichzeitiger Anwesenheit wie die Kraftkomponenten eines Pendels: Einerseits das Prinzip der Grenze, um innerhalb ihres Raumes Fähigkeiten zu entwickeln und andererseits das der Grenzüberschreitung, um diese Fähigkeiten im neuen Raum zu bewähren. Die Schwankungsbreite dieses Übergangsbereiches ist das Offenbarungsfeld der Eutonie.

Die beiden Prinzipien klingen ineinander wie das Yin und Yang als komplementäre Gegensätze in der asiatischen Monade des Tai Chi, dem Symbol des Lebens. Hierbei würde dem Yin-Prinzip schlechthin das Zurückführen, Sammeln, Nivellieren und Integrieren zukommen, um den Zustand der Eutonie zu konstituieren. Das Prinzip des Yang würde sich im Aufbruch zu Neuem, im Fokussieren des Umweltbezuges auf bestimmte Zielrichtungen und grundsätzlich in der Veränderungstendenz verwirklichen *(Porkert)*.

Verknüpfen wir diese drei Aspekte der Ambiguité, so erscheint uns die integrale Eutonie als eine Sammlung der in der Differenzierung und Wandlung gewonnenen Erfahrung zu einem Gefühl der Umfassung und Eins-Werdung mit diesem nun gegenwärtig gewordenen Schatz der Erlebnisse. Sie beinhaltet das Wissen um das gegenwärtig Da-Seiende und die Selbstverständlichkeit, mit diesem auch umgehen zu können, weil es als Teil des Eigenen empfunden wird. Damit wird die integrale Eutonie relativiert, da sie nur in einem solchen Bezugsverhältnis existiert.

Nur in gemeinsamer Anwesenheit dieser Prinzipien ist von integraler Eutonie zu sprechen. Sie ist lebendige Ruhe und Ruhe im Bewegtsein. In *Dore Jakobs* Worten klingt eutoner Bewegungsfluß an: „Bewegung, die aus innerleiblicher Quelle fließt, hat den Ausdruck naturhafter Unmittelbarkeit. Sie scheint geraden Weges aus dem Lebensganzen zu kommen." „Sie wirkt geschlossen, einfach, selbstverständlich. Immer ist der Mensch ganz in der Bewegung anwesend, lebendig beteiligt, immer aktiv, mit Leib und Seele dabei. In der Ruhe ist solche Bewegung erfüllt, sprechend, ‚beseelt', in der Erregung bleibt sie in sich geschlossen, mit dem Innenleben verbunden und aus der Tiefe sprechend". „Immer behält sie einen Rest von Verhaltenheit, von Innenschwingung; sie kann stark und leidenschaftlich sein, aber sie wirft sich nie heraus. Schwere Bewegung ist nicht dumpf und leichte nicht schwebend."

Die Selbstfeststellung des eigenen Eutonie-Zustandes ist nur im Nachhinein gegeben, eben dann, wenn Eutonie nicht mehr besteht und man nur noch den Nachklang verspürt. Darum bekommt der Begriff Eutonie streng genommen erst seine Bedeutung in der Suche nach dem verlorenen Glück und wird so Anlaß für Pädie, Therapie und Rehabilitation.

3. Die transzendente Eutonie

Wir schilderten die integrale Eutonie als einen Bereitschaftszustand, der auf alles bezogen ist, was sich im lebendigen Feedback erfassen und umfassen läßt. Wie es aus dem diffusen Einssein der vorprädikativen Eutonie in die Welt der Begegnung einer Grenzüberschreitung bedurfte, so kommt dem Menschen auch noch eine weitere Grenzüberschreitung zu.

Der Sinn der transzendenten Eutonie liegt im Glauben an eine höhere Ordnung allen Seins, in dem das Eigene bündig eingegliedert ist und darin seine Bestimmung und Daseinsberechtigung erhält. Werden und Vergehen werden als überindividuelle Gesetzmäßigkeit fraglos angenommen. Statt Chaos erwächst ein Weltbild göttlicher Vollkommenheit, die man nur ahnungsvoll erfaßt und in der aufzugehen als Glückseligkeit gepriesen wird.

Wir möchten die Existenz eines solchen Zustandes hier nur andeuten, können aber nicht ausführlich darauf eingehen.

III. Die archaischen Komponenten der Eutonie

Wir haben bisher nur sehr allgemein von Intentionen, Strebungen, Tendenzen, Fokussierungen und Motivationen gesprochen, hielten zwar solche der Einkörperung und Entkörperung sowie Begrenzung und Entgrenzung auseinander; aber bei der Vielfalt der Entfaltungsmöglichkeiten des Menschen blieb doch recht vage, welche der Momente therapeutisch oder pädisch zu fördern wären, damit sie sich zum Integral der Eutonie ausbalancieren können.

Da Eutonie ja schon im Wort das Muskelgeschehen einbezieht, liegt es nahe, sich am Spannungsverhalten der Muskulatur zu orientieren, kann man damit doch die heikle Frage umgehen, das Problem vom psychologischen Aspekt aus zu erörtern. Dennoch liegt das Ziel aller körperorientierten Methoden – eingestandenermaßen – auf psychologischem Gebiet, gilt es doch, im Menschen dadurch „schöpferische Kräfte zu entfalten", „die soziale Kontaktfähigkeit zu aktivieren" und „der Persönlichkeit die Anpassung an das Leben der Gemeinschaft ohne Verlust ihrer Eigenart zu ermöglichen". Wir meinen, daß diese Worte von *Gerda Alexander* für alle diejenigen gelten dürften, die sich mit Körperfühlarbeit und Leibtherapie beschäftigen.

Es ist verhältnismäßig unverfänglich, bei einem Menschen diagnostisch Verspannungszüge über passives Bewegen, Dehnhaltungen oder taktile Resistenzprüfung aufzudecken und entsprechende Übungen zum Dehnen und Entspannen in die Wege zu leiten, ohne auf die Thematik einzugehen, die etwa Anlaß zu solcher Verspannung sein könnte. Man tritt dem Menschen auch nicht zu nahe, wenn man ihn auffordert, Spannungszüge erfühlend selbst zu entdecken und in Lösung überzuführen *(Alexander, Fuchs, Gindler, Middendorf, Schaarschuch, Stolze).*

Bei diesen Verfahrensweisen braucht auch nicht erörtert zu werden, welche psychologische Thematik oder Problematik gerade an diesen Stellen des Körpers Spannungen erzeugte. Die Frage ist offen, ob den Vertretern solche Zusammenhänge nicht bekannt sind oder ob ihre Erörterung ihnen unangebracht oder gar unerwünscht erscheint. Desungeachtet wird fast von allen mehrfach auf die Verbesserung der Ausdrucksgestaltung hingewiesen. Wir zitieren als Beispiel *Marianne Fuchs* aus ihrem Buch Funktionelle Entspannung: „Ein differenziertes Körpergefühl stärkt das Selbstgefühl, wenn der Patient über die verbesserte Funktionstüchtigkeit hinaus vertiefte Einsichten in die ausdruckspsychologische Bedeutung seines und des menschlichen Verhaltens überhaupt, und damit in die psychosomatischen Zusammenhänge, ihre Probleme und Therapieansätze gewinnt."

Doch in welcher Weise es dann zum Gebärdenausdruck kommt, bleibt im anscheinend gewünschten Dunkel. Pädagogen oder Therapeuten, die unmittelbar die Ausdrucksgestaltung zur Harmonisierung, zur inneren Befreiung oder „Selbstfindung" in den Mittelpunkt ihrer Methodik stellen (Psychogymnastik nach *Knobloch*, Psychodrama nach *Moreno*, Psychotanz, vertreten von *Fine*, die *Feldenkrais*-Methode) legen den Expressionen keine Zügel an und verzichten auf jegliche Erörterung darüber, welche Strebungen und damit Ausdrucksgestaltungen für die Entwicklung und Harmonisierung des Menschen zum Tragen kommen sollten. Sie gehen von der unausgesprochenen Voraussetzung aus, daß dem Menschen die Freigabe seiner angelegten Möglichkeiten zur Kommunikation gewährt werden müsse, dann führe die eingeborene Entelechie aus sich heraus zur Harmonisierung. Auf dieser Auffassungsweise basiert auch die Gestalttherapie von *Perls* und die Gesprächstherapie von *Rogers*. Der Erfolg non-direktiver Praktiken ist dann davon abhängig, welche Entfaltungsmöglichkeiten vom Therapeuten gefördert oder welche Themen von der Gruppe angeboten werden.

Dabei wird eine „verstehende Anwesenheit" erwartet, die dem Klienten das Gefühl vermittelt, getragen zu werden. Diese Verhaltensweise setzt voraus, daß sich beim Therapeuten selbst ein abgerundetes Bild vom Menschen entwickelt hat, das mit dem Ausdrucksgebaren des Patienten verglichen wird. Das dazu notwendige Verständnis der Körpersprache orientiert sich im allgemeinen an den alltäglichen Umgangssignalen wie etwa Verwunderung, Staunen, Entzücken und Höflichkeit, aber auch Wut, Zorn, Trauer, Verachtung oder Ekel *(Bühler, Fast, Leonhard, Molcho, Nierenberg)*.

Im Laufe unserer Forschungsarbeiten über das Lösungsphänomen in der Muskulatur haben wir feststellen können, daß sich die unendliche Vielfalt komplexer psychischer Ausdrucksphänomene auf wenige Grundprinzipien des körperlichen Ausdrucks reduzieren lassen, die als archaische Potenzen im Menschen angelegt sind. Sie ermöglichen es, eine grundlegende Systematik arteigener Ausdrucksformen aufzustellen. Die intentionale Fähigkeit des Menschen, durch Zuwendung oder Abkehr eine Beziehung zur Umwelt herstellen zu können, formt diese archaischen Verhaltensstrukturen aus zum gesamten Bereich der angenehmen und unangenehmen Gestimmtheiten mit ihren speziellen Aufforderungs- und Abwehrschemata.

Die Annahme, daß es sich hierbei um archaische, d. h. in der Stammesentwicklung des Menschen seit Urzeiten angelegte Verhaltensschablonen handeln muß, wird durch die Beobachtung gestützt, daß die dabei in Anspruch genommenen Kontraktions- oder Lösungsketten eine gewiß mehr als zufällige Kongruenz zu den traditionellen chinesischen Meridianen erkennen lassen. Ihre Verlaufsform ist seit mehreren tausend Jahren unverändert weiter überliefert worden. Das subjektive Lebendigkeitsgefühl im Bereich der Lösungsketten könnte dem Medium Ch'i in den Meridianen entsprechen, das mit Atem, Odem, Pneuma, Lebenskraft oder Energie übersetzt wird *(Schmincke)*. Wir haben die Meridian-Bezüge im folgenden jeweils durch die Skizzierung der entsprechenden Meridianverläufe auf den Figurinen angedeutet*.

1. Die Änderungsformen des Verhaltens

Es hat sich für uns ergeben, daß das gesamte Spektrum der psychologischen Ausdrucksphänomene lediglich durch sechs Grundprinzipien erfaßt werden kann. Sie können unter den Gesichtspunkten der entwicklungsfördernden wie entwicklungshemmenden Tendenzen betrachtet werden. Wir beschäftigen uns hier ausschließlich mit den Entwicklungstendenzen, die mit muskulären Lösungsphänomenen einhergehen. Sie zeigen in ihrer gemeinsamen dynamischen Ausgewogenheit das Bild der Eutonie.

In diesen von uns aufgestellten **Grundformen der Evolution (GFE)** kommen Prinzipien im Sinne von *Buytendijk* (1) als „unreduzierbare Merkmale, welche die Grundstruktur des Geschehens bilden", zum Ausdruck. „Es wird von ihnen auch von einem ‚Streben' oder von ‚Tendenzen' geredet. Nach der ganz elementaren Selbsterfahrung des Menschen sind die motorischen Funktionen von Strebungen abhängig. Wenn man jedoch die Psychologisierung der funktionellen Betrachtung vermeiden will, spricht man besser von ‚Prinzipien', die den formalen Ausdruck solcher Strebungen darstellen."

Diese Prinzipien sind sowohl auf das gesamte physiognomische Er-

* Zur Kennzeichnung der potentiellen archaischen Intentionsbahnen (GFE) benützen wir die japanische Bezeichnung der chinesischen Meridiane Kei Raku. Auf den Figurinen haben wir die Dehnungsverläufe mit eingezeichnet.

scheinungsbild des Menschen anwendbar als auch auf Teilgebiete, als würde sich im Ausdrucksgeschehen ein ähnliches holographisches Phänomen zeigen, wie es *Pribram* von der Funktion des Nervensystems annimmt. Damit ist gemeint, daß die Thematik eines ganzkörperlichen Ausdrucks auch aus einer Fingerbewegung, aus der Gestik der Arme, der Stellung des Fußes, dem Ablauf des Atems, der Haltung des Kopfes, der Mimik, dem Klang der Stimme und vielen anderen Teilfunktionen entnommen werden kann, wenn man die Zeichen zu deuten versteht. (Ausführlicheres darüber ab S. 179ff.).

Ein solches Prinzip mit einzelnen Worten zu charakterisieren, fällt sehr schwer, da es sich im körperlichen Bereich sehr komplex ausprägt. Zusätzlich muß man berücksichtigen, daß ein Zuhörer die geschilderten Begriffe noch mit eigenen Assoziationen verbindet, die seinen Erfahrungen entsprechen. Darum sehen wir es als selbstverständlich an, die Prinzipien mit Symbolen zu umschreiben, die einen komplexen Hintergrund als Gefühlsbild aufleuchten lassen, ähnlich der chinesischen Schriftsprache. Dem Leser empfehlen wir, sich über die Lehrbeispiele (ab S. 201) dieser Problematik zu nähern.

Die Grundformen der Evolution vereinigen gleichzeitig vier Eigenschaften zu einem Gesamtbild des leiblichen Ausdrucks, das im zwischenmenschlichen Bezug unmittelbar gedeutet werden kann:

- Die Haltung, die über Hemmungsdirektive eine durchlaufende Muskelkette erscheinen läßt.
- Das Lebendigkeitsgefühl in diesem Lösungs- und Dehnungsbereich.
- Die charakteristischen Veränderungen des Atemablaufes in seinem rhythmischen und räumlichen Geschehen.
- Das psychische Thema eines bejahenden Umweltbezuges.

Die GFE sind vor allen Dingen von anderen Menschen deswegen deutbar, weil die ihnen zugrunde liegenden Intentionen immer darauf gerichtet sind, eine Veränderung in der Umwelt zu verursachen. Die Bewegungsform der GFE ist aus diesem Grund weder eine reaktive Antwort auf Reize aus der Umwelt, noch kann sie in ihrer eigentlichen Bedeutung aus der willkürlichen Beachtung des eigenen Körpergefühles bei Haltung und Bewegung entstehen. Sie ergibt sich automatisch, wenn der Mensch seine Aufmerksamkeit auf das orientiert, was er in seinem Umfeld verändern möchte. Eine solche Intention wird vom Menschen ganzkörperlich zum Ausdruck gebracht, obwohl sich Arme und Beine in unterschiedlicher Weise in das Bewegungsmuster einfügen. Seine Leibgefühle sind ihm im Sinne der Ambiguité nur copräsent und können allenfalls in der Post- oder Prästimulation beachtet werden.

Dieses lebendige Allgemeingefühl läßt sich nun zu einzelnen Strebungen entwickeln, die prinzipielle Charakteristika des Handelns und des Veranlassens beschreiben. Sie sind nicht nur für die Reifung des Menschen verantwortlich, sondern lassen sich letztendlich in der Seinsweise eines jeden Wesens wiedererkennen. Selbst Weltenkörper pulsieren, wenn auch in Äonen kosmischer Zeiten. Sie stehen mit anderen Sternen in ständiger Verbindung und kurven doch in unermeßlichen Dimensionen durcheinander. Jeder ist, von unserem Standort aus, als einzelnes Objekt definierbar und bildet trotzdem nur ein Glied in einem für uns unbegrenzten Ordnungssystem.

Das Prinzip der Aufnahme oder Konzeption

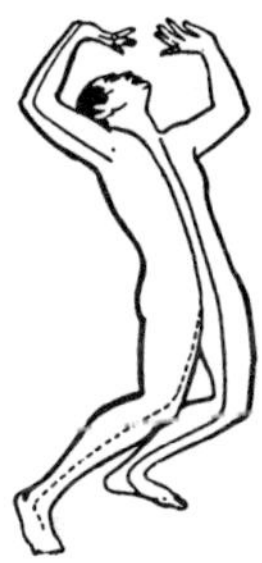

Aufnahmebereit zu sein, sich eröffnen können, in dem Bedürfnis, erfüllt und gestillt zu werden, andere dazu zu veranlassen, lockend und animierend zu sein; alle diese Strebungen gehören zum Urereignis des Lebens. Es gäbe keine Zeugung, ja nicht einmal eine Befruchtung, würde die Eizelle den Samen nicht anziehen und ihn aufnehmen. Ein junger Vogel, der eben aus dem Ei geschlüpft ist, hat schon die Fähigkeit, mit seinem aufgerissenen Schnabel das Pflegeverhalten seiner Eltern zu aktivieren, so daß sie ihre ganzen Kräfte einsetzen, um ihn zu füttern und am Leben zu erhalten.

Das Prinzip des Antriebes oder der Dynamik

Durch die Stoßkraft der Beine schafft sich der Mensch seinen Raum und hält Fremdes auf Abstand. Mit den Armen kann er besitzergreifend seine Ansprüche stellen. Der herausgewölbte Rücken zeigt, daß er alle Schwierigkeiten des Lebens auf sich nimmt, um sie mit kreativer Impulsivität und Durchsetzungsfähigkeit zu meistern. Nur so kann er sein Revier verteidigen und seinen Lebensraum beanspruchen. Die gegenläufigen Intentionen des „Wegstoßens“ und „Herholens“ bewirken eine Ballung der eigenen Kräfte. Die daraus entstehende Kompression leitet den aus dem Zentrum kommenden Impuls zum „Wieder in Gang setzen“ ein. Auch dieses Sinnbild der Dynamik ordnen wir den animalischen Trieben zu.

Im Zuge der Persönlichkeitsentwicklung gehören beide Verhaltensprinzipien dem urtümlichen Bereich des endothymen Grundes *(Lersch)* an. Im Wechsel zwischen Konzeption und Dynamik entsteht eine lebenserhaltende Pulsation, die in ihrer Atemaktivität eine ausgesprochene Unterleibsbeziehung hat. Beim gesunden Kind ist die Daseinsthematik noch von den vitalen Bedürfnissen bestimmt. Es kennt keine Hemmungen, sich das zu nehmen, was sich seinen Sinnen bietet und lebt beglückt die intimste, körperliche Nähe. Mit Selbstverständlichkeit erwartet es, daß ihm ohne Gegenleistung alles gegeben wird, was es braucht. Veranlassend sein zu können, bildet die Basis für die soziale Bereitschaft, andere auf sich zukommen zu lassen – ohne Angst zu bekommen, zuhören zu können – ohne Langeweile zu entwickeln oder andere gelten zu lassen – ohne Minderwertigkeitsgefühle zu haben.

Das Prinzip des Austauschens oder der Diffusion

Der für viele Lebensprozesse notwendige, physikalische Vorgang der Diffusion, also die Fähigkeit sich anzugleichen, auszutauschen oder einzuordnen, bedeutet auf seelischem Gebiet: Für eine gefühlsmäßige Verbindung zu Gleichartigem bereit zu sein und sich im Zulassen und Geschehenlassen mit empathischer Anteilnahme in andere einfühlen zu können. Zu dieser Strebung zählen wir auch das Bedürfnis des Menschen, sich in eine Gruppe einzugliedern und von ihr aufgenommen zu werden, ohne das sich keine soziale Gemeinschaft aufbauen kann.

Das Prinzip der Veränderung oder Rhythmik

Die universelle Tatsache, daß sich im Leben alles und jedes im Wandel von Raum und Zeit befindet, würde sich leiblich in eine schwingende Bewegung umsetzen, die ständig von links nach rechts wechselt. Sie läßt sich im Bild nur als Momentaufnahme darstellen, verdeutlicht aber die Notwendigkeit des Vorankommen-Wollens. Es wird ein eigenständiger Schritt gewagt, um die Welt kennen zu lernen. Dazu gehört, daß das Erfahrene hinter sich gelassen wird – ohne es in Anspruch zu nehmen oder sich zu binden, um im nächsten Moment wieder hinter die Dinge auf ein Neues zu schauen. Das „Neugierverhalten" und „Erkundungsstreben" veranlaßt Kinder, die Lebensstrategien der Eltern auszuprobieren, und es bringt Erwachsene dazu, noch nicht erkannte Zusammenhänge zu erforschen.

Im Zuge der Persönlichkeitsentwicklung gehören beide Verhaltensprinzipien zu der Lebensphase, in der sich der Mensch vom familiär geschützten Kreis löst und anfängt, neue Verbindungen zu suchen, um sich ins soziale Leben einzugliedern. In dieser Sturm- und Drangzeit lernt er, seine Kräfte zur Distanzierung vom Althergebrachten und zur Annäherung an das Neue für eine lebensgerechte Kommunikation zu vereinen. Es ist das Vorrecht der Jugend, Emotionen spielen lassen zu dürfen und doch wieder ihrer Lust nachgeben zu können, ungebunden und frei durch die Welt zu wandeln. Beide Intentionen gehören zum Bereich des eigentlichen Kontaktes und beleben atemmäßig die Leibesmitte, die schon seit alters her als Herzens- oder Gefühlsmitte gedeutet wurde.

Das Prinzip des Wertgefühles oder der Abundatio

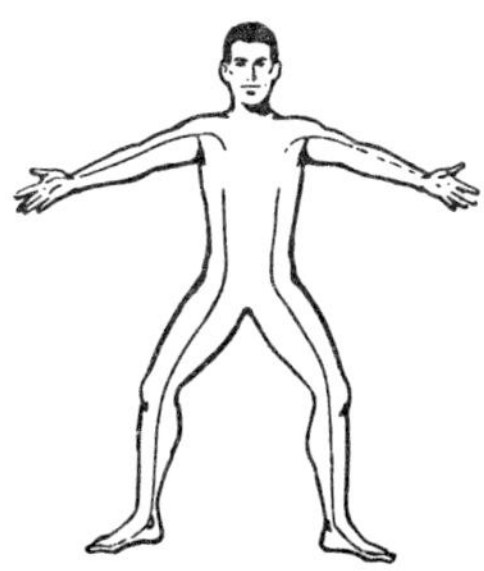

Die Fähigkeit zur Überschau über das Gewordene drückt sich körperdynamisch im Sinnbild des Angefüllt-Seins und Überfließens aus, das gleichzeitig auch die Gelassenheit des Darüberstehens symbolisiert. Die Bereitschaft des Menschen, sein auf dem Boden der Vitalität gewachsenes Erfahrungswissen zur Verfügung zu stellen, veranlaßt die Gemeinschaft, es auch als Maßstab für sich anzunehmen. Ohne daß er darauf bedacht ist, gesteht man ihm eine natürliche Selbstsicherheit zu. Wir sehen es als selbstverständlich an, wenn eine Mutter ihrem Kind erlaubt, von ihrer Erfahrung und ihrer Person Gebrauch zu machen. Bereitwillig spendet sie dem Säugling ihre Milch, wenn er danach verlangt. Ihre ruhige und gelassene Anwesenheit gibt dem Krabbelkind die Sicherheit, während seiner Erkundungszüge in die Welt jederzeit helfende Unterstützung anfordern zu dürfen.

Das Prinzip des Richtung-Weisens oder der Direktive

Der hoch hinauf weisende Arm verlängert die Gestalt über die eigenen Dimensionen hinaus und macht auf etwas Höheres aufmerksam. Die Beine lösen sich vom Boden der Erfahrungen, wenn es gilt, sich auf Zukünftiges auszurichten. Die gewonnenen Erkenntnisse führen zu bewußten Entscheidungen, die für andere richtungsweisend sind, auch wenn diese Einsichten sie in unbekannte Räume führen. In den linearen und folgerichtigen Strukturen der meisten Sprachen, mit denen wir unser Wissen und unsere Erfahrungen weitergeben, erkennen wir das Prinzip der Direktive als eine Funktion des Intellekts, der unterscheiden, teilen, abstrahieren und kategorisieren kann.

Im Zuge der Persönlichkeitsentwicklung gehören beide Verhaltensprinzipien zum Individuationsprozeß. Der lebendige Vollzug dieser Intentionen verdeutlicht die Reifungsphase des Menschen, in der sein Handeln von der Einsicht in die Zusammenhänge bestimmt wird. Getragen von den vitalen Kräften und geformt von den Regeln der Gemeinschaft, entwickelt sich sein Selbstbewußtsein, so daß er sich mutvoll der Welt gegenüberstellen kann, um seine Meinung darzustellen. Als differenzierte Persönlichkeit vermag er seine Triebe und Bedürfnisse sozialen und religiösen Belangen anzugleichen und erkennt die Verantwortung, anderen einen Weg zur Vollendung zu weisen, der über die allgemeinen Maßstäbe von Moral und Ethik hinausführt.

Die hier geschilderten 6 Prinzipien beschreiben unserer Meinung nach 6 autonome Motivationen oder Bedürfnisse des Menschen, die als Antriebsstrukturen für artgerechtes Verhalten eingeboren sind und nicht erlernt zu werden brauchen. Ihre Befriedigung wird ausschließlich durch Kommunikation erreicht und beeinflußt entscheidend den individuellen Entwicklungsprozess. Wir sehen in ihnen die **kardinalen Grundformen des Verhaltens**. Die Gesamtheit ihrer erfüllten Strebungen in dem jeweiligen Lebensabschnitt bilden die archaischen Wesenszüge der vorprädikativen, integralen oder transzendenten Eutonie, deren körperdynamische Ausformung sich in der Integral-Haltung zeigt.

Die Art des Individuums, auf die Umwelt einzuwirken und sie zu verändern, kann über spezifische Ausdrucksbewegungen deutlich werden. Die Vielzahl von Verhaltensvariationen konnten wir in zwei große Gruppen gliedern, die eine gegensätzliche Einstellung zur Welt erkennen lassen: Das Zuwendungs- oder Kontaktverhalten möchten wir als Grundformen der Bewegungsentwicklung oder **Grundformen der Evolution** (GFE) bezeichnen. Das Abwehr- oder Vermeidungsverhalten verknüpfen wir mit den **Grundformen der Involution** (GFI) (siehe Klapptafel)!

Stellt man die Prinzipien der 6 GFE zu einer Gliederung zusammen, so wird aus der paarweisen Kombination der einzelnen Elemente eine hierarchische Ordnung des Reifungsprozesses ersichtlich. Die Schichtung der Persönlichkeit und sogar die Symbolik von Körper, Seele, Geist entspricht dieser Gliederung.

Wir haben menschliche Wesenzüge bisher unter dem Gesichtspunkt der ihnen zugrunde liegenden Entwicklungsformen erörtert. Sie sind in allen ihren Strebungen, Absichten, Wünschen und Forderungen an Zuwendungsbewegungen gebunden. Die dazu gehörenden Handlungs- und Änderungsvorgänge vollziehen sich durch Lösungsdirektive in der tonisierten Muskulatur. Es tritt dabei in einem umschriebenen Bereich, der als Dehnungskette links und rechts über den Körper verläuft, ein subjektives Lebendigkeitsgefühl auf, das selbst dann, wenn der Mensch ausschließlich veranlassend zu sein scheint, diese Verhaltensweisen von einem passiven Entspannungszustand unterscheidet.

Nun bietet das tätige Leben nur selten Situationen, die eine einzelne GFE in reiner Ausprägung aufleuchten lassen. Die Einflüsse, mit denen sich der Mensch im Alltag auseinanderzusetzen hat und die seine Intentionen zur Beantwortung aufrufen, erfordern durchwegs vielfältige Kombinationen und Überlagerungen dieser Prinzipien. Auf diese Weise führen die uns bekannten, sich jeder Zeit verändernden Handlungen zum unermeßlichen Ausdrucksreichtum menschlicher Seinsweise.

Schon bei der Erörterung der vorprädikativen Eutonie hatten wir als typische Geste des wachen Säuglings auf die zugreifenden Händchen und die strampelnden Beinchen hingewiesen. Sie ist auch in diesem urtümlichen Stadium der ungezielten Lebendigkeit eine Form von Liebe, die aber hier noch im Sinne von *Lotz* dem Eros zuzurechnen ist. Er steigt aus der Tiefe des sinnlichen Empfindens als die Triebkraft für jegliches Begegnen auf.

Am Übergang zur integralen Eutonie gesellen sich die eigenständigen Aktivitäten hinzu. Auch hier symbolisiert die Geste des Umfassens den Zustand der Liebe, der jetzt einer Freundschaft entspricht. „So gehen in der Philia zwei personale Menschen aufeinander zu, sie eröffnen sich aus ihrer beiderseitigen Tiefe zueinander hin und treffen einander in ihrem Personkern. Dabei ist jeder imstande, so tief den anderen in seinem Innern aufzuschließen, wie er selbst aus seinem Innern dem anderen sich mitteilt“ *(Lotz)*.

Bei der weiteren Reifung zur transzendenten Eutonie geht das Bewegt-Sein über in den Zustand der Ruhe. Da mag wohl der ganzkörperliche Ausdruck des Umfassens verloren gehen, doch die Seele bleibt weiter umfassend, nur greift ihr Horizont mit hinauf, dem von oben her Kommenden zu begegnen. Das ist die Liebe als Agape, von der *Lotz* spricht: „Aus der von oben herabsteigenden Liebe Gottes zum Menschen erblüht die von unten aufsteigende Liebe des Menschen zu Gott.“

Gewährt man sich den Mut, im Sinne der Philia, die Geste des Umfassens einzunehmen, so ist der ganze Körper voller Leben. Die Arme sind leicht und atemvoll gehoben, die Beine gründen spürsam federnd auf dem Boden. Es ist, als schmiege sich der Leib an ein Wesen, das es zu bergen gilt, dieweil sich die Sinne der weiten Umwelt öffnen und Licht den ganzen Rumpf umspielt. In der integralen Ausgangshaltung sind alle Fähigkeiten zum Handeln sowie alle Möglichkeiten zum Wahrnehmen untereinander harmonisch ausgeglichen zu einem allgemeinen, rundumverlaufenden Lebendigkeitsgefühl.

Jede Intention, die Welt auf handelnde oder veranlassende Weise zu beeinflussen, verändert diesen Zustand und damit auch die Integral-Haltung. So kann z. B. die Umfassungstendenz eine Betonung bekommen und sich zu Besitz- und Eigengestaltungswünschen abwandeln. Das Bild einer ausgewogenen Lebendigkeit im WIR-Gefühl würde sich dadurch zu einer verstärkten ICH-Dominanz umformen. Verändert sich dagegen die Umfassungsgeste zugunsten einer Freigabe des Umfaßten, so wird sich auch die ausgewogene Lebendigkeit des WIR-Gefühles auf eine IHR-Dominanz verlagern als Ausdruck einer altruistischen Verhaltensvariation.

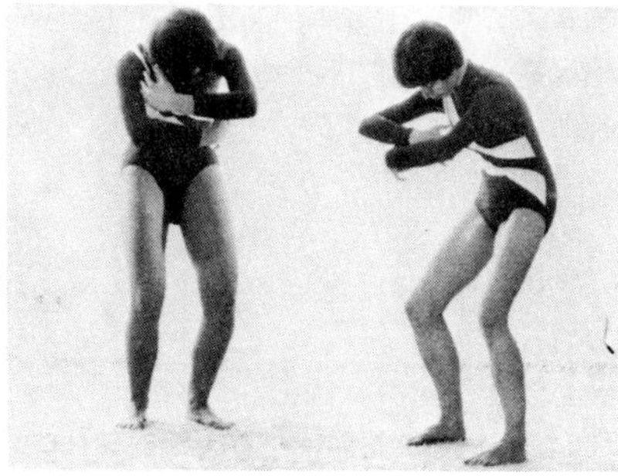

2. Die Zustandsformen des Verhaltens

Jede Entwicklung geht von einem Stadium aus und führt zu einem veränderten Sein. Auf dem Weg dahin wandelt sich das „Werden“ in ein „Ist“, das Fließen in einen Zustand. Er stellt keinen Endpunkt oder Fixierung dar, sondern steht als Bestand, Potenz, Befähigung oder Gewinn für den nächsten Schritt zur Verfügung. Das so Erworbene, das nun im Menschen als Wesenseigentümlichkeit liegt, bestimmt letztendlich sein „Da-Sein in der Welt“.

Der Platz, der dem Menschen in diesem Da-Sein zukommt, ist der Raum, den er als Begegnungs- und Gemeinschaftsraum um sich herum mit eigener Lebendigkeit füllen und gestalten kann. Er ist größer als das eigene Körperschema. Doch hat ein solcher Bezugskreis nicht nur geometrische Dimensionen, sondern ist von Qualitäten erfüllt, die durch die spezifischen Handlungsprinzipien der GFE bestimmt werden. Mit diesem Raum geht der Mensch aufgrund seiner differenzierten körperlichen

Struktur in unterschiedlicher Weise um, so daß sich seine Seinsweise in der Welt auch über den körperlichen Bezug beschreiben läßt: Vom Rükken her entfaltet er einen Schutz- und Geborgenheitsraum, zur Seite einen Nachbarschafts- und nach vorne einen Handlungs- und Gestaltungsraum.

Ein solcher Begegnungsraum hat wie jeder Raum charakteristische Strukturen:

- Jeder Raum muß „begrenzt“ sein
- Jeder Raum muß von etwas „erfüllt“ sein
- Jeder Raum wird von vielerlei äußeren Gegebenheiten „beeinflußt“.
- Jeder Raum ist ebenso ein „Etwas mit dessen Wirkung das Umfeld rechnen muß“.

Diese 4 Elemente eines Begegnungsraumes werden wir im folgenden an der Entwicklung des Kleinkindes verdeutlichen, da wir sie den archaischen Komponenten als Besonderheiten des Verhaltens zuzurechnen haben.

Wir konnten feststellen, daß diese Verhaltenskriterien bereits in der traditionellen chinesischen Medizin als Besonderheiten berücksichtigt wurden und im Verlauf der chinesischen Außerordentlichen Meridiane zum Ausdruck kommen. So haben wir auch hier auf den Figurinen die entsprechenden Meridianbereiche mit angedeutet.

- *Ein Raum muß begrenzt sein*

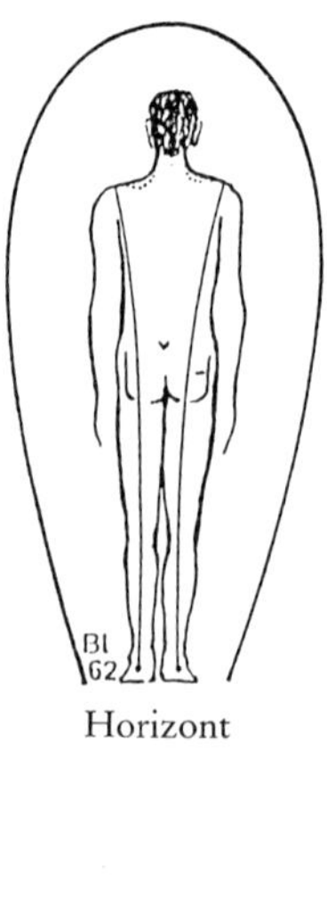

Horizont

Über das Haben-Wollen und Abwehren testet das Kind seinen sozialen Spielraum aus. Wenn es sich in der Zeit des Gehalten- und Getragen-Werdens aktiv an der Mutter anklammert, erfährt es an seiner eigenen Rückenfläche die stetigen Grenzen eines umhüllenden Geborgen-Seins. Die drohenden Gefahren aus dem Außenkreis erreichen es erst gar nicht. Die Befriedigung des natürlichen Sicherheitsbedürfnisses animiert den Säugling, sich in den Raum hinein zu kuscheln, den die Mutter ihm bietet. Er schmiegt sich mit den ihm angeborenen Hinwendungsbewegungen in den Hintergrund, aus dem ihm keine Gefahr droht, und verstärkt so sein Lebendigkeitsgefühl im Rücken. Auf dieser Basis kann sich im Laufe der ersten beiden Lebensjahre die für die Persönlichkeitsreifung notwendige Gefühlsgewißheit entwickeln, auch unbekannten Veränderungen gegenüber, die in der Umwelt ablaufen, eigene Grenzen entgegensetzen zu können. Die Fähigkeit, seinen eigenen Spielraum abzugrenzen und sich damit einen überschaubaren Horizont zu schaffen, ist mit einer subjektiven Lebendigkeit des Rückens verbunden. Die zeitgerechte Bekräftigung der spezifischen kontaktsuchenden Strebung „Dynamik" bildet die Voraussetzung zur Entwicklung eines gesunden Urvertrauens und eines natürlichen Distanzverhaltens, die für jedes geordnete Sozialverhalten notwendig erscheinen.

● *Ein Raum wird von etwas erfüllt*

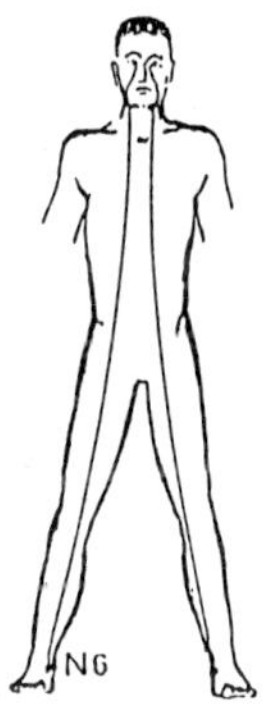

Präsenz

Mit seinem eingeborenen Verlangen nach Zuwendung vermag das Kind, das getragen wird, Aktivitäten aus der Mutter herauszulocken, die zur selbstverständlichen Befriedigung seiner Sinneserwartungen und animalen Bedürfnisse beitragen. Wenn es sie umklammert, kann es die angenehme Wärme und den unverwechselbaren Geruch der Haut fühlen, das vertraute Geräusch des bekannten Herzschlages vernehmen. Lenkt es durch wimmernde Töne oder aufforderndes Lächeln die Aufmerksamkeit auf sich, wird es die beruhigende Stimme der Mutter hören oder ihr fröhliches Gesicht sehen. Möchte es seinen Hunger stillen, sucht es mit dem Mund und mit den Händchen nach der Quelle, aus der es die süße, warme Milch bekommt. So werden die ersten Lebenserfahrungen des Menschen auch von Ereignissen und Dingen geprägt, die sich ausschließlich in seinem vorderen Raum abspielen. Erfüllen sich seine existentiellen Erwartungen bis zur Sättigung, ohne auf Ablehnung zu stoßen oder Mißfallen zu erregen, so wird seine Aufforderungsfähigkeit bestätigt und es bildet sich in ihm die Sicherheit, um seiner selbst willen geliebt zu werden. Er braucht sich nicht ängstlich zurückzuziehen, sondern wird diese frühkindliche Erfahrung, auf die Mutter animierend wirken zu können, auf sein späteres Leben übertragen. Die zeitgerechte Bekräftigung der spezifischen kontaktsuchenden Strebung „Konzeption“ entwickelt die für die Persönlichkeitsreifung notwendige Gefühlsgewißheit, seinen Raum mit der eigenen Anwesenheit füllen zu können. Die Fähigkeit, ohne Schuldgefühle und ohne Angst präsent sein zu können, wird für jede zwischenmenschliche Interaktion bestimmend sein. Sie ist an eine subjektive Lebendigkeit der Frontalseite gebunden.

● *Ein Raum wird von vielerlei äußeren Gegebenheiten beeinflußt*

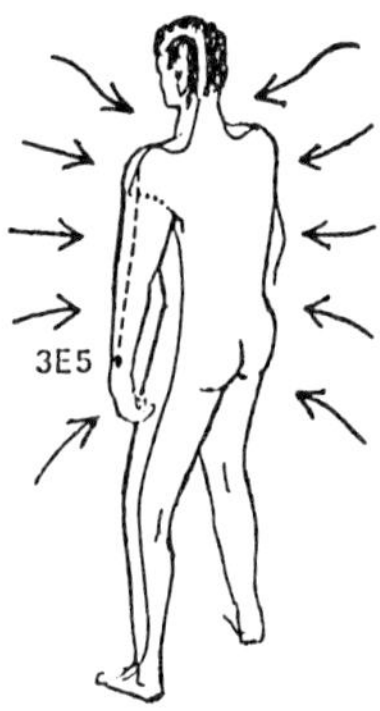

Reagibilität

Noch während das Kind getragen wird, erlebt es die grundsätzliche Lebendigkeit der Welt. Wenn es an der Mutter vorbeischaut, sieht es, daß sich die Umwelt laufend verändert und bewegt. Seine Neugier, sich diesem unbekannten Draußen zuzuwenden, läßt es das Köpfchen von der einen Seite zur anderen drehen. Der Wunsch, selber mit dieser Vielzahl von Ereignissen umzugehen, bringt es dazu, mit seinen Ärmchen mal nach links und mal nach rechts zu greifen. Dort berührt es fremde Dinge, um sie eigenständig zu erkunden. Es wird ebenfalls aus wechselnden Richtungen berührt. Während seiner ersten Erkundungszüge macht der Säugling die Erfahrung, daß sich vielerlei Beweglichkeiten in seinem Raum befinden, auf die er reagieren möchte, weil sie auf ihn einwirken. Er lernt sie zu akzeptieren, ja sich sogar an sie anzupassen, ohne Berührungsängste zu bekommen. Durch die zeitgerechte Bekräftigung der spezifischen kontaktsuchenden Strebung „Rhythmik“ kann die für die Individualentwicklung notwendige Gefühlsgewißheit reifen, sich auf unterschiedliche Aktivitäten im Raum ausrichten zu können und im erspürenden Abtasten und Einschätzen der Unterschiedlichkeiten reaktionsfähig zu sein. Diese Fähigkeit, ungestört und tolerant Anteil zu haben an den äußeren Einflüssen und Begebenheiten der Welt, ist an ein subjektives Lebendigkeitsgefühl des seitlichen Rumpfes gebunden.

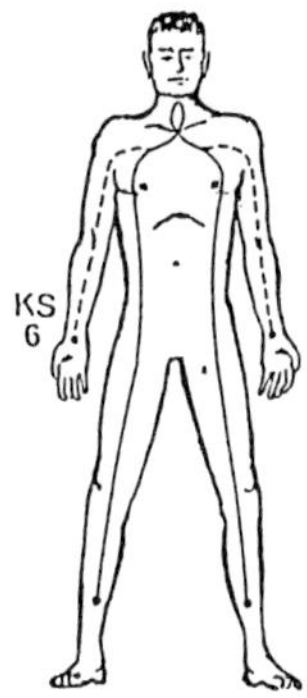

Spontaneität

Hat sich die Verbindung zu der Person, von der das Kind getragen wird, als ein geordnetes und stabiles Verhältnis erwiesen, so unterstützt diese Erfahrung den Drang, aus eigenem Antrieb heraus freundliche Beziehungen zu anderen Menschen aufzunehmen. Ohne erst ermuntert zu werden, reicht das Kleinkind einem Bekannten freiwillig sein liebstes Spielzeug in der fraglosen Erwartung, er möge sein spontanes Kontaktangebot annehmen und gemeinsam mit ihm spielen. Durch die zeitgerechte Bekräftigung der spezifischen Strebungen „Diffusion“ und „Abundatio“ kann die für die Individualentwicklung notwendige Gefühlsgewißheit reifen, in Gruppen nicht nur als gleichgestelltes Mitglied aufgenommen zu werden, sondern die Freiheit zu haben, mit Selbstverständlichkeit das zu tun, was seiner Erfahrung nach das richtige ist. Diese Fähigkeiten, auf freundschaftlichem Weg Anschluß an andere zu finden und gleichzeitig mit seinen Wünschen berücksichtigt zu werden sowie durch seine eigenständige Meinung zu wirken und mit persönlicher Spontaneität verantwortungsvoller Ratgeber der sozialen Gemeinschaft zu sein, ist an ein subjektives Lebendigkeitsgefühl der Vorderfront gebunden.

Die 4 Raumqualitäten Distanz, Präsenz, Reagibilität und Spontaneität bestimmen die Art, wie sich der Mensch den Lebensanforderungen stellt. Sie verdeutlichen nicht nur psychische Momente, sondern sind in gleicher Weise körperliche Vorgänge, da sie sich in der Spannungsverteilung der Muskulatur verwirklichen. Diese einzelnen Phänomene lassen sich auch als Variationen der Tonusregulation ertasten. Wir verweisen dazu auf die unterschiedlichen Phasen beim Eutonieaufbau, der ab S. 52 ausführlich geschildert wurde und den wir ab S. 161 neurophysiologisch begründen.

Stufe III, Phase 1–2 behandelt die radiäre Ausweitung in Richtung auf den Therapeuten, um ihn in den Begegnungsraum einzubeziehen. Damit hebt sich die Einatmung auf einen höheren Tonuszustand. Der Lagetonus wird aktiviert. Der erreichte Zustand entspricht der „Distanz“, also der Fähigkeit, seinen Raum in einem frei gewählten Abstand zu begrenzen.

Stufe III, Phase 3 bahnt die dreidimensionale Ausbreitung auf diesen Raum an, um die ganze Gestalt des Therapeuten in ihm zu erfassen. Dadurch stabilisiert der Patient seinen Lagetonus, so daß er auch während der Ausatmung erhalten bleibt. Er erfährt dabei selbst den Zustand der „Präsenz" und kann dieses Gefühl seiner Anwesenheit oder seiner Raum-Dichte auch dem Therapeuten vermitteln.

Stufe III, Phase 4a. Mit der Einstellung des Patienten auf die Bewegungsmöglichkeiten des Therapeuten tritt eine geschmeidigere Anpassungsfähigkeit auf äußere Einflüsse ein. Der phasische Tonus wird mobilisiert und drückt sich in einer verbesserten „Reagibilität" aus.

Stufe III, Phase 4b. Die Bereitschaft des Patienten, Eigenimpulse in das Bewegungsspiel des Miteinander-Umgehens einzubringen, verwirklicht seine „Spontaneität". In einem solchen Zustand hat sich zusätzlich der phasische Tonus regularisiert.

Die bisher geschilderten 4 Zustandsformen der Verhaltensweisen beschreiben die persönliche Begegnungsfähigkeit des Menschen in dem Raum, den er mit seinen Sinnen erfassen kann und in den er handelnd einzugreifen vermag.

Zu den archaischen Komponenten der Eutonie gehören aber noch zwei weitere charakteristische Raumstrukturen, die jedoch keiner taktilen Anregung unterliegen und deshalb auch nicht mit dem verbal-taktilen Eutonieaufbau erarbeitet werden können.

- Jeder Raum ist Teilglied eines größeren Raumes.
- Jeder Raum untersteht einem Ordnungsprinzip.

Diese beiden Raumbezüge offenbaren sich dem Menschen nicht durch seine groben Sinne. Sie werden mental aufgenommen, empfindungsmäßig bewertet, geistig verarbeitet und qualitativ durch die Verhaltensweise des Menschen mitgestaltet. Von jedem wird erwartet, daß er ihrer in einem gewissen Ausmaß inne ist.

- *Ein Raum ist Teilglied eines größeren Raumes*

Die anfangs noch unbegrenzte Allverbundenheit des neuen Erdenbürgers grenzt sich durch den Gebrauch seiner Sinne allmählich auf das Erreichbare und Bemerkbare ein. Und doch wird ihm im Hintergrunde seines Erlebens eine unbestimmte Gefühlsgewißheit seines Eingeordnetseins in den Kreis der Familie, der Sippe und des Kulturgeschehens gegenwärtig bleiben. Er erfährt in der gleichzeitigen Beziehung zu unterschiedlichen Räumen seine Sinnbestimmung und kann diese Fähigkeit in transzendente Bezüge bis zur universellen Liebe zur Natur und Kreatur erweitern, ohne daß es dazu der sinnhaften Begegnung bedarf.

Eine solche, anscheinend nur mental bedingte Einstellungsform auf „Kongruenz“ zu unbekanntem Äußeren ist dennoch ein leiblicher Vorgang und vermittelt ein subjektives Lebendigkeitsgefühl in der Taillengegend. Es stellt sich in diesem Bereich eine ganz diffizile, feinsinnige Elastizität ein, wenn man z. B. im Sinne asiatischer Übungspraktiken über einen kosmischen Bezug meditiert.

- *Ein Raum untersteht einem Ordnungsprinzip*

Hier ist keine äußere Einflußnahme und auch keine Überlegung zuständig. Es geschieht das Gesetz, das als „Entelechie“ mit einer Sicherheit und Zielstrebigkeit die Wesen zu Organismen formt. Im kleinen Kinde noch triebhaft unbewußt sein Handeln bestimmend, im späteren Leben sinnbezogener eingesetzt, ist sie maßgebend für die ganz persönliche Entwicklungstendenz und die individuelle Lebensthematik in bezug auf die Stellung der Person im Weltgeschehen.

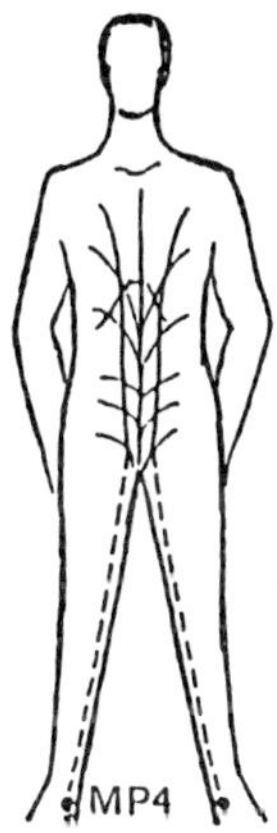

Das Gefühl für die Konstellation der gegebenen Lebenssituation, das an der Erfahrung gereift ist, gibt den Anlaß zur Auswahl der eingeborenen und entwickelten Möglichkeiten, damit das „Not-Wendende“ geschehe.

Diese geheimnisvolle und uns unfaßbare Bildekraft scheint mit einem Lebendigkeitsgefühl aus der Tiefe des Leibes aufzukeimen, sich nach allen Seiten auszubreiten und sich im Brustgebiet zu verlieren.

3. Die Aufrichtungsformen

Schon das Baby, das noch nicht gehen und stehen kann, entwickelt frühzeitig die Tendenz, den Kopf zu heben und den Oberkörper aufzurichten, um frei nach oben blicken zu können und Kontakt zu „den Großen“ aufzunehmen. Natürlich kontrahiert sich für diese Bewegung die

Muskulatur am Rücken, doch das ganze Interesse des Kindes liegt vorn. Es eröffnet sich der Welt mit seiner Vorderseite, reckt und streckt sich ihr entgegen und entfaltet dabei wie nebenher auch seine Kräfte gegen die Schwerkraft.

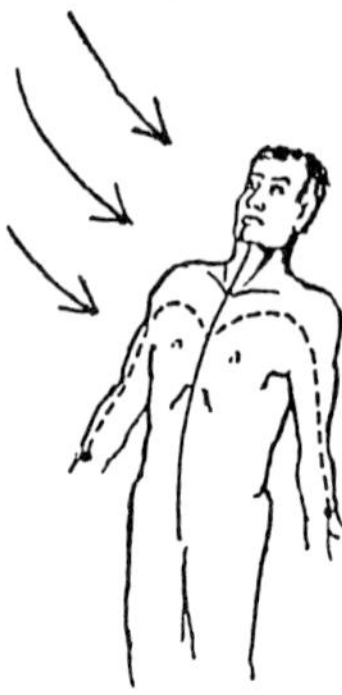

Diese Tendenz, sich nach oben auszurichten, endet nicht mit der ausgewachsenen Körpergröße des Jugendlichen. Sie wird auf Menschen verlagert, die er dem Range oder dem Wissen nach als über ihm stehende Persönlichkeiten anerkennt. Und im Alleinsein wird er dann geneigt sein, seinen inneren Blick auf eine noch höhere Instanz zu transponieren, zu der er aufblicken kann, um Weisungen oder Zuwendung zu empfangen. Ihr gegenüber ist er nunmehr ebenso bereit, sich zu verantworten. Versucht man sich in die Seelenhaltung dieser Responsabilité (Verantwortlichkeit) einzuleben, so führt dies zu einer Geste wie bei der Aufrichtung des kleinen Kindes: zu einer Rückneigung des Körpers und den aufblickenden Augen.

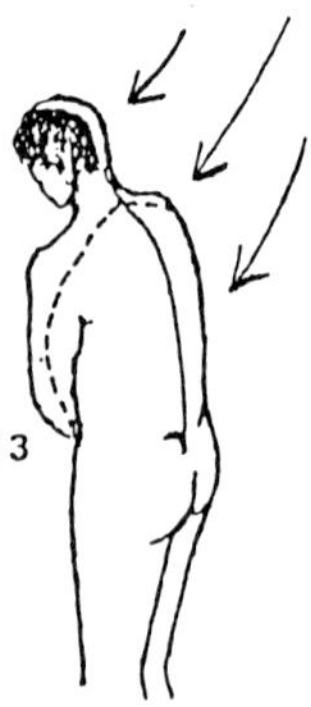

Aber auch in der Vorneigung läßt sich die Einstellungsform auf ein Übergeordnetes wiederfinden, solange das Kind die Leitung der Eltern akzeptiert. Hierbei unterstellt es sich bejahend einer ihm überlegenen Lenkung und vertraut auf die Richtigkeit dieser Führung.

Diese Einstellung kommt im Erwachsenenalter als achtungsvolle Verneigung vor einer höheren Persönlichkeit oder Gruppe zum Ausdruck. Sie findet auch dann eine sinnvolle Haltung, wenn der Mensch sie gläubig auf eine theistische Instanz zu transponieren vermag.

Der Mensch, der sich zwischen dem Gefühl des „Geführtwerdens" und dem der „Eigenverantwortlichkeit" ständig feinsinnig ins „Lot" pendelt, findet so auf natürliche Weise seinen „Platz" als aufrechtes Wesen im Leben.

Auch zu dieser Betrachtungsweise fanden wir eine Affinität im chinesischen Meridiansystem: Die beiden **Königsadern**. Die eine läuft vorn in der Mittellinie vom Damm zum Gesicht. Ihre chinesische Bezeichnung wird sinngemäß mit Konzeption (Aufnahme) wie auch von *Nghi* mit Responsabilité (Verantwortlichkeit) übersetzt. Die hintere Königsader zieht vom Damm aus an den Dornfortsätzen hinauf und über den Scheitel zum Gesicht. Sie wird im deutschsprachigen Raum Lenkergefäß genannt.

Konnten wir bei den Änderungsformen des Verhaltens auf muskuläre Dehnungsketten verweisen und bei den Zustandsformen auf Gebiete, die sich durch eine besondere Komponente des muskulären Tonus auszeichnen, so scheinen die Aufrichtungsformen aus unserer Konzeption der Körperdynamik herauszufallen. Im Verlaufe der Königsadern befindet sich ausgerechnet keine Muskulatur, die kontrahiert oder gelöst werden könnte.

Dennoch kann man in diesen Bereichen Dehnung und Lösung empfinden und sich über sie der Umwelt gegenüber eröffnen. Diese Gefühlssensationen treten hier aber nicht als unmittelbare Registrierung des lokalen Muskeltonus auf, sondern sie sind das Ergebnis der Projektion einer Vielzahl von Spannungskomponenten der gesamten vorderen oder rückwärtigen Muskelzüge, die auf die Mittellinie konvergieren. Dieses Phänomen ähnelt dem des Mittelpunktgefühles im Unterleib, das ebenfalls aus den konvergierenden Spannungskomponenten der Rumpfwandung in Verbindung mit dem Zwerchfell- und Beckendiaphragma nur als virtuelle Empfindung erzeugt wird. (Siehe S. 34 und 189 sowie die sensomotorische Erklärung ab S. 153)

B) Der sensomotorische Aspekt der Eutonie

Als Menschen unserer Zeit können und wollen wir nicht die Errungenschaften der Experimental-Wissenschaft unter den Tisch kehren; sondern wir halten es für erforderlich, die Brücke zum menschlichen Empfinden aufrecht zu erhalten und mit zu integrieren.

Der Brückenschlag zu einem Konsens zwischen Experimental-Wissenschaft und Erfahrungs-Wissenschaft kann m. E. nur von Praktikern vorangetragen werden, die im alltäglichen Umgang mit Gesunden oder Kranken auf die Phänomene des natürlichen Verhaltens aufmerksam werden und diese mit dem Wissen der geltenden Anatomie und Physiologie zu erklären versuchen. Doch erleben wir derzeit, daß der entgegengesetzte Weg beschritten wird. Es werden aus den Ergebnissen theoretischer Schlußfolgerungen praktische Methoden für den therapeutischen Umgang mit den Menschen entwickelt.

Das wird von uns als ungünstige Entwicklung in bezug auf die Erforschung gesunden, natürlichen Verhaltens angesehen, weil „die Naturwissenschaft alle Phänomene, die auf einzelne begabte Persönlichkeiten beschränkt sind, aus ihrem Bereich ausschließt und nur ‚objektive' Phänomene betrachtet. Darunter versteht sie Ereignisse, die unabhängig von den dabei mitspielenden Menschen immer zum gleichen Ergebnis führen." „Das Abschen vom Individuum mit seinen ganz persönlichen Bedürfnissen, Empfindungen und Wünschen macht die Naturwissenschaft überhaupt erst möglich." *(Pietschmann)*

Wir sind keineswegs gegen die naturwissenschaftliche Erforschung des menschlichen Körpers. Aber wir halten es für völlig verfehlt, wenn Therapeuten darauf bedacht sind, die sachlich mechanischen Prinzipien der experimentellen Forschung auf Diagnose und Behandlung zu übertragen.

Das gilt bei den hier anstehenden Belangen einerseits für die **Anatomie** des Muskel- und Skelettsystems, andererseits für die sich darauf aufbauende Neurophysiologie der Motorik, die unter dem Begriff **Sensomotorik** erfaßt wird. Gemeinsam wird dann von **funktioneller Anatomie** gesprochen.

Die anatomischen Kenntnisse gewinnt der Mediziner über Präparation und Sektion von Leichen. An Hand der Gelenkverbindungen und der Lage der Muskeln vermag er dann nach den Hebelgesetzen zu erfassen, welche Muskelzüge zur Kontraktion gebracht werden müssen, um das

Skelettsystem zu bewegen oder gegen die Schwerkraft und äußere Einwirkungen zu stabilisieren.

Bezüglich der Innervierungsform der Muskulatur interessieren den Mediziner folgerichtig vornehmlich nur die Bahnungen, die die Kontraktionsmuster zu schalten und in ihrem Wirkungsgrad untereinander abzustimmen und zu regeln haben.

In einer Experimentiersituation muß allerdings auf eine individuelle Stellungnahme des Versuchsobjektes zu den ablaufenden Maßnahmen oder gar zur Person des Versuchsleiters verzichtet werden. Die meisten Experimente werden sogar am geschädigten oder narkotisierten Tier oder an Teilorganen durchgeführt. Der Körper wird hierbei als ein seelenloses, in sich abgeschlossenes unbekanntes System (black box) betrachtet, dessen innere Funktionen es kennenzulernen gilt. Der Stellenwert dieses Wesens innerhalb seines Umfeldes steht nicht zur Diskussion.

Diese experimental-wissenschaftliche Verfahrensweise mit einem Versuchsobjekt wird nun grundsätzlich in das theoretische Konzept der Krankengymnastik übertragen. „Reiz und Reaktion sind die wichtigsten Begriffe für das Verständnis der ‚Wirkung' krankengymnastischer Arbeit." (KGy, Bd. 1/S. 74.)

Diese Auffassungsweise geht auf *Sherrington* zurück. Seine Reflexologie beruht im wesentlichen auf dem Prinzip, durch äußere Reizungen den Organismus zu einer Gegenreaktion zu veranlassen. Diesen Ablauf gilt es, reproduzierbar zu belegen und dann in seinen Teilmechanismen zu analysieren. So wird noch heute das 1906 erschienene neurophysiologische Hauptwerk von *C. S. Sherrington* „The integrative action of the nervous system" in der Krankengymnastik als das Fundament neurophysiologischer Bestrebungen unseres Jahrhunderts angesehen (*Grosch*, KGy. Bd. 2/S. 241).

Bevor wir das Blickfeld auf eine menschengerechtere Interpretation der Sensomotorik unter Einbeziehung der Eutoniephänomene ausweiten, halten wir es für erforderlich, einen Überblick über die anatomisch-physiologischen Grundlagen der Sensomotorik einzuflechten, wie sie sich auf der Basis der *Sherrington*schen Konzeption entwickelt hat.

Wir handeln die Regelung der Motorik aus didaktischen Gründen nach den im Bild vermerkten neuralen Bereichen des ZNS ab, obwohl zwischen allen Instanzen vielfältige Querverbindungen bestehen.

I. Neurologisches Basiswissen

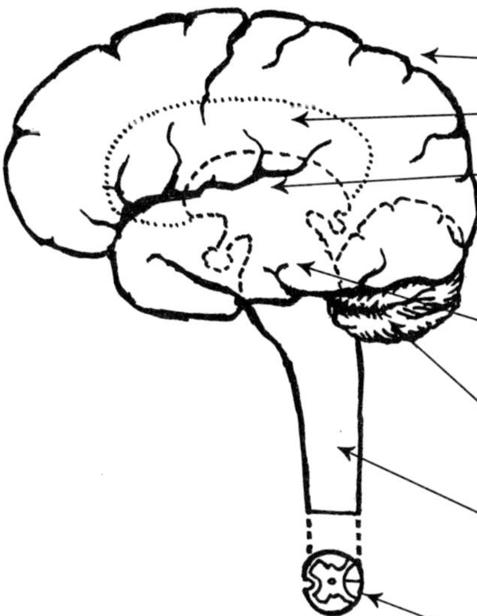

1. Die Spinalmotorik

a) Die motorische Endstrecke, das Alpha-Nerven-System (ANS)

Alle zentralen sowie alle reflektorischen Regelungsvorgänge, die zu einer Bewegung führen sollen, konvergieren letztendlich auf einzelne spinale Nervenzellen, die im Vorderhorn des Rückenmarkes liegen. Man nennt sie Alpha-Motoneurone. Sie bilden mit den von ihnen innervierten Muskelfasern die motorische Endstrecke. Sie vermögen nur die Kontraktion zu bewirken. „Es gibt keine Alpha-Motoneuronen, die eine Erschlaffung oder Dehnung der Skelettmuskulatur verursachen" (*Haase*, S. 109, siehe auch *Jung*, Bd. 14, S. 86).

Nach ihrer Funktion werden noch unterschieden:

- kleine Alpha-Motoneurone. Sie verhalten sich tonisch. Ihre Entladung hält also länger an. Sie versorgen nur wenige Muskelfasern des roten Types, vornehmlich in den langsamen Haltemuskeln („motor-hold"-System).

- große Alpha-Motoneurone. Sie verhalten sich phasisch, entladen schnell und versorgen eine größere Anzahl von Muskelfasern des blassen Types, vornehmlich in den schnellen Bewegungsmuskeln („motor-move"-System) (*Haase*, S. 99, 113ff., *Henatsch*, S. 302, 394).

Bei der zentralen Beeinflussung der Alpha-Motoneurone spricht man vom Alpha-System (ANS). Für die periphere eigenreflektorische Regelung besteht jedoch nach *Henatsch* (S. 236ff.) ein Privileg der Vorfahrt: 1. zur Abwehr und Flucht gegenüber den Außenreizen durch Fremdreflexe und 2. zur Auseinandersetzung mit der Schwerkraft durch Eigenreflexe über die Muskelspindeln.

b) Die Spinalreflexe

- *Die Muskelspindeln*

Die wichtigsten Rezeptoren für die spinale Reflexregelung sind die Muskelspindeln. Sie gelten als die phylogenetisch bedeutsamste Entwicklung der Landtiere, da sie ihnen die Möglichkeit eröffnen, reflektorisch mit der Schwerkraft umzugehen (*Henatsch*, S. 236).

Es handelt sich hier um Dehnungsfühler, die innerhalb des Skelettmuskels liegen. Durch eine passive Dehnung dieses Muskels werden sie erregt und übermitteln diese Erregung durch afferente, sog. Ia-Fasern über die sensible Hinterwurzel des Rückenmarks direkt den Alpha-Motoneuronen des Muskels, in dem sie selbst liegen. Der Muskel wird dadurch zu einer stärkeren Kontraktion angeregt. Eine einzelne Muskelspindel divergiert dabei ihre Einflüsse auf alle Alpha-Motoneuronen dieses Muskels (bis ca. 300), so daß der gesamte Muskel zur Kontraktion stimuliert wird (*Haase*, S. 134).

Da die nervale Verbindung von der Muskelspindel zum Motoneuron ohne Zwischenschaltung anderer Zellen geschieht, spricht man vom monosynaptischen Eigenreflex. Er dient dazu, die Länge des Muskels auf einem festen Sollwert zu stabilisieren. „Es liegt also ein Halteregelkreis" vor. „Der Nutzen dieser Einrichtung für alle Situationen, die eine Fixierung des Bewegungsapparates erfordern, also zur Wahrung von Körperhaltung und Stand für Stütz- und Tragefunktionen, liegt auf der Hand" (*Henatsch*, Bd. 14, S. 213ff.). Gleichzeitig schickt die Muskelspindel als reziproke, also umgekehrte Innervation über ein Zwischenneuron, also

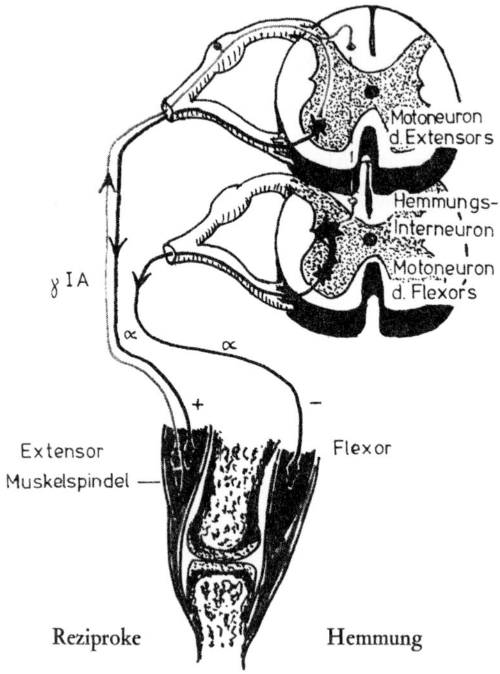

Reziproke Hemmung

disynaptisch, einen hemmenden Einfluß auf den Antagonisten, damit dieser nachgeben kann (*Haase*, S. 154 ff.).

● *Die Sehnenspindeln*

Während die Muskelspindeln durch ihre Erregung die Skelettmuskulatur zu erhöhter Spannung tonisieren, führen Spannungsrezeptoren in der Muskelfaszie (Golgi-Organe oder Sehnenspindeln) reflektorisch zur Hemmung der Innervation des betreffenden Muskels als Schutz vor Überlastung (Autogene Hemmung).

„So besitzt jeder Muskel 2 Regelungssysteme: ein System für die Konstanthaltung der Muskellänge mit dem Fühler der Muskelspindel und ein System für die Konstanthaltung der Spannung mit dem Sehnenorgan als Fühler" (*Küchler*, S. 98).

● *Die Fremdreflexe*

Neben den mono- und disynaptischen Reflexen, die der Konstanthaltung dienen, existieren polysynaptische Verbindungen. Sie kommen von den Haut- und Gelenkrezeptoren sowie auch von den Muskel- und Sehnenrezeptoren entfernterer Muskeln und wirken über viele Interneurone auf eine größere Anzahl von Motoneuronen. Sie ermöglichen die Selbstregulation der Koordination, also die Anpassung größerer Muskelgebiete an elementare Bewegungsprogramme wie Laufen mit Erhalt der Aufrichtung oder automatischer Ausgleich der Stützfunktion bei Wurfbewegungen sowie Schutz- und Abwehraufgaben *(Küchler)*.

c) Das Gamma-Nerven-System (GNS)

Was *Sherrington* in seiner Konzeption noch nicht berücksichtigen konnte, ist folgende Besonderheit der Muskelspindeln, die sie von allen anderen biologischen Rezeptoren unterscheiden: Sie besitzen ein eigenes Binnenmuskelsystem, das ihre Empfindlichkeit verstellen kann. Man nennt sie die intrafusalen Muskeln.

Sie werden durch dünnfaserige Nerven, von sogenannten Gamma-Motoneuronen, die ebenfalls im Vorderhorn des Rückenmarks liegen, innerviert. „Die fusimotorische Gamma-Innervation verursacht durch Kontraktion der Spindelpole eine Grundaktivität des Rezeptors, die seine Schwelle und Empfindlichkeit gegenüber Muskeldehnungen erheblich verändert“ (*Haase*, S. 117).

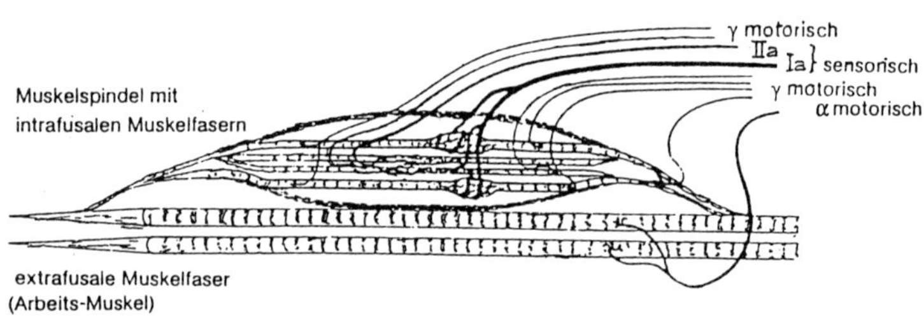

„Das typische Merkmal der Gamma-Motoneurone ist ihre hohe Ruheentladungsfrequenz, wenn sich die Extremitäten in neutraler Ruheposition befinden. Das bedeutet, daß die Gamma-Innervation eine andauernde, also tonische Grundaktivität des ZNS darstellt“ (*Haase*, S. 121).

Diese tonische Grundaktivität der intrafusalen Muskulatur bewirkt zur gleichen Zeit eine Anregung der Alpha-Motoneurone über die Ia-Spindelafferenz, durch die sie gegenüber Einwirkungen des Alpha-Systems ansprechbar werden (*Haase*, S. 123).

Es gibt mindestens zwei Arten intrafusaler Muskeln, die zumeist gemeinsam in einer Muskelspindel untergebracht sind, von eigenen Gamma-Motoneuronen versorgt werden und unterschiedliche Aufgaben erfüllen. Es entsteht dadurch ein „äußerst komplexer Modulationsmechanismus", „dessen Einzelheiten noch nicht voll durchschaubar sind (*Henatsch*, S. 219).

2. Der Hirnstamm

a) Die Formatio reticularis (FR)

Die Aktivierung des GNS geschieht von höheren Arealen aus, wobei die Haupteinwirkung von der FR im Hirnstamm ausgeht. In ihrer netzförmigen Struktur mit vielen selbsterregenden Regelkreisen ist sie „in ihrer Gesamtheit die entscheidende Integrations- und Koordinierungsinstanz für die ‚Stützmotorik', sie fungiert gewissermaßen als phylogenetisch altes ‚Großhirn' der ‚motor-hold'-Funktion im weitesten Sinne" (*Henatsch*, S. 395). „Sie wird geradezu als die gemeinsame Ausgangsinstanz aller motorischen Etappenwege herausgestellt" (*Henatsch*, S. 328).

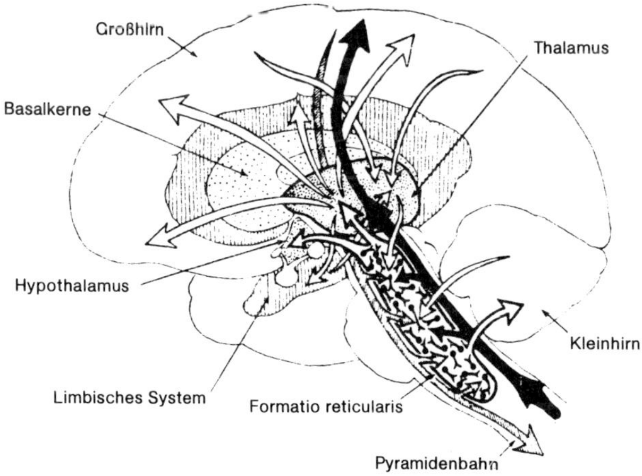

Uns interessieren bezüglich der Sensomotorik vornehmlich folgende Verbindungen der FR:

- Die FR hat eine ständige tonische Grundaktivität. Diese wird über absteigende hemmende und fördernde Bahnen auf die Alpha- und vorwiegend Gamma-Motoneurone des Rückenmarks übertragen. Dadurch erhalten auch die intrafusalen Muskeln ihre andauernde tonische Grundaktivität (*Henatsch*, S. 352 und *Haase*, S. 121, *Ey*).
- In der FR konvergieren alle sensorischen und sensiblen spezifischen Afferenzen.

Am bedeutungsvollsten scheinen hierbei die Hautafferenzen zu sein, denn laboratoriumsmäßig wird beim Tier das GNS durch Zwirbeln der Ohrmuschel (Pinna Reflex) aktiviert (*Haase*, S. 121, *Henatsch*, S. 252ff.).

- Von der FR geht auch zentralwärts eine tonische Anregung aus. Es ist dies das kortikale „Arousal“, die Weckreaktion zur „Vigilanz“, der Wachheit der gesamten Hirnareale. Diese Bahnen werden als „aufsteigendes retikuläres Aktivierungssystem“ (ARAS) bezeichnet *(Ehrhardt)*.
- In Reafferenz kommen aber von diesen höheren Kerngebieten und der Rinde kortikofuge Afferenzen, die sich mit den „von unten“ kommenden Reizen und Informationen zu einem ausgedehnten Feedback-System zusammenfügen (*Ey*).
- Die FR integriert auch Einflüsse aus dem vegetativen Sektor.

b) Das Mittelhirn

Die am oberen Ende des Hirnstammes im Mittelhirn gelegenen Kerne des Vestibular-Apparates sowie die roten Kerne sind maßgebend für die primitiven Bewegungsprogramme, die der Stabilisierung der Haltung und Stellungsänderung dienen. Sie beeinflussen zum größten Teil die Gamma-Motoneurone des Spindelapparates, aber auch gleichzeitig die zugehörigen Alpha-Motoneurone, um die Bewegung durchzuführen (*Henatsch* S. 347ff.). Sie sind verantwortlich für die Mitbewegungen und den rhythmischen Wechsel beim Gehen und Schwingen, wobei ihre Verbindung zum Kleinhirn mit in Rechnung zu ziehen ist.

3. Das Zwischenhirn

Für die biologische Existenz wichtige Instanzen der Sensomotorik liegen im Zwischenhirn: Hypothalamus, Thalamus und Pallidum. Zwischen diesen Kerngebieten bestehen vielfältige Wechselbeziehungen mit kreisförmigen Rückkopplungen. Es ist anzunehmen, „diese ‚Feedback'-Funktionen seien sogar die wichtigeren gegenüber der etappenweisen Weitergabe motorischer Efferenzen nach unten“ (*Henatsch*, S. 319). Es ist also kaum angängig, einzelne Kerngebiete als lediglich motorisch zu deklarieren, bedürfen doch alle Verhaltensakte, die von ihnen geschaltet werden, einer ständigen Anregung und Korrektur durch die Informationen, die ihnen die Rezeptoren über den Zustand der leiblichen Funktionen und der Umweltsituation zuspielen.

a) Der Hypothalamus

In ihm werden zunächst die basalen biologischen Bedürfnisse: Hunger-, Durst-, Urogenital- und Darmfunktion kontrolliert und zu Verhaltensprogrammen ausgearbeitet. Sie stellen die „Antriebsstrukturen“ für motiviertes Verhalten *(Ehrhardt)* dar. Über sie wird das innere Milieu des Körpers geregelt, wobei endokrine, vegetative und somatische Prozesse als Werkzeuge zur Aktivierung oder Hemmung der peripheren Organe und Strukturen eingesetzt werden. Die Skeletmuskeln erhalten allerdings ihr Kommando nicht direkt von diesen Antriebsstrukturen, sondern von zwischengeschalteten motorischen Effektorsystemen des ZNS.

b) Die Basalganglien

Zu ihnen gehören: Putamen, Pallidum und Caudatum (zusammengefaßt als Striatum) sowie motorische Teile des Thalamus. Sie spielen die Rolle der ausführenden Instanzen. Sie wirken ihrerseits auf die Kerne des Hirnstammes und der FR ein und modulieren sie nach übergeordneten Bewegungsmustern bahnend und hemmend vornehmlich in bezug auf gleitende, sogenannte rampenförmige Bewegungen im geordneten umweltbezogenen Verhalten (*Henatsch*, S. 407).

c) Der Thalamus

Der Thalamus ist eine komplizierte Relaisstation. In ihm werden die sensorischen Einflüsse aus der Peripherie mit denen, die aus allen Hirnregionen einlaufen, integriert und koordiniert. Über ihre Hemmechanismen werden nach *Feldkamp* spezifische Ausdrucksbewegungen gesteuert, wodurch eine motorische Verhaltenskontrolle bewirkt wird.

4. Das Endhirn

a) Das Limbische System

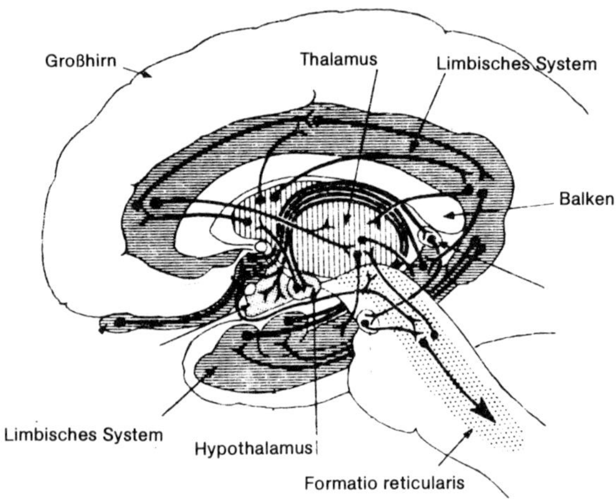

Es überlagert die basalen Kerne als tiefste Schicht des Endhirns. Es steht als „visceral oder emotional brain" nach *MacLean* mit allen vegetativ innervierten inneren Organen über den Papez-Zirkel vom Hypothalamus aus in Verbindung. Seine wesentlichste Funktion besteht aber offenbar in der Vermittlung der sogenannten „affektiven Erfahrung" (*Tschabitscher*, S. 68), wobei Lernvorgänge maßgebend sind und indirekte Einflüsse auf die Muskelspannung zur Ausformung artspezifischer Verhaltensmuster getätigt werden. „Hier fallen auch die Entscheidungen über die den Lebensbedürfnissen des Individuums dienlichen Verhaltensweisen und konkreten Einzelhandlungen. Sie werden als generelle Handlungs- und Bewegungsantriebe dem Cortex und von dort den nachgeordneten Strukturen zur weiteren Bearbeitung zugewiesen" (*Henatsch*, S. 402).

b) Die Hirnrinde (Cortex)

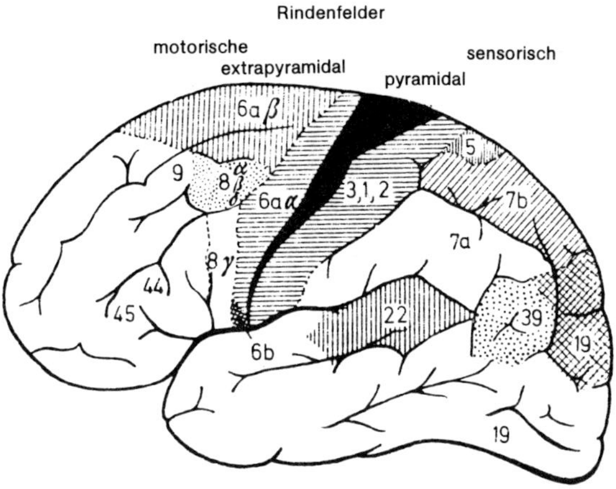

„Sie ist nicht nur die Ebene des Bewußtseins, sondern ein ‚Milieu' der Akte des Entwerfens, Wählens und Entscheidens, die Bedingungen einer gestuften Ordnung des Verhaltens sind" (*Ey*).

Die Gebiete der Sensomotorik machen nur etwa 20 % der gesamten Hirnrinde aus, deren Zellenzahl auf 10 Milliarden = 10^{10} geschätzt werden. Es besteht zwar eine somatotopische Gliederung der motorischen Projektionsfelder auf der vorderen Zentralwindung und der entsprechenden sensiblen Felder auf der hinteren, doch sind die beiden Areale aufs engste miteinander verflochten. Das primäre motorische Areal wird von einem sekundären Areal umgeben, das mit dem sekundären sensiblen Areal zusammenfließt.

Doch nicht nur die Afferenzen der Körperperipherie konvergieren hier zur Umschaltung auf motorische Akte, sondern auch die Assoziationsfelder des höheren Seelenlebens und Denkapparates sind in unüberschaubaren Rückkopplungskreisen mit diesen motorischen Bezirken verbunden. Dennoch ist der motorische Cortexanteil „nicht der eigentliche Initiator der Selbstbewegungen, vielmehr ein der ‚Exekutive' dienender Ausgangskanal, der seine afferenten Programme von anderen Teilen des Gehirns erhält und – selbstverständlich unter weiterer Informationsverarbeitung – als motorische Efferenz weitergibt" (*Henatsch*, S. 400).

5. Das Kleinhirn (Cerebellum)

Gleichsam im Nebenschluß koordiniert das Kleinhirn das gesamte Bewegungsverhalten. Mit Hilfe der Rückmeldungen von den verschiedenen Sinnesorganen – vornehmlich der Propriozeptoren in den Muskelspindeln – wird die Ausführung aller Bewegungen überwacht. Darüber hinaus haben aber alle Rezeptoren des Körpers neben ihren spezifischen Verbindungen zu anderen Abschnitten des ZNS zusätzlich auch eine Projektion zum Kleinhirn. Ebenso kann die Erregungsübermittlung zu allen Muskeln des Bewegungsapparates vom Kleinhirn aus modifiziert und regelnd beeinflußt werden. Eine direkte Bahn zu den spinalen Motoneuronen besteht aber nicht. Es fungiert dabei als Lernorgan für motorische Geschicklichkeit *(Trincker)*. „Seine Programmspeicher vermögen schon vorbereitend Bewegungsmuster zu verschalten, wie während der Bewegung sie zu regeln" *(Jung*, Bd. 14, S. 65). „Durch Hemmung überschüssiger grober Innervationen" wird die Feinheit der Zielbewegungen verbessert *(Jung*, Bd. 14, S. 64).

Nach dem Prinzip von „Versuch und Irrtum" werden die angeborenen Schaltschemata der Muskelkoordination für Gehen, Laufen, Springen, Werfen im Kleinhirn ständig modifiziert, an den aktuellen Gegebenheiten korrigiert und mit den Regelungsmechanismen zur Erhaltung des Körpergleichgewichtes unbewußt in Einklang gebracht. Die Großhirnrinde wäre nicht in der Lage, solche Bewegungsabläufe jedesmal neu zu programmieren. Es ist sogar anzunehmen, daß das „Kleinhirn selbst an der primären Programmierung der Bewegung teilnimmt und Informationen für die Bewegungsauslösung zum Cortex sendet" *(Strata*, S. 458).

Trotzdem bleibt es erstaunlich, daß die sensomotorischen Regelfunktionen des Kleinhirns eine Neuronenzahl benötigen, die fast der der Großhirnrinde entspricht, die doch mit der Koordination des Wahrnehmens, des Verhaltens und der Sprache (neben anderen noch ungeklärten Denkfunktionen) viel kompliziertere Funktionen hat *(Strata*, S. 459). Immerhin ist das Kleinhirn nach *Trincker* auch beim Erlernen von Verhaltensweisen zur sozialen Anpassung beteiligt.

6. Die Bahnensysteme

a) Die Pyramidenbahn

Für rasche, präzise abgestimmte Greif- und Tastbewegungen von exploratorischem und manipulatorischem Charakter ist vorwiegend die Pyramidenbahn spezialisiert (*Henatsch,* S. 314). Die dafür maßgebenden Axone der großen *Betz*schen Riesenpyramidenzellen machen allerdings nur 3 % der durch die Pyramidenbahn führenden Fasern aus, die auf 1–1,3 Millionen geschätzt werden und ansonsten wesentlich langsamer leiten (*Henatsch,* S. 393).

Im Verlaufe der Pyramidenbahn wurden auch Fasern zur Innervierung der Gamma-Motoneurone gefunden. Da diese eine niedrigere Aktivie-

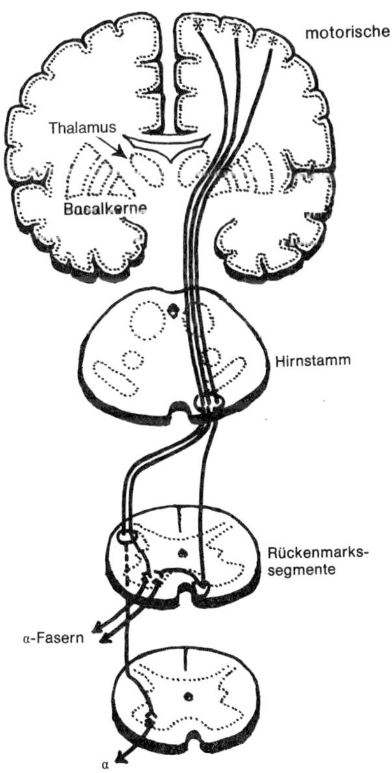

Die Pyramidenbahn

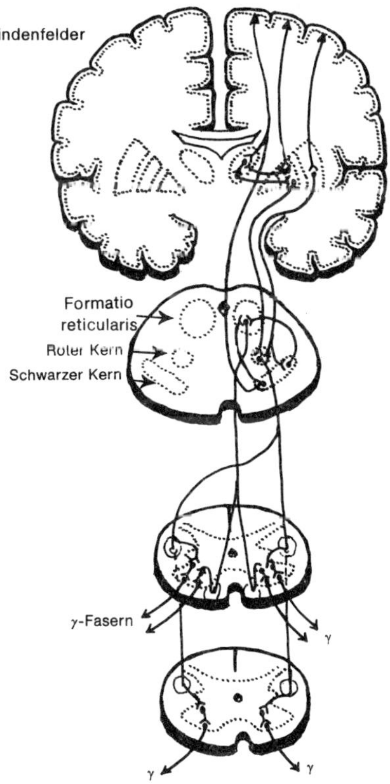

Das extrapyramidale System

rungsschwelle als die Alpha-Motoneurone besitzen, sprechen sie meist früher an, obwohl der Leitungsweg langsamer durchlaufen wird. Hierbei wurden ebenfalls (bei der Katze) verstärkte Hemmungseffekte auf der Extensorenseite und Förderung der Flexoren beobachtet. „Im Prinzip kann die pyramidale Kontrolle sowohl dynamische als auch statische Fusimotoneurone erfassen, doch herrschen im ganzen die Wirkungen auf statische Einheiten vor" (*Henatsch*, S. 308f.).

b) Das Extrapyramidale System (EPS)

Mit diesem Begriff wurden seit der Jahrhundertwende alle vom Gehirn ausgehenden motorischen Bahnen erfaßt, die nicht der klassischen Pyramidenbahn angehören. Es hat sich auch eingebürgert, schematisch die Pyramidalmotorik mit „willkürlicher" und die Extrapyramidalmotorik mit „unwillkürlicher" Motorik gleichzusetzen oder – in neuerer Zeit – die pauschale Formel für die spinalmotorischen Systeme: „Pyramidale Innervation = Alpha-Innervation" und „extrapyramidale Innervation = Gamma-Innervation" zu gebrauchen.

II. Die Sensomotorik der Tonusregulation

1. Diskussion der klassischen Reflexlehre nach *Sherrington*

Die Auffassungsweise von *Sherrington* kommt der mechanistischen Denkweise des heutigen Menschen ganz besonders entgegen. Gewöhnt, mit Maschinen umzugehen, betrachtet er auch den lebendigen Organismus als eine Konstruktion von gelenkig verbundenen Gliedern, die über die Straffung von an sich bekannten Muskelzügen gegeneinander verstellt werden können. Das geschehe etwa in dem Sinne, wie ein Marionettenspieler seine Puppe durch Anziehen der Fäden bewegt.

Bei diesem vereinfachten Schema bleibt unberücksichtigt, daß die außerordentliche Vielfalt der vorhandenen Muskelzüge eigentlich ebensoviele Einzelfäden benötigen würde. Doch unser Vorstellungsvermögen scheint wie der Marionettenspieler darauf bedacht zu sein, mit möglichst wenig Fäden auszukommen. Und so wird durchweg in den Büchern über die Funktionelle Anatomie bei der Beurteilung der Bewegungsfunktion die große, sogenannte Arbeitsmuskulatur in den Vordergrund gestellt. Die Bedeutung der tieferen und kleineren Muskelschichten, die vornehmlich die Feineinstellung durchzuführen haben, wird zumeist völlig ignoriert.

Für die Stabilisierung der Haltung nimmt man eine durch die Spindelfunktion bedingte Grundspannung an, die auf reflektorischem Wege das einmal eingestellte Niveau aufrechtzuerhalten hat. Hierzu dient der Mechanismus der Stretch-Reflexe, die so geschaltet sind, daß sie eine Abweichung der Grundeinstellung automatisch wieder ausgleichen.

Bewegungsvorgänge werden dann durch spezielle Bewegungsmuster von übergeordneten Instanzen über entsprechende Kontraktionsverteilung – vergleichbar dem Marionettenspieler, der an den einzelnen Fäden zieht – in Gang gesetzt.

Die Haltungsstabilisierung schreibt man der Funktion des extrapyramidalen Gamma-Systemes zu, wobei die Bewegungsmuster über die Pyramiden- oder Alpha-Bahn aufgeschaltet werden. Die Vielfältigkeit der hierbei in Frage kommenden Bewegungsmuster eigne sich der Mensch durch Lernvorgänge an, die nach entsprechender Übung in eine automatische Regelungsform übergehen würden, wodurch gewisse Signale als komplexe Abläufe abgerufen werden können.

Als solche Signale werden vornehmlich äußere Störfaktoren, wie der Einfluß der Schwerkraft oder die verschiedensten Hautreize angesehen, die entsprechende Abwehrmechanismen in Gang setzen.

In ähnlicher Weise sei auch der willkürliche Einfluß auf den Haltungs- und Bewegungsfluß einzusetzen, um das Muskelsystem auf Leistung und Krafteinsatz zu trainieren, Geschicklichkeiten zu erwerben oder die Federungseigenschaften zu verbessern *(Meinel)*.

Diese Betrachtungsweise bleibt in jedem Fall auf die mechanischen Teilfunktionen beschränkt, die innerhalb des Organismus die Reaktion auf einen Reiz vollziehen, oder es wird analysiert, was sich im Menschen verändert, wenn er sich mit den Teilfunktionen bei den eigenen willkürlichen Bewegungen beschäftigt.

Nach diesen Gesichtspunkten sind z.B. die Propriozeptive Neuromuskuläre Fazilitation (PNF) nach *Kabat-Kaiser* und auch die Behandlungstechnik cerebraler Erkrankungen nach *Bobath* sowie nach *Vojta* entwickelt worden, und nahezu alle sportlichen Konditionstechniken unterstellen sich dieser Konzeption.

Die intentionale, d.h. zugleich auch einheitliche Stellungnahme der Person zum Reiz steht hierbei nie zur Erörterung an. Die Möglichkeit, diese Reize individuell zu verändern oder eine persönliche, affektive Rückwirkung auf die veranlassende Situation zu tätigen, kann nicht in eine Untersuchung mit einbezogen werden; denn als wissenschaftlich anerkennungsfähig gelten nur die Befunde, die bei gleicher Versuchsanordnung unabhängig von der Versuchsperson oder dem Versuchsleiter zu den gleichen Ergebnissen führen und verallgemeinert werden können.

2. Die Problematik einer erweiterten Sicht

Um die Sensomotorik auch auf die im phänomenologischen Abschnitt geschilderten Beobachtungen auszuweiten und von der mechanistischen auf eine Betrachtungsweise überzugehen, die den Menschen ein „sinnvolles“ Handeln zugesteht, müssen weitere Befunde der Experimental-Wissenschaft berücksichtigt werden.

Es erscheint uns hierbei nicht einmal erforderlich, neue und exaktere wissenschaftliche Experimente durchzuführen. Sie würden ja auch mit den gleichen Nachteilen behaftet sein, die, wie wir schilderten, grundsätzlich mit den Laboruntersuchungen verknüpft sind.

Es gilt vielmehr die vorhandenen Untersuchungsergebnisse anders zu interpretieren und unter einer solchen Sicht zu betrachten, die geeignet sein könnte, zur Erklärung der empirisch gefundenen und beobachteten Phänomene einer natürlichen Bewegung herangezogen zu werden.

Wir müssen uns dabei vergegenwärtigen, daß innerhalb des Nervensystems alles mit allem verbunden ist. In kybernetisch analysierbaren Schaltkreisen mit Selbsterregung und Rückkopplungen bildet das Nervensystem ein in sich geschlossenes Ganzes innerhalb der menschlichen Gestalt. Diese Kreisprozesse sind lediglich über jene Nervenzellen, die die quergestreifte Muskulatur versorgen, unterbrochen. Der Nervenreiz geht in der motorischen Endstrecke in Muskelkontraktionen über. Und so erhält das in sich abgeschlossene Nervensystem lediglich über Bewegungsvorgänge in Form einer „offenen Wirkungskette" (*Henatsch*, S. 198) ein Tor zur Umwelt. Es ist aber auch über den afferenten Schenkel der Sinnesrezeptoren für die Außenwelt offen. Erst über die Rückwirkung der Außenwelt schließt sich dieser aufgerissene Kreis. Dann verschmilzt Bewegen und Wahrnehmen zu einer Einheit, wie sie von *von Weizsäcker* in seiner Lehre vom Gestaltkreis herausgestellt wird. Erst so kann das „Subjekt" (*Henatsch*, S. 119) in die Betrachtungsweise eingeführt werden.

Es geht also nicht an, sich bei der Erörterung der Motorik nur mit solchen Schaltungsmustern zu beschäftigen, die erforderlich sein könnten, ein objektivierbares Phänomen in Haltung und Bewegung zu erzeugen, also das zu produzieren, was als motorischer Effekt zum Ausdruck kommt. Wir müssen auch solchen Schaltungsmöglichkeiten nachgehen, die zur Motivationsbildung und subjektiven Stellungnahme erforderlich sein könnten. Dabei lassen sich beide Aspekte nur didaktisch trennen. Bei der Erörterung werden wir immer in Schwierigkeiten kommen, wenn wir versuchen, einen Vorgang gedanklich folgerichtig zu schildern, obwohl eigentlich ständige Aspektwechsel nötig wären.

Wollen wir z. B. eine sinnvolle menschliche Bewegung analysieren, so ist es unmöglich, den dazugehörigen Motivationsvorgang zu ignorieren. Trotzdem haben wir uns entschlossen, in einem Teil auf die objektivierbaren Phänomene, also die Schaltungsmuster der Peripherie einzugehen und erst in einem weiteren Teil die Schaltungsmöglichkeiten der Intention, also der daran gebundenen subjektiven Sensationen, Einstellungen und Motivationen zu erörtern.

Auf den ersten Blick ergeben sich scheinbar unüberbrückbare Unstimmigkeiten, weil die Neurologen sich den Problemen der Sensomotorik nicht nur von anderen Voraussetzungen aus nähern, denn sie haben es nicht mit den Entwicklungsmöglichkeiten und -schwierigkeiten des Menschen zu tun. Sie benutzen auch völlig andere Begriffe als der Praktiker, Psychologe oder gar Trainer, die mit dem seelischen Befinden und Verhaltenseigentümlichkeiten der ihnen anvertrauten Menschen umzugehen haben.

In jeder dieser Berufssparten steht ein sich bewegender Mensch zur Erörterung an, doch sprechen alle anscheinend in einer anderen Sprache.

Bezüglich der menschlichen Motorik scheint es, wie auf manchen Gebieten der Technik auch, für den konstruktiven Aufbau des Mechanismus andere Prinzipien zu geben als für dessen praktischen Gebrauch. Bekannt ist dies z.B. für Elektronenrechner. Wir sind gewohnt, im Dezimalsystem zu rechnen. Das technische System ist aber auf Informationen im Dualsystem programmiert. Es arbeitet mit ja und nein, mit plus und minus oder mit 1 und 0. Unsere Zahlensymbole müssen also in das Bit-System umkodiert und die Rechenergebnisse wieder zu Zahlenbildern dechiffriert werden. Dafür wird heutigentags eine kleine integrierte Schaltung benützt.

Auf technischem Gebiet ist eine Verständigungsmöglichkeit zwischen dem Benützer des Gerätes und dem Techniker allenfalls deswegen möglich, weil es sich beim Elektronenrechner um eine Konstruktion des Menschen handelt. Der Mensch als biologisches Wesen hat den Bauplan seines Organismus aber nicht sich selbst zu verdanken. Er ist ihm vorgegeben, und nur langsam beginnt er, ihn zu entdecken. Noch fehlt die Erkenntnis über das Zwischenglied, welches die Bewegungsmechanik in die Sprache der Bewegungsempfindung übersetzt, also das psycho-physische Bindeglied der Motorik.

Einen solchen Dekoder und Chiffriermechanismus glauben wir im Gamma-Nerven-System gefunden zu haben (*Glaser*, 7). Es kommt an der motorischen Endstrecke, also erst an der Peripherie, zur Auswirkung und wird dadurch zum psycho-somatischen Effektor.

So können wir sagen: Die Subjektivität verwirklicht sich in der Übergangssphäre, in der sich Bewegen und Empfinden abspielen. Mehr als die Haut selbst wird das Muskelsystem zum Grenzland zwischen der Person und ihrem Umfeld. Einerseits puffert es in seiner Elastizität die äußeren Einwirkungen ab und stabilisiert die eigene Statur, andererseits vermittelt es den Durchgang persönlicher Antriebe. Wenn auch der Neurophysiologe *Magoun* sich zu der Meinung verstieg, „das zentrencephale System habe den Sitz des Herzens als Zentrum der Affekte verdrängt", im tatsächlichen Umgang mit anderen Menschen ist der gesamte Leib das Instrument der Psyche und seine Muskulatur bildet den Klangkörper der Seele.

So wie wir bei den Wogen des Meeres nur das Auffällige des Bewegtseins registrieren und nicht die Unterströmung, die sie verursachen, und auch nicht den Wind, der sie kräuselt, so bleiben uns auch die Schaltungsmechanismen des Nervensystems im empfindungslosen Dunkel. Unsere Wahrnehmung orientiert sich am Grenzgebiet zwischen Ich und Welt. Das besagt, daß wir uns an den Bewegungsausdruck der Gestalt, also an das Resultat der nervalen Steuerung halten, das letztendlich die Konstellation des Nervensystems sinnfällig zum Ausdruck bringt.

3. Die Sensomotorik der objektivierbaren Tonusphänomene

Die vielfältigen Aufgaben der Peripherie erfordern ein Reflexsystem, das sich sowohl den äußeren Bedingungen als auch den inneren Belangen feinsinnig anzupassen vermag.

Die Ausgestaltung dieses peripheren Mechanismusses ist einerseits abhängig von der funktionellen Anatomie der Gelenkmechanik, andererseits von der Steuerung und Regelung der dafür erforderlichen Muskulatur und überdies selbstverständlich auch von der vegetativ beeinflußten Biochemie des Nerven- und Muskelstoffwechsels. Im Zusammenklang aller dieser Systeme tritt auch die Psyche in Erscheinung. Sie ist es, bei der man den Ansatz sucht, um Anweisungen zur Bewegungskorrektur zu geben und um das „Verhalten" zu beeinflussen.

Um die Phänomene der Eutonie erklärbar machen zu können, ist es erforderlich, ausführlicher auf das Tonusproblem einzugehen.

In der neurophysiologischen Terminologie definiert *Thoden* den Tonus als „länger andauernden Grunderregungszustand mit entsprechender neuronaler Entladung am Muskel mit Dauerkontraktion".

Doch es wäre allzu simplifizierend, den Begriff Tonus nur auf die Grunderregung zu beschränken, die etwa die stetige Entfaltung der Lunge garantiert und die Körperwärme stabil hält.

Wir halten es für erforderlich, alles das, was unter einer stetigen automatischen Regelungsform der quergestreiften Muskulatur steht, unter dem Tonusbegriff zu erfassen. Wir stützen uns dabei auf *Bernstein*, den bedeutenden russischen Neurologen, dessen 1940 verfaßte Schriften erst 1975 in deutscher Übersetzung herauskamen und der 1984 auf einem amerikanischen Gehirnwissenschaftler-Symposion eine Renaissance erlebte. Er definierte diesen Begriff durch 3 Punkte:

1. Der Tonus als fortlaufende physiologische Abstimmung und Organisation der Peripherie auf die Haltung und Bewegung ist „kein Zustand der Elastizität, sondern ein Zustand der Bereitschaft".

2. Der Tonus ist nicht nur ein Zustand des Muskels, sondern des gesamten neuromuskulären Apparates, der mindestens die letzte Rückenmarksynapse und die gemeinsame Endstrecke umfaßt.

3. Der Tonus gehört von diesem Standpunkt aus zur Koordination, wie der Zustand zur Handlung oder wie die Voraussetzung zum Effekt.

Der Tonus beschränkt sich danach nicht nur darauf, dem Körper die erforderliche Festigkeit zu verleihen, sondern er „schließt die gesamte Anpassungsreaktion der Peripherie an die Bedingungen des äußeren (statischen und dynamischen) Kraftfeldes ein".

Wir haben „Eutonus" als Spannungsbalance bezeichnet und meinten damit einen dynamischen Prozeß, der ständig um einen Mittelwert pendelt. Er erscheint als ein labiler Zustand, in dem sich die Gesamtperson befindet. So wie wir für diese Regelungsform, abhängig vom Lebensalter, verschiedene Nuancen des Eutonus unterschieden hatten, lassen sich in der Gliederung des Aufbaues des Nervensystems gleichsam auf den Etappenwegen von der Peripherie zum Zentrum der Nerventätigkeit zwei Untersysteme bezeichnen, denen besondere Charakteristika der Tonusregulation zuzukommen scheinen: der spinale Tonus und der Gamma-Tonus.

Beiden gemeinsam ist die Funktion ihrer Zellstrukturen. Sowohl der Interneuronenpool des Rückenmarks als auch die Formatio reticularis (FR) mit ihrer Wirkung auf das Gamma-System bilden einen Aktivierungsgenerator. In beiden Bereichen befindet sich eine immense Zahl von kleinen, hochempfindlichen Zellen, die die Charakteristik aufweisen, nicht nur leicht erregbar zu sein, sondern diese Aktivität anscheinend auch spontan entfalten, aufschaukeln und über längere Zeit aufrechterhalten können.

Von den Interneuronen wird in der Regel in den neurologischen Schemata nur eine Übertragungsrichtung, sei sie hemmend oder bahnend, gezeichnet. Tatsächlich haben sie jedoch eine Unzahl von Ausläufern, die an anderen Interneuronen oder Motoneuronen Synapsen bilden. Gleichzeitig empfangen sie aber auch von einer ähnlichen Vielzahl anderer Zellen synaptische Verbindungen. Bedingt durch diese unübersehbare Vermaschung ist der Interneuronenpool des Rückenmarks wie auch der FR ein Milieu mit vielfältigen Aufgaben.

a) Der spinale Tonus

In der grauen Substanz des Rückenmarks befinden sich etwa 30 mal mehr Interneurone als Motoneurone. Es sind Zellen, deren Axone das Rückenmark nicht verlassen, aber vielfältige auf- und abwärts gerichtete Verbindungen zwischen den Rückenmarkssegmenten unterhalten, um z. B. die polysynaptischen Schaltungen der Fremdreflexe zu ermöglichen.

Nur etwa 3 % der schnell leitenden Pyramidenbahnfasern haben eine direkte (monosynaptische) Verbindung zu den großen Motoneuronen. Alle übrigen Nervenbahnen, die als Afferenzen der Rezeptoren von der Peripherie oder als zentrale Effektoren für Bewegungsaufgaben das Rükkenmark erreichen, enden an Interneuronen, die diese Impulse weiterverarbeiten.

Um sich klar zu machen, welche unermeßliche Vielfalt der Schaltungsmöglichkeiten innerhalb des Interneuronenpools besteht, möchten wir auf den Aufbau des Motoneurons verweisen. Zur Erklärung seiner Schaltaufgaben wird es meist nur als ein Sternchen dargestellt, das von einigen anderen Sternchen Verbindungen bezieht.

Ein Motoneuron, eine Zelle, die sich relativ gut untersuchen läßt, erhält aber an ihren aufnehmenden Ausläufern, den Dendriten, bis zu 6000 Kontakte (Synapsen) von anderen Nervenzellen. Bei der unübersehbar großen Zahl der einkommenden fördernden und hemmenden Einflüsse ist es von der Summe und der Richtung der zur gleichen Zeit wirksamen synaptischen Prozesse abhängig, ob die Zelle durchschalten kann. Nur dann geht ein Aktionspotential von ihr aus, denn sie zündet (depolarisiert) nach dem Alles-oder-Nichts-Gesetz. Bei den Motoneuronen divergieren diese Depolarisationen auf viele Muskelfasern. (Für schnelle Augenbewegungen auf etwa 3, für langsame Rumpfbewegungen auf bis zu 2000 einzelne Muskelfasern.)

Mit dieser Fähigkeit mutet uns das Motoneuron an wie eine winzige Persönlichkeit, die ihre Entscheidungsfähigkeit zu einer ihr zukommen-

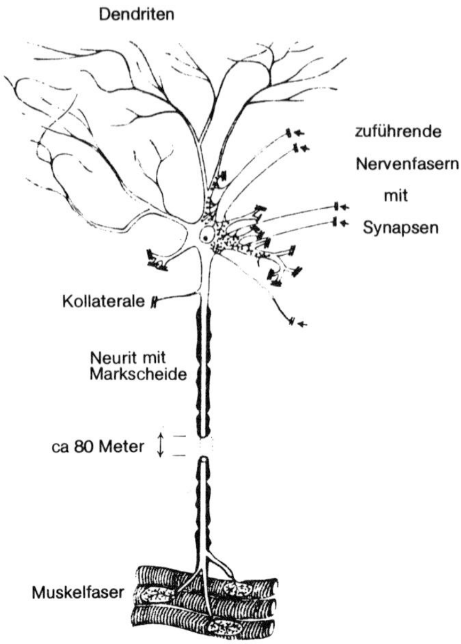

Motorische Endstrecke
(1 cm im Bild ≙ 0,5 mm in natura)

den Handlung von einer unüberschaubaren Zahl motivierender Einflüsse abhängig zu machen scheint. Durch die zusätzliche immense Vermaschung der Interneurone entsteht im Interneuronenpool gleichsam eine Gesellschaftsordnung aus vielen Einzelwesen. Für ihre regulierenden Aktivitäten sind sie zwar auf Einflüsse, die von außen kommen, angewiesen, aber wie sie mit diesen umgehen, hängt von so vielen Imponderabilien ab, die wir zur Zeit noch nicht durchschauen können (*Haase,* S. 142).

Ihre primäre und wohl auch wichtigste Aufgabe sehen wir darin, ständig an den Motoneuronen auszuloten, inwieweit diese gerade in der Lage sind, auf erholte Muskelfasern zu schalten, um dem Programmentwurf der höheren Instanzen gerecht zu werden.

Bei der Analyse der Bewegungsfunktion übersehen wir allzuleicht die beiden Grundtatsachen, daß jeder Skelettmuskel aus einzelnen Muskelfasern besteht, die ebenso wie ihre Motoneuronen dem Alles-oder-Nichts-

Gesetz unterliegen, und daß außerdem verschiedene Faserarten eines Muskels unterschiedlich lange Erholungspausen benötigen. Um also den Spannungszustand des gesamten Muskels aufrechtzuerhalten oder gar zu verändern, muß eine mehr oder weniger große Gruppe von Muskelfasern immer dann einspringen, wenn eine andere Gruppe von Fasern nach der Kontraktion Erholung braucht. Zudem lassen sich abgestufte und gleitende Bewegungen nur durch die Kontraktionen einer unterschiedlichen Anzahl von Muskelfasern tätigen. Es können sich also bei unseren alltäglichen Bewegungen weder alle Muskelfasern eines Muskels abgestuft zusammenziehen, noch kann sich ein Muskel mit allen seinen Fasern gleichzeitig maximal kontrahieren und sich erst hinterher wieder erholen.

Es ist viel zu einfach gedacht, daß der monosynaptische Reflexbogen der Muskelspindel allein dafür verantwortlich sei, den Sollwert für die Kontraktion des „ganzen" Muskels aufrechtzuerhalten. Auch er ist auf die Verteilerschaltung des Interneuronenpools angewiesen, in den seine Ia-Afferenz einmündet. Hier hat sie mit vielen anderen Belangen zu konkurrieren, die ebenfalls in diesem spinalen Bereich Geltung beanspruchen. Es ist unmöglich, sie genau gegeneinander abzugrenzen, da jedes einzelne Interneuron unter gewissen Bedingungen zeitweise unterschiedliche Aufgaben im Gesamtverband erfüllen kann und muß.

Besonders gut untersucht ist eine Aufgabe der Interneurone: die Weiterleitung zentraler Antriebe auf die α- und β-Motoneurone. Die Wirkung kann durch die Erregungsspeicherung in ihnen potenziert, für gewisse Aufgaben auch fokussiert und – was für unsere Betrachtungsweise bedeutungsvoll ist – über den polysynaptischen Reflexbogen auch in Hemmung umgewandelt werden (*Haase*, S. 141 ff.).

Einer anderen Aufgabe dieses spinalen Interneuronenpools messen wir ebenfalls eine besondere Bedeutung zu. Wir nehmen an, daß die über die Vorderwurzel laufenden Bahnen zum vegetativen Nervensystem nicht nur die cutivisceralen und myovisceralen Reflexe versorgen, sondern daß sich über diese Verbindungszüge auch die biologischen Bedürfnisse einen unmittelbaren reflektorischen Zugang zum Einfluß auf die Motorik verschaffen.

Selbstverständlich lassen sich für diese Überlegungen keine Versuchsanordnungen aufbauen, um sie zu belegen. Immerhin ist zu bedenken, daß die Regenerationsfähigkeit des Organismus – einschließlich die der Muskulatur – daran gebunden ist, daß weniger kortikale Ansprüche einlaufen und auch weniger Afferenzen der Sinnesorgane berücksichtigt werden müssen. Erst dann wäre der Interneuronenpool frei zur Verwertung der vegetativen Einflüsse.

Daß solche Schaltmechanismen bestehen müssen, läßt sich aus der Beobachtung des Schlafverhaltens erschließen. Während der beiden Phasen des Traum- oder REM-Schlafes und Tief- oder NREM-Schlafes ist ein unterschiedlicher Tonuszustand der gesamten Skelettmuskulatur zu beobachten. Im Tiefschlaf ist er noch relativ gut erhalten, im Traumschlaf dagegen reduziert sich der Spannungsgrad der Muskulatur weitgehend bis hin zur völligen Erschlaffung. So findet z.B. das Schlafwandeln ausschließlich in der NREM-Phase statt. Mit Beginn der REM-Phase würde also der Schlafwandler entweder erstaunt aufwachen oder gar hinfallen und im besten Falle dann weiterträumen.

Die Erfahrung zeigt nun, daß Menschen, die einem inneren Bedürfnis gehorchend, den Tag in gesunder, körperlicher Aktivität mit kommunikativer Geselligkeit zu verbringen pflegen, eher zu den Kurz- und Tiefschläfern gehören. Sie können sich auch in Arbeitspausen durch einen Kurzschlaf, selbst auf unebener Liegefläche, gut erholen. Wenn sie dann aufwachen, kehren sie zwar äußerst verwundert darüber, wo sie sich befinden, in das Tagesleben zurück, können sich aber sofort orientieren und sind aller Glieder mächtig.

Anders gestaltet sich das Schlafverhalten bei den Menschen, die tagsüber in erzwungener körperlicher Ruhe leben und meistens auf den Umgang mit sich selbst angewiesen sind. Bei alten, kasernierten oder intellektualisierten Leuten kann man beobachten, daß sie einerseits schwer zum Einschlafen kommen, andererseits sich des morgens kaum aus dem Schlaf zu reißen vermögen. Sie verfallen immer wieder ins Träumen, obwohl sie sich inne sind, im Bett zu liegen. Raffen sie sich endlich auf, benötigen sie eine lange Zeit dafür, um bewegungsmäßig in Gang zu kommen.

Der Tiefschläfer hat im Tagesleben so ausreichende afferente Zuströme aus seinen Propriozeptoren und Sinnesorganen erfahren, daß der Interneuronenpool noch lange aktiv bleiben und den vitalen Grundtonus der Skelettmuskulatur unterhalten kann. Dem Traumschläfer fehlte diese Aktivierung des Interneuronenpools und damit kann der Grundtonus verstärkt abfallen. Das führt zu der paradoxen Schlußfolgerung, daß für die Erholungsfähigkeit der Skelettmuskulatur offensichtlich ein gewisser Level des spinalen Tonus erforderlich zu sein scheint.

Auch die Atmung des Schlafenden unterscheidet sich grundlegend von der des wachen Menschen. Es sind tatsächlich nur die innerleiblichen Antriebe maßgebend. Der Atemrhythmus wird lediglich durch die Chemorezeptoren im Hirnstamm gesteuert, die die Kontraktion des Zwerchfells zur Einatmung veranlassen. Die Ausatmung vollzieht sich dann passiv auf Grund der Elastizität des Lungengewebes und der Rippen sowie durch den Druck der Baucheingeweide. Erst das neuerliche Überangebot von CO_2 aktiviert nach einer mehr oder weniger langen Atempause den neuen Einatemzug. Dadurch ergibt sich der für die Ruheatmung charakteristische Dreierrhythmus mit Einatem, Ausatem und Pause. Er kann zwar auch im entspannten Wachheitszustand beobachtet werden, muß sich dann aber für die aktive Auseinandersetzung des Menschen mit seiner Umwelt grundlegend abändern (siehe S. 156).

In diesem Zusammenhang ist der Hinweis angebracht, daß nahezu alle Entspannungspraktiken darauf abgestimmt sind, sich einem Ruhe-Atemrhythmus anzunähern.

Auf Grund dieser Beobachtungen scheint uns der spinale Tonus vornehmlich nur von den Bedingungen abhängig zu sein, die der innerleiblichen Sicherung des biologischen Gleichgewichtes dienen, damit der Körper nicht in seiner nach außen gerichteten Aktivität überfordert wird und – wie aus dem Schlafverhalten zu erschließen – „nach" einer Auseinandersetzung mit der Umwelt wieder zur Erholung finden kann.

Andererseits ist auch anzunehmen, daß der Sättigungsgrad der Erholung die für das Abfragen notwendigen Valenzen im Interneuronenpool freigibt, so daß sie als aufsteigende Aktivierungsprozesse höhere Instanzen erreichen können. Wir würden sagen, als Ausdruck des „Ausgeschlafen-Seins" meldet sich ein Bewegungsbedürfnis. Der Körper beginnt sich zu regen und zwar mit langsamen, gleitenden Bewegungen, weil nach der spinalen Rekrutierungsordnung die kleinen Motoneurone, die weniger leicht erschöpfbar sind als die schnelleitenden großen Motoneurone, den ersten Bewegungsansatz vermitteln. Dieser zunächst völlig unbewußte Vorgang, der in ähnlicher Weise wie überschwellige Außenreize irradiiert, erreicht die nächste Stelle auf dem Instanzenweg der Tonusregulation, die Formatio reticularis. Das führt zur Aktivierung des aufsteigenden retikulären Aktivierungssystemes (ARAS). Der Mensch ermuntert sich, wird wach und die Abfuhr der Erregung in eine bewußte Auseinandersetzung mit der Umwelt ist gegeben.

(Hier sei die kleine Einschiebung erlaubt, daß die Praktiken des chinesischen Tai Chi und Chi Gong instinktiv die Gesetzmäßigkeit mitzuberücksichtigen scheinen, indem sie bei langsamen, gleitenden Bewegungen im Bereich der Ansprache langsamer Fasertypen der Muskulatur, den sogenannten SO (slow oxydativ) Typen verbleiben, deren Stoffwechsel sich aerob vollzieht und ermüdungsfrei arbeitet.)

b) Der Gamma-Tonus

Die FR steht in ähnlicher Weise wie der spinale Interneuronenpool im Spannungsfeld vielfältiger Einwirkungen, von denen sie angeregt wird, die sie auszugleichen, zu verarbeiten und in abgewandelter Form weiterzugeben hat.

Schon beim spinalen Tonus ist eine Filterung der von den Sinnesorganen der Haut, den Muskel- und Gelenkrezeptoren sowie den vegetativen Bereichen kommenden Meldungen festzustellen, die auf dieser Etage bereits reflektorisch bewältigt werden können. Aller Wahrscheinlichkeit nach kommt erst dann, wenn die Abfangfähigkeit der ersten Instanz überschritten ist, die FR ins Spiel.

Sie ist zwar durch Kollaterale, also Abzweigungen der afferenten Bahnen von den peripheren Sinnesorganen und natürlich von denen der Muskelspindeln stets mit angesprochen; jedoch erst überschwellige Reize irradiieren zu ihrer Aktivierung.

Die FR mag wohl durch den eng vermaschten Interneuronenpool in der Funktionscharakteristik dem Schaltapparat des Rückenmarks vergleichbar sein, doch unterscheidet sie sich von diesem durch das Bezugsfeld, in das sie eingegliedert ist.

Sie ist als höherer Etappenweg dafür vorgesehen, die Tonusregulation für den Umgang mit der Außenwelt zu koordinieren. Ihre Aktivierung veranlaßt, daß der ganze Organismus auf die Auseinandersetzung mit der Umwelt vorbereitet und eingestellt werden kann. Die damit verbundene Stimulierung des Vegetativums wird seit *Magoun* als „unspezifisches Sympathicus-Syndrom“ *(Ehrhardt)* bezeichnet. Dazu gehört die Beschleunigung des Herzschlages, Anregung der Atmung und Steigerung der Schweißsekretion sowie Verminderung des elektrischen Hautwiderstandes.

War der spinale Tonus in seinen verschiedenen Etagen jeweils für einzelne Bereiche der Muskulatur zuständig, so ist die FR für den Spannungsgrad der gesamten Muskulatur des Körpers maßgebend. Sie veranlaßt über das GNS die Anpassungsfähigkeit der motorischen Regelung an die Gegebenheiten der Umwelt.

Rund 30 % der motorischen Vorderhornzellen sind Gamma-Motoneurone. Jedes Gamma-Motoneuron innerviert durch Aufsplitterung seines Axons mehrere Muskelspindeln; umgekehrt wird jede Muskelspindel von mehreren Gamma-Motoneuronen versorgt (*Haase*, S. 124). Andererseits „verzweigt sich eine einzelne Ia-Faser im Rückenmark derart, daß nahezu alle homonymen Alpha-Motoneurone (ca. 300) monosynaptisch depolarisiert werden" (*Haase*, S. 134).

Diese Divergenz trägt dazu bei, daß eine Aktivierung des GNS sich global auf den gesamten Organismus ausbreitet. Das entspricht dann einer „allgemeinen Bereitschaftsaktivierung", durch die „nicht nur die primär innervierten Muskeln, sondern auch entfernte und kontralaterale Muskelspindelapparate fusimotorisch aktiviert werden" und den koordinativen Ausgleich für die Stütz- und Zielmotorik ermöglichen (*Haase*, S. 28).

Zur gleichen Zeit entfaltet die FR, in ähnlicher Weise global aufsteigend, eine Aktivierung der höheren Hirnstrukturen über das aufsteigende retikuläre Aktivierungs-System (ARAS). Erst dadurch werden auch nach *Ey* die Antriebsstrukturen, die übergeordnete Kontrolle und die Bewußtseinshelligkeit aufgerufen. Man könnte sagen, es baut sich dadurch im kortikalen Bereich ein dem Bewußtsein zugängliches Gegenbild der peripheren motorischen Regulation auf.

Auf dem entgegengesetzten Wege wird hinwiederum auch die Situation der höheren Zentren und des vegetativen Zustandes als Projektion an das motorische System weitergegeben und damit in der Verhaltensweise des Menschen offenbart. Allerdings wird diese Integration dabei „zu einer unspezifischen dynamogenen Potenz ‚despezifiziert'" *(Ey).* Selbst die spezifischen Afferenzen, die über die Sinnesorgane als Informationen aus der Außenwelt einkommen, werden via FR vorerst zu einem unspezifischen Tonus, dem Gamma-Tonus, umgewandelt, der nahezu gleichmäßig über den gesamten Körper verteilt wird.

Im Zusammenhang mit der FR sind die Muskelspindeln aber nicht nur in ihrer Rolle als Dehnungsrezeptoren zu sehen, sondern als ein Regelapparat mit einer eigenen Muskulatur zur Veränderung ihrer Meß- und Schaltungsmöglichkeiten.

Schon *Bernstein* hatte 1940 angenommen, daß ein Koordinationssystem bestehen müßte, das erforderlich sei, der tetanischen Arbeitsweise des quergestreiften Muskels, die dem Alles-oder-Nichts-Gesetz untersteht, eine Funktion nach Art und Vorbild des glatten Muskels mit langsam dosiertem Wechsel von Belastung und Entspannung aufzuschalten. Er kannte noch nicht die Rolle des Spindelapparates und verlegte die zentrale Genese einer solchen Koordinationsschaltung in die Basalkerne des extrapyramidalen Systems.

Heute wissen wir, daß die intrafusalen Muskeln tatsächlich nach Art der glatten Muskulatur innerviert werden und über ihre Ia-Afferenzen mit ihren vielfältigen Vernetzungen variable und abgestufte Einwirkungen an die Alpha-Motoneurone geben, so daß sich letztlich auch die Skelettmuskeln scheinbar wie glatte Muskeln verhalten können (*Henatsch*, S. 218).

Diese im Innern der Spindel gelegenen Muskeln haben eine völlig andere Funktion als die extrafusalen Muskeln. Es sind „tonische" Muskeln. Sie unterscheiden sich von den ebenfalls quergestreiften Skelettmuskeln dadurch, daß sie nicht dem Alles-oder-Nichts-Gesetz unterliegen, sondern eine abgestufte Dauerinnervation einhalten können wie die glatte Muskulatur (*Hasselbach*, Bd. 4, Muskulatur S. 11). „Das Membranpotential und die mechanische Spannung ändern sich mit steigender Reizfrequenz stufenlos" (*Hasselbach*, S. 117). Da der Anspannungsgrad also fre-

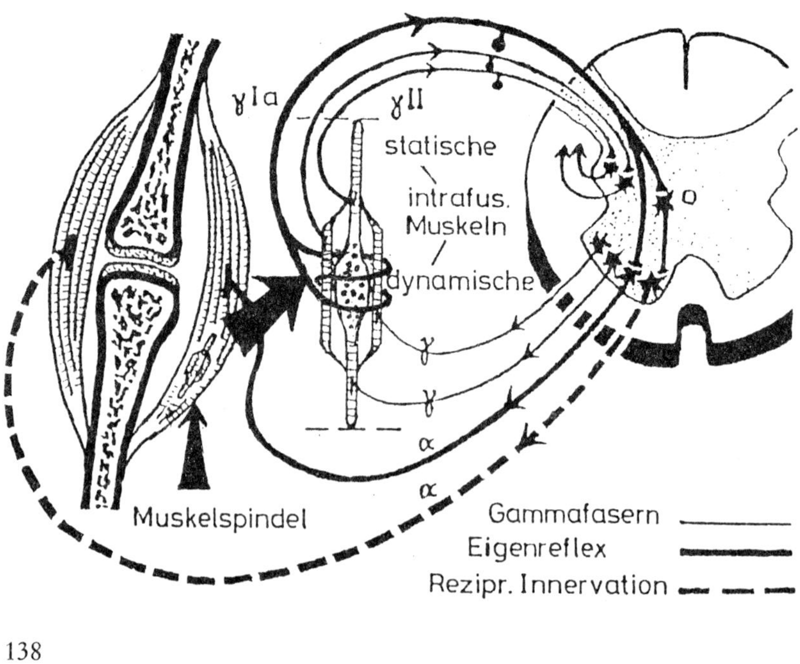

quenzabhängig ist, wird die Anzahl der bahnenden und hemmenden Einflüsse auf die Gamma-Motoneurone die Impulsfolge bestimmen.

Wir zeigen hier ein Schema, das wir mit einigen Modifikationen von *Henatsch* übernommen haben. Es „kann nur mit Vorbehalten als Orientierungshilfe dienen, da mit weiteren Korrekturen zu rechnen ist" (*Henatsch*, S. 221).

Die eine Gruppe der intrafusalen Muskulatur verstellt den Meßbereich der Spindel. Nach ihrer Funktion repräsentiert sie das „statische" Gamma-System. Ihre Kontraktion führt zur gleichen Steigerung der Erregung, als wenn die Spindel gemeinsam mit dem extrafusalen Muskel passiv gedehnt worden wäre. Das bringt den Hauptmuskel über die Ia-Afferenz zu verstärkter Kontraktion. Die andere Gruppe der intrafusalen Muskulatur verstellt die Empfindlichkeit der Spindel, so daß sie schneller reagiert. Man hat sie darum das „dynamische" Gamma-System genannt. Eine Veränderung der Muskellänge wird dadurch schneller ausgeglichen.

„Unter dem Aspekt dieser unterschiedlichen Gesamtfunktion erweist sich leider, daß die eingebürgerte Terminologie für die fusimotorischen Fasern irreführend ist; denn gerade das ‚statische' System ermöglicht zentral induzierte Längenänderungen, sorgt also für flexible Beweglichkeit, wogegen das ‚dynamische' System zwar rasch korrigierend wirkt, aber eben dadurch dem Festhalten, bzw. der Wiederherstellung einer stabilen Muskellänge dient" (*Henatsch*, S. 251).

Zum Verständnis für die Wirkungsweise sei die Regelfunktion eines Heizungsthermostaten angeführt. Die Einstellung des Raumthermostaten auf eine bestimmte Zimmertemperatur von etwa 22 Grad entspricht der statischen Regelung. Es ist ein Folge-Servo-Mechanismus, weil nur der Sollwert verstellt wird, dem der Wirkmechanismus – hier die Heizung, dort die Muskellänge – folgt. Zum Konstanthalten der Temperatur kann ein weiterer Regler nötig werden, der die Toleranzgrenze auf mehr oder weniger Temperaturunterschiede einzustellen erlaubt. Das wäre dann eine dynamische Regelung.

Auf „die ausschlaggebende Rolle der schwerkraftabfangenden (‚posturalen') Funktion der Spindeln weist die Tatsache hin, daß sie in den das Gewicht tragenden Stütz- und Haltemuskeln am stärksten und zahlreichsten ausgebildet sind" (*Henatsch*, S. 237).

Nur über die Muskelspindel-Reflexe ist eine brauchbare Kompensation der äußeren Störungen möglich. Die Verstellung der Empfindlichkeit der Muskelspindeln über den zentralen Gamma-Einfluß erlaubt eine unterschiedlich große Anpassung an solche Einwirkungen. Hierbei sind die dynamischen Muskelspindeleinheiten für die Haltungsstabilisierung verantwortlich. Bei einem niederen Erregungsniveau sprechen die Reflexe verzögert an. Darum beginnt man, wenn Müdigkeit auftritt, beim Stehen oder freien Sitzen zu schwanken und ein seitlicher Stoß oder Zug bewegt die Glieder in weit größerem Maße als in der Munterkeit.

Auf Grund der offensichtlichen Häufung der Muskelspindeln in den Extensoren, die der Aufrichtung dienen, legte sich den Wissenschaftlern die Schlußfolgerung nahe, daß darin der Vorrang eines peripheren Sicherheitsbedürfnisses zu sehen sei, das der Verteidigung und Stabilisierung diene (*Henatsch*, S. 236). Selbst auf der supraspinalen Ebene wiederhole sich die gleiche einseitige Tendenz wie im spinalen Bereich in Form einer übermäßigen Festlegung und Verselbständigung der Kontrollmaßnahmen, die der Stabilisierung von Haltung und Stand dienen (*Henatsch*, S. 240), wobei die eigenreflektorische Regelung von Schutz- und Verteidigungs-Antworten bis zur Abschirmung und Abkapselung gehen kann (*Henatsch*, S. 338).

Demgegenüber lasse sich im Laufe der Evolution eine Art Interessenkonflikt zwischen den Zentren und der Peripherie erkennen. „Das Subjekt drängt ‚von oben' immer stärker nach Selbstbewegung ... aber ‚von unten' wird weiterhin auf Verhinderung und Abwehr aller verändernden Einflüsse – auch der zentralen Initiativen – hingearbeitet" (*Henatsch*, S. 339).

Im Fachschrifttum über Sensomotorik und Funktionelle Anatomie wird durchweg die gleiche Auffassungsweise vertreten.

Der geschilderte Gedankengang, daß – grob ausgedrückt – die im Organismus liegende Tendenz zur Verfestigung und Stabilisierung für den Umgang mit der Welt durchbrochen werden müsse, um Bewegungen zu vollziehen, erscheint uns zwar logisch und unter mechanischen Gesichtspunkten verständlich, führt allerdings zu der naheliegenden Konsequenz, stets für die Ingangsetzung einer Bewegung – wie bei einer Maschine – eine zusätzliche Kraft aufwenden zu müssen. Das würde beim menschlichen Organismus bedeuten, von zentral her auch zusätzliche Kontraktionsimpulse auszusenden, um die extrapyramidale Gegenspannung zu überwinden.

Konnten wir bis zu diesem Punkte der wissenschaftlichen Auffassungsweise folgen, so erkennen wir jedoch hier einen Angelpunkt, an dem wir die Forschungsergebnisse auf eine andere Weise zu interpretieren haben, um die Phänomene der Eutonie mit einbringen zu können.

Nach unserer Auffassung ist **Haltung ein Zustand, der sich als integrales Ergebnis unterschiedlicher und auch gegenläufiger Entwicklungstendenzen ergibt.** Für den Menschen bedeutet dies ein labiles Verhalten in bewegter Ruhe.

Danach müssen in jedem Augenblick Bewegungsmuster in voller Aktivität potentiell bereit stehen und ausbalanciert werden. Wir würden die Haltungsstabilisierung also nicht als einen von den Bewegungsmustern getrennten Vorgang ansehen, sondern als einen an sich labilen Zustand, der die Summe aller Bewegungsmöglichkeiten beinhaltet, auch wenn sie nicht in ihrer spezifischen Ausgeformtheit im äußeren Bewegungsbild in Erscheinung treten.

Im russischen Schrifttum wird seit *Pawlow* dieses Verhalten beim Tier als Orientierungsreaktion bezeichnet, die grundsätzlich auf einen Außenreiz hin eingenommen wird. Sie ist selbstverständlich abhängig von der Ausformung der Gestalt, vom Lebensraum und vielen weiteren Lebensgewohnheiten des einzelnen Tieres.

Auch beim Menschen finden wir ein Verhalten, das der Orientierungsreaktion des Tieres ähnlich ist. Wir nennen es Bereitschaftszustand. Er unterscheidet sich – wie gesagt – vom Begriff der Haltungsstabilisierung dadurch, daß in ihm alle Reaktionsmöglichkeiten aktiviert und bereitgestellt sind, aber noch nicht in eine spezifische Handlung übergehen.

Diese vollendete und harmonische Ausgewogenheit bezeichnen wir als den Zustand der Eutonie.

In den vorangehenden Teilen wurde mehrfach auf die besondere Form des Bereitschaftszustandes hingewiesen. Er ist automatisch vorhanden beim kleinen munteren Kind, das seine Ärmchen und Beinchen gleich vom Anfang seines Lebens an gegen die Schwerkraft heben kann, als wolle es immer etwas umfassen. Natürlich wird dieses Etwas seinem eingeborenen Bedürfnis nach am liebsten die Mutter sein. Aber auch der Erwachsene kommt selbst im Stehen instinktiv zu einer ähnlichen Haltung, wenn er voll und ganz bereit ist, aktiv kämpferisch oder vergnüglich mit der gegenwärtigen Umwelt umzugehen.

Geht man jedoch vom augenblicklichen Verhalten der Bereitschaft aus, so scheint der Körper stabilisiert zu sein. Er hat eine Haltung eingenommen. Und nun muß das vorher genannte Problem geklärt werden, wie sich der zentrale Durchgriff vollzieht, um Bewegungen in Gang zu setzen und Handlungen durchzuführen, also den Gamma-Tonus zu modulieren.

c) Die Modulation des Gamma-Tonus

Greifen wir noch einmal kurz auf die gängige Auffassung über die Bewegungssteuerung zurück, bevor wir eine erweiterte Interpretation unter Einbeziehung der Tonusregulation anbieten:

Wenn es um die Beurteilung von Bewegungsabläufen und deren Innervationsmuster geht, wird allgemein die Kenntnis der Anatomie des Muskelsystems zugrunde gelegt, denn nur durch Kontraktion der Muskulatur kann eine aktive Bewegung vollzogen werden. Welche Muskeln dafür in Frage kommen, ist nach den Hebelgesetzen ohne weiteres zu erschließen. Das Nervensystem muß dafür entsprechende Innervierungsmuster bereitstellen. Sie werden über die Pyramiden- oder Alpha-Bahn der Peripherie übermittelt.

Rückmeldungen aus den Propriozeptoren des Muskelsystems und aus anderen Sinnesorganen erlauben – unter Vermittlung des Kleinhirns – eine laufende kortikale Kontrolle. Hierbei wird besonders hervorgehoben, daß das Alpha-System deshalb als das „umweltfreundliche“ System anzusehen sei, weil die Zentren für die Tastbewegungen der Finger und die für die Berührungsempfindungen der Fingerbeeren in der Großhirnrinde nahe beeinander liegen. „Demgegenüber sind für das ‚umweltabwehrende‘, distanzierende und kontaktverneinende Grundverhalten gewisse (nicht alle) Anteile des extrapyramidalen Systems hauptverantwortlich“ (*Henatsch*, S. 389).

Gerade letztere Auffassung ergab sich als naheliegende Schlußfolgerung aus den Laborexperimenten, mit denen man bei Tieren die Bewegungsantworten auf Reize untersuchte. So wurde z. B. das extrapyramidale Gamma-System dadurch aktiviert, daß man die hochempfindliche Ohrmuschel zwirbelte (Pinna Reflex). Natürlich reagierte dann das arme Wesen instinktiv mit Abwehr oder Angst und baute auf jeden Fall eine Verhaltensweise gegen die Umwelt auf.

Zuwendungsbewegungen, die wir im natürlichen Lebenskreis der Tiere oder bei Kindern mit Selbstverständlichkeit beobachten können, werden in diesen Untersuchungssituationen kaum auftreten, vor allen

Dingen dann nicht, wenn das Tier mit belästigenden Apparaturen bespickt ist.

Diese Kontaktformen lassen sich auch nicht mit den gängigen Innervationsschemata des vorher geschilderten Tastvorganges erklären; denn offensichtlich ist hierbei die Körperseite, mit der der Kontakt gesucht und vollzogen wird, gerade nicht in erhöhter muskulärer Kontraktion.

So ist es auch nicht verwunderlich, wenn *Ehrhardt*, der die Neuropsychologie motivierten Verhaltens erforschte, eingestehen mußte, daß man wohl Antriebsstrukturen für Aggression und Angst nachweisen konnte, aber bisher noch nicht solche für Kontakt und Erkundungsbereitschaft, obwohl sie eigentlich zu postulieren seien. Mit Bezug auf *Berlyne* stellte er allerdings fest, daß im allgemeinen Reize, die zu starken Arousal-Sprüngen (Gamma-Aktivierung) führen, bestrafend, d. h. aversiv wirken und Angst und Abwehr aufrufen, dagegen mäßige Arousal-Veränderungen als belohnend bewertet werden und Erkundungsverhalten anbahnen.

An Hand von drei unterschiedlichen Formen der Annäherung des Körpers an ein seitliches Objekt wollen wir deutlicher machen, daß sich uns für die Erklärung einer kontaktenden Zuwendung eine andere Interpretation nahe gelegt hat.

Das **Hindrücken** entspricht der gängigen Auffassung der Bewegungssteuerung. Diese besagt, daß die Glieder zum Annähern an ein Objekt durch supraspinal bedingte Kontraktion (Alpha-Aktivität) jener Muskulatur in Gang gesetzt werden, die auf der Objektseite liegt (*Henatsch*,

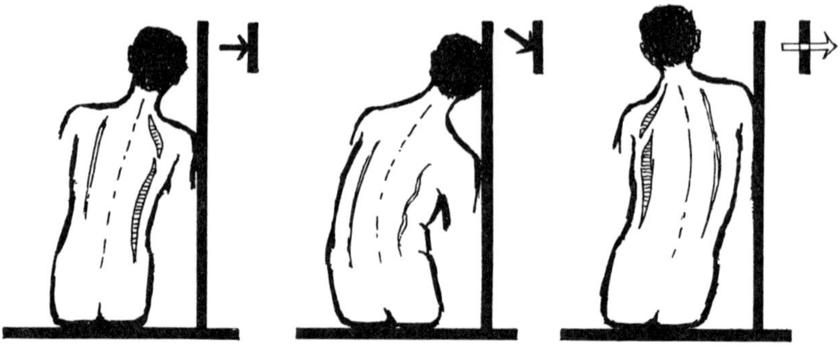

Hindrücken
Zentrale Alpha-Aktivität
auf Objektseite
Gamma-Hemmung

Willkürtätigkeit

Hinsinken
Alpha- und Gamma-
Hemmung

Passivität

Entgegendehnen = Obtentus
Gamma-Aktivität zur
Tonisierung. Alpha-
Hemmung auf Objekt-
seite, reziproke Alpha-
Akt. auf Gegenseite.

Kontaktende Hinwendung

Annäherungsformen

S. 284, mit Bezug auf *Rosen* und *Asanuma*). Die Muskelspindeln sorgen ihrerseits durch Förderung der Synergisten und Hemmung der Antagonisten für eine bessere Koordination.

Das **Hinsinken** ist in seinem Innervierungsmodus auch leicht zu deuten. Der Erschlaffungszustand wird durch generalisierte Gamma-Dämpfung und Alpha-Hemmung auf der Annäherungsseite bedingt.

Bewegungen des **kontaktenden Sich-Annäherns = Obtentus** setzen dagegen eine globale Tonuserhöhung voraus, die über Gamma-Aktivierung der Muskelspindeln zustande kommt. Sie ist an das Gefühl des Transsensus gebunden und führt zum unspezifischen Bereitschaftszustand. Diese Ausweitungstendenz geht mit einer Atemaktivierung einher, wobei die Atemausgangslage auf ein höheres Einatemniveau verschoben wird. Dadurch entsteht eine größere Atemfülle mit dem subjektiven Eindruck, als habe der Rumpf – in Analogie zur Pflanze – einen höheren Turgor. Der Mensch fühlt sich „aktiver", „gestraffter", „gegenwärtiger", „ganzheitlich umweltbezogener".

Von dieser Ausgangslage aus kann dann die Bewegung als Modulation des unspezifischen Gammatonus in Gang kommen, wenn über pyramidale und extrapyramidale Alpha-Antriebe die motorischen Endstrecken der Seite gehemmt werden, die sich dem Objekt annähern soll. Sie erscheint dann als herausgedehnt. Die Bewegung selbst kann selbstverständlich auch nur durch Kontraktion von Muskelketten verwirklicht worden sein. Doch diese liegen hier auf der vom Objekt abgewendeten Seite und drücken das gelöste Gebiet in Richtung auf das anvisierte Objekt. In dieser gedehnten Muskulatur tritt allerdings keine Erschlaffung auf, weil die reflektorisch fazilitierten Gegenspieler im Hindrängen und Hinausdehnen des weniger angespannten Gebietes sogar dessen Dehnungsrezeptoren wieder beanspruchen werden, während sich die ihren durch die Kontraktion entspannen.

Nach unserer Auffassung kommt bei einer kontaktenden Bewegung die Auffassung zum Tragen, daß „für die normale Ordnung des Zentralnervensystems Hemmungsvorgänge an den Synapsen die Regel, Erregungsübertragungen eher die Ausnahme darstellen" (*Jung*, Bd. 10, S. 12). Darüber hinaus erreichen nur wenige Pyramidenfasern die spinalen Alpha-Motoneurone direkt, sondern über Interneurone und übermitteln über sie sowohl bahnende wie hemmende Impulse (*Henatsch*, S. 306). Nach dem ‚Subsidiaritätsprinzip' „brauchen die peripheren Systeme nur Rahmenanweisungen über das gesetzte Ziel zu erhalten, deren detaillierte Verwirklichung sie dann selbst übernehmen können" (*Henatsch*, S. 204). Daraus läßt sich folgendes Denkmodell ableiten: Die Kontraktionen, die für eine Bewegung notwendig sind, werden nicht zentral gesteuert, sondern hauptsächlich über den spinalen Reflex-Mechanismus geregelt. Die **steuernde Direktive**, also die eigentliche Modulation des unspezifischen Gamma-Tonus, bleibt zwar auch hier dem pyramidalen und extrapyramidalen System überlassen, doch kommt sie in diesem Falle **durch hemmende Interventionen** zum Zuge. Darin sehen wir auch den Grund dafür, daß die im Kontaktgebiet gelöste Seite wesentlich gefühlsintensiver erlebt wird als die eigentlich aktiv kontrahierte Seite. Bei der Annäherung durch „Hindrücken" wird dagegen im allgemeinen das Kontraktionsgebiet deutlicher empfunden.

Um die Besonderheit einer Obtentusbewegung richtig zu erkennen, wäre es sinngemäßer, sich statt der Wand einen Menschen als Partner vorzustellen. Dann muß dessen emotionale Stellungnahme zu diesen Annäherungsformen mit berücksichtigt werden. Durch das „Hindrücken" und „Hinsinken" wird er zum Standhalten gegenüber einer „Belastung" veranlaßt. Eine kontaktende Hinwendungsbewegung stimuliert ihn durch die geschmeidige Annäherung zum Gegenkontakt.

Noch ein weiteres Forschungsergebnis stützt unsere Interpretation: „Die alternative Möglichkeit, entgegengesetzte Reflexwirkungen bzw. eine Umkehr der Reflexwirkung zu erhalten, wurde mit Einflüssen eines höheren motorischen Zentrums interpretiert" (*Küchler*, S. 101). Wir sehen eine solche intentionale Beeinflussung auch beim gekreuzten Flexor-Reflex. Wenn ein Kind, das von der Mutter am Körper getragen wird, sich von ihr wegwendet, um am liebsten etwas zu ergreifen und dabei den Halt auf einer Seite lockert, muß es sich unbedingt reflektorisch mit der Gegenseite fester anklammern.

Wahrscheinlich wird das Prinzip der Hemmung zur Bewegungsdirektive allein deswegen nicht diskutiert, weil es sich für den anatomisch geschulten Therapeuten nicht von der Leiche ableiten läßt. Es würde für ihn einen völligen Paradigmawechsel bedeuten, sollten die Bewegungsfunktionen über vitale Lösungsvorgänge statt über Kontraktionsmuster beschrieben und erklärt werden.

Bernstein scheint diesen Sprung schon gemacht zu haben, wenn er schreibt, daß „der motorische Effekt des zentralen Impulses nicht im Zentrum im voraus entschieden sein kann, sondern er wird in vollem Umfange in der Peripherie entschieden, und zwar an der letzten spinalen und myoneuralen Synapse, im Muskel, in den mechanischen und anatomischen variablen Bedingungen des zu verlagernden Gebietes".

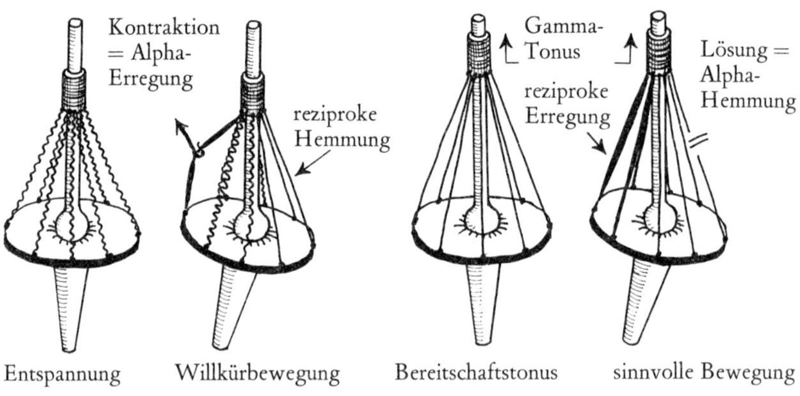

Modell der aktiven Dehnung

Um das Verständnis des Mechanismusses der Alpha-Hemmung für die Bewegungsausführung noch besser zu verdeutlichen, haben wir eine Modellvorstellung skizziert, bei der es sich allerdings nur um eine einzige Gelenkverbindung handelt, während eine Obtentus-Aktion sich stets als „kinetische Gliederkette" entfaltet.

Eine reine Willkürbewegung kann sich aus entspannter Ausgangslage heraus durch rein örtliche Kontraktion verwirklichen. Für eine sinnvolle Bewegung muß zuerst eine Tonisierung als Straffung der gesamten Muskelzüge um das Gelenk stattgefunden haben. (In der Abbildung durch die Straffung der Fäden beim Bereitschaftstonus angedeutet). Die an sich der Willkürbewegung ähnliche Ablenkung erfolgt dann durch Hemmung der Alpha-Antriebe auf der faktisch passiven Seite. Der spinale Reflexausgleich führt dabei zu abgestufter reziproker Kontraktion der Antagonisten.

Nicht von ungefähr beschäftigen wir uns hier so ausgiebig mit den Zuwendungsformen. Sie sind es, die für die Existenz des Menschen im sozialen Kontext wichtiger sind als die Abwehrformen. Bei Tieren mag die kämpferische Aggression, die Flucht, die Einkapselung oder sogar ein Totstellreflex artspezifisch angebracht sein, sofern in ihnen die dafür erforderlichen Schutzmechanismen angelegt sind. Dem Menschen stehen jedoch solche Schutzformen nur bedingt zur Verfügung. Bei seiner verletzbaren Haut, der relativ geringen Kraft und Schnelligkeit eignet ihm am ehesten, sich durch Elastizität, also Abfangfähigkeit und Geschmeidigkeit zu schützen. Doch diese Qualitäten erfordern Zuwendungs- und keinesfalls Rückzugstendenzen.

Alle Haltungs- und Bewegungsformen, die hier im Buche angeführt werden, sind nur unter dem Prinzip der Zuwendung zu verstehen, selbst dort, wo es um Kraftleistungen geht (Übung A VII, S. 227). Das gilt in ganz speziellem Maße für die Grundformen der Bewegungsentwicklung (GFE), die wir im anthropologischen Abschnitt als potentielle archaische Intentionen ausführlich beschrieben haben und auch unter den Lehrbeispielen (Absatz D) erörtern.

Diese archaischen Formen erscheinen zwar nicht im Repertoir unserer Alltagsbewegungen, doch sind sie im Bauplan des Menschen als Extremformen für Haltung und Verhalten angelegt. Durch sie werden die Dimensionen seines Handlungsspielraumes viel weitläufiger abgesteckt, als er ihn üblicherweise ausnutzt. Das ist keine Besonderheit oder Überlegenheit des Menschen, sondern ein generelles Prinzip der Natur, die alle Funktionen des Lebens in einer größeren Bandbreite anlegt, als sie für die Existenz des Organismus notwendig wären. Welche Anstrengungen müßten wir z.B. machen, wenn wir mit jedem Atemzug unsere Vitalkapazität ausschöpfen wollten, nur weil diese Möglichkeit für extreme Belastungen gegeben ist.

So wie sich die Ausgewogenheit der Ruheatmung nur dann in der Mitte einstellen kann, wenn in jedem Augenblick auch die Möglichkeit gegeben ist, an die maximale Grenze der Atemfähigkeit gehen zu können, so ist auch die Fähigkeit, die Extremformen der Entwicklungstendenzen verwirklichen zu können, Maßstab für das Leben in der Gelassenheit der Mitte, dem Zustand der Eutonie.

Jede der im anthropologischen Teil und auch in den Lehrbeispielen aufgeführten Einzelformen der GFE zeichnet sich dadurch aus, daß sich die Bereiche, in denen sich, von einer vortonisierten Bereitschaftshaltung ausgehend, Lösungsvorgänge in der Muskulatur abspielen, ketten- bzw. bandartig von der Peripherie über den Rumpf wieder zur Peripherie hinziehen. Man kann sie als durchlaufende Linien auf die Haut projizieren und damit kenntlich machen. Als Beispiel zeigen wir hier die Gestaltung des Austausches von S. 283. Mit der Bezeichnung **Andreaskreuz** finden wir diese Form wegen ihrer Atemwirksamkeit auch in anderen Lehrweisen *(Medau, Wolf)*.

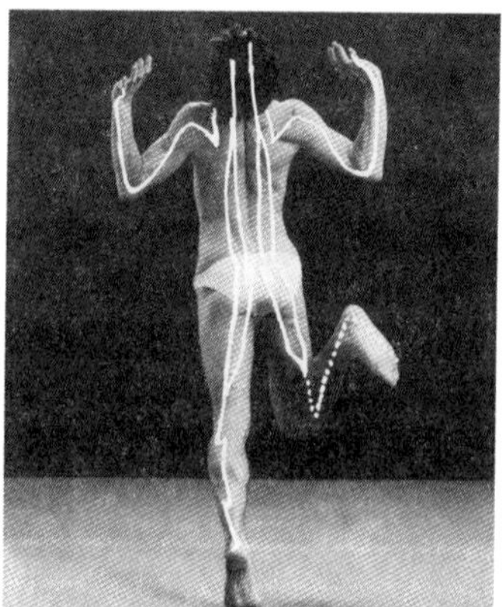

Bei *Edel-Knauth* allerdings wird sie in Verkennung des Prinzips der aktiven ventralen Dehnung als Übungsbeispiel für eine dorsale Spannungskette angeführt. Würde die Rückenmuskulatur tatsächlich unter einer Kontraktionsdirektive arbeiten, so fänden wir hier das Bild einer äußerst unangenehmen Rükkenbiegung, die bis zum Opisthotonus eskalieren kann und alle Zeichen der Angst vor rückwärtiger Bedrohung aufweist. Einer auf diese Weise entstandenen Ausdrucksbewegung schreiben wir in Beziehung zur Entwicklung des Menschen inhaltlich eine Involutionstendenz zu.

Ähnliche Rückzugstendenzen würden entstehen, wenn man vom Bereitschaftszustand aus versucht, ausgerechnet die im Andreaskreuz angezeichneten Dehnungslinien in Kontraktion zu versetzen. Das läßt sich eigentümlicherweise relativ leicht willkürlich realisieren und erzeugt gut deutbar den beklemmenden Zustand der „Vereinsamung“ und des betonten „Sich-Abschließens“. Dagegen verwirklicht der intentional motivierte Lösungsvorgang die entsprechende Evolutionsform des sich „Einordnens“ und „Eingliederns“.

Mit der Darstellung von Bewegungsbeispielen, die eine gegensätzlich motivierte Verhaltensweise des Menschen seiner Umwelt gegenüber ausdrucken, wollten wir die Moglichkeit diskutieren, daß es unterschiedlicher Steuerungsmechanismen bedarf, um eine Hinwendung oder einen Rückzug motorisch auszuformen. Bedingt durch die strengen Kriterien der exakten Wissenschaften ließ sich bisher nur die Steuerung über die Kontraktionsdirektive nachweisen. Zuwendungsformen, wie sie im natürlichen Leben beobachtbar sind, lassen sich aber durch erregende Bahnungen nur unvollkommen erklären und bedürfen darum einer Ergänzung. In unserem Denkmodell interpretieren wir die Zuwendungsformen als eine Funktion der Tonusregulation, bei der der unspezifische Bereitschaftstonus über selektive Hemmungsdirektiven moduliert wird.

Die Alltagsbewegungen sind dann eine vielfältige Mischung beider Steuerungsmöglichkeiten. Doch würde sich ein eutoner Zustand nur aus dem ausgewogenen Zusammenklang der Zuwendungsformen ergeben.

4. Die intentionale Tonusregulation des Atemapparates

Bei der Schilderung des Phänomens Eutonie haben wir immer wieder auf den ausgewogenen Zustand der Spannungsbalance im muskulären System hingewiesen. Wir hatten versucht, deutlich zu machen, daß dieser Zustand bereits alle Aktivitäten zur Bewegungsmöglichkeit beinhaltet, auch wenn sich keine davon im äußeren Erscheinungsbild ausformen kann. Es ergibt sich also eine Haltung, die durchaus als Ruhezustand imponiert. Doch wollten wir diese Haltung beschreiben, so würden wir uns nicht mit der Schilderung der Haltungs-„Form" begnügen können, sondern wären geneigt, etwa von einem Ausdruck „ruhiger Gelassenheit", „Heiterkeit", „Innerem-aufgerichtet-Sein", „Weltoffener Tatbereitschaft" oder ähnlichem zu sprechen. Das sind zwar alles subjektive gefühlsmäßige Interpretationen, die aber doch an leibliche Phänomene gebunden sein müssen.

Das zumeist unscheinbare Wirkungsmoment, das uns diese Empfindungssensationen übermittelt, ist der Bewegungsablauf des Atemvorganges. Obwohl er in obiger Schilderung nicht einmal genannt und auch bisher nur beiläufig erwähnt wurde, ist er zwangsläufig über die verursachende Muskulatur an allen Regungen des Leibes und der Psyche beteiligt, selbst wenn die Glieder ruhig verbleiben.

Für uns selbst war die Beachtung der Atemphänomene in der ärztlichen Atem- und Massagetherapie der Ausgangspunkt für die Lehre der Psychotonik. Um sie zu stützen, schien es uns erforderlich, die physiologischen Daten über die Atemfunktion zu sichten und hinsichtlich der beobachteten Eutoniephänomene kritisch zu überdenken. Wir zitieren *Koepchen* (S. 165): „Die 'normale Atmung' der physiologischen Lehrbücher, wie sie im Experiment am Menschen und im Tierversuch gefunden wird, ist weitgehend ein Kunstprodukt. Sie wird beobachtet unter einer sehr speziellen Versuchsbedingung, nämlich der Ausschaltung der meisten Leistungen gerade des normalen Lebens, besonders beim Menschen." Und „. . .alle experimentellen Kenntnisse, auf die wir uns stützen können, sind unter reduzierten Versuchsbedingungen erhalten worden".

Darüber hinaus sahen wir, daß auf dem medizinisch-klinischen Sektor die Funktionen des Gasaustausches im Vordergrund stehen und die Atembewegungen lediglich unter dem Gesichtspunkt der Gelenk- und Muskelmechanik bewertet werden. Der Begriff Tonus wird nur auf den Grundtonus der Atemmuskulatur bezogen, der die Lunge in einer dauernden Entfaltung hält. Da seine Regelung selbst im Schlaf völlig unbewußt verbleibt, wird der Grundtonus als die Atemausgangslage angesehen. Das Problem der Ventilation, also der eigentlichen Atembewegungen, steht erst von diesem Stadium zur Erörterung an.

Die durch Intention veranlaßte Gamma-Tonisierung zeitigt jedoch zusätzlich ganz spezielle Phänomene in bezug auf die Sensomotorik des Atemsystems, die noch viel zu wenig bekannt sind und in ihrer Bedeutung für den Atemapparat kaum gewürdigt werden konnten. Sie sind gebunden an Besonderheiten der Regelungsmöglichkeiten und Strukturen, die bei der Zwerchfellfunktion, in der Thoraxmuskulatur und beim Atemrhythmus eine Bedeutung bekommen (*Glaser*, 13).

- Das Zwerchfell besitzt so gut wie keine Muskelspindeln.
- In der Brustwand befinden sich rhythmische Spindeleinheiten.

a) Das Zwerchfell

Unsere aus der Praxis entstandene Vermutung, daß das Zwerchfell keine Muskelspindeln besitzen kann, wurde in der wissenschaftlichen Literatur bestätigt *(Clara, Corda, von Euler)*. Wenn das Zwerchfell Dehnungsrezeptoren hätte, so würde während jeder Ausatmungsphase die passive Dehnung zur eigenreflektorischen Kontraktion des Atemmuskels führen und damit die Ökonomie der Sauerstoffversorgung beeinträchtigen. Der Tonus des Zwerchfells kann demnach kaum durch eigene Propriozeptoren beeinflußt werden.

Bemerkenswert sind dagegen die wirksamen Reflexverbindungen von seiten der haltungsstabilisierenden Rezeptoren in der Rumpfwand *(Barker, von Euler, Koepchen)*. Über ihre vielfachen, reziproken Afferenzen führt wahrscheinlich jede Anspannung der Bauch- und Rückenmuskulatur, die mit dem Ziel der Haltungsstabilisierung geübt wird, zu einem Nachlassen des Zwerchfelltonus. Um dieser Gefahr einer Blockierung des Zwerchfells im Ausatem zu begegnen, arbeitet die Krankengymnastik mit der Empfehlung, „Atempressen durch (bewußtes) Weiteratmen zu vermeiden" (*Ehrenberg*, KGy Bd. I, S. 152).

Unter dem Gesichtspunkt der von uns vertretenen Lösungsdirektive können diese Reflexe jedoch eine gegensätzliche Bedeutung gewinnen und dabei helfen, Atemphänomene zu klären, die in einem natürlichen intentionalen Verhalten beobachtet werden.

Lösen sich die Bauchdecken unter der Thematik des Transsensus, so führt die reziproke Innervation nunmehr über einen polysynaptischen

Weg zu einer Tonussteigerung des Zwerchfells, so daß es unabhängig von seiner Aufgabe, die Atmung zu unterhalten, selbst in der Ausatemphase einen Gegendruck an die Bauchdecken realisieren kann. Dieser Gegendruck verursacht hinwiederum in der gelösten Rumpfwandung Dehnungsreflexe. Durch ein ständiges Abgleichen der gegenseitigen Spannungsgrade stellt sich ein Elastizitätszustand des Bauchraumes ein, der für eine eutone Regulationsform charakteristisch ist und sich auf die Haltungsstabilisierung wie auch auf die reflektorische Luftergänzung *(Coblenzer)* auswirkt.

Der unkomprimierbare Eingeweideraum, der zwischen Bauchwand, Zwerchfell und Beckenboden eingespannt ist, vermittelt eine Art hydrostatischer Stabilisierung des Bauchraumes. Ein solcher „Halt durch den Atem" (*Glaser,* 2, 9) gleicht in keiner Weise der Bauchpresse, wie sie z. B. zur Erleichterung der Defäkation empfohlen wird. Dabei entsteht die Kompression durch einen willkürlichen Eingriff in die autonome Regelung der Bauchmuskulatur und die Wand erscheint unelastisch hart. Die Stabilisierung durch den Atem macht sich auch nicht als eine Starrheit des Muskelkorsettes bemerkbar, wie sie bei der aufrechten Entlastungshaltung des Bewegungsapparates auffällt, wenn sie nach mechanischen Konstruktionsgesichtspunkten ausgeführt wird *(Brügger).*

Nach *Brügger* empfohlene Arbeitshaltung

Natürliche Arbeitshaltung eines Austernfischers

Bei der objektiven taktilen Prüfung der tonisierten Bauchdecken bekommt der Anfassende den Eindruck, als würde beim federnden Drükken eine elastische Gegenwirkung von einem Zentrum ausgehen, das etwa in der Mitte des Unterleibes liegt. Dieser fiktive Mittelpunkt läßt sich dorsal auf die Höhe des 4. Lumbalwirbels und ventral auf eine Stelle zwischen Nabel und Symphyse projizieren und liegt zwischen beiden in der Leibesmitte. Er entspricht dem japanischen „Tanden", dem taoistischen „Tan-ti'en" (Zinnoberfeld) oder dem „Hara" von Graf *Dürckheim* (3). Ein solches Zentrierungsphänomen wird in vielen Atem- und Bewegungsschulen als Kriterium eines guten Atems gefordert und bildet auch die Grundlage des Basisatems nach *Schaarschuch*.

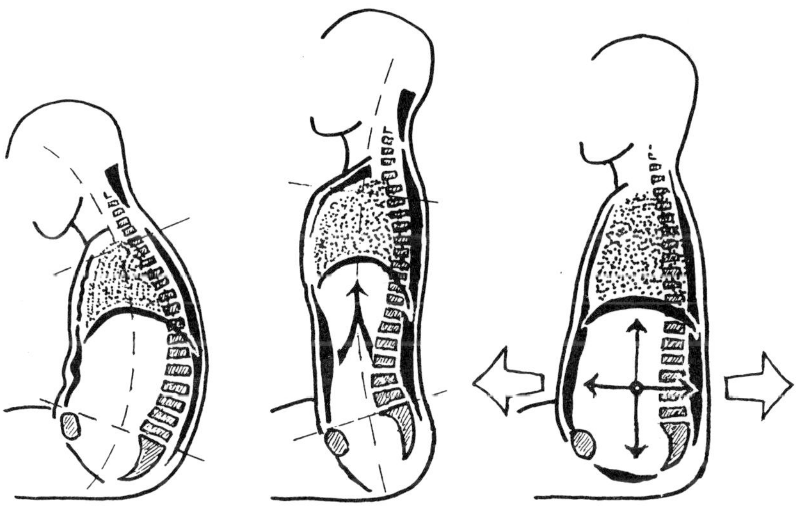

Erschlaffung
Unbeteiligt-Sein
Lediglich periphere Reflexe

Anspannung
Willkürhaltung
Zerebrale Alpha-Aktivierung

Eutone Balance
Transsensus-Tonus
Zentrale Gamma-Regelung

Halt durch den Atem

Die Abbildungen, die nach fotografierten Haltungen schematisiert wurden, verdeutlichen die Funktion des „Haltes durch den Atem". Die intentionale Einstellung auf das Umfeld entlastet nicht nur im Sitzen die Muskulatur und den Bandapparat der Wirbelsäule. Die gleichen stabilisierenden Eigenschaften, die durch die dynamische Wechselwirkung zwischen Bauchdecken und Zwerchfell verursacht werden, lassen sich auch in der natürlichen Bewegung des Alltags erkennen.

Jedes Handeln in der Welt wird zur sinnvollen Tätigkeit, wenn der ganze Mensch daran beteiligt ist. Die Bewegungen kommen dann aus seinem Zentrum, das nur in der Realisierung eines intentionalen Bezugsverhältnisses durch die Tonisierung von Zwerchfell und Bauchdecken entsteht.

Auch bei der wirkungsvollen Tongebung, die außer von den Stimmbändern von der Funktionsfähigkeit des Atemapparates abhängig ist, bedeutet der „Halt durch den Atem“ eine wesentliche Ausdrucksverbesserung. So wird es besonders für Sprecher, Sänger und Bläser zur grundlegenden Forderung, eine Ausgangshaltung zu finden, die der Einstellung bei der unspezifischen Tonisierung entspricht. Dabei bewirkt der Transsensus, der auf das Publikum gerichtet ist, über die Gamma-Tonisierung der Bauchdecken die reziproke Innervierung des Zwerchfells. Das führt zur Atem- oder Tonstütze während der Ausatemphase, der „inspiratorischen Gegenspannung“ für das Appoggio des Sängers (*Coblenzer* und *Muhar*).

Solange die intentionale Einstellung auf Umweltbezug gehalten werden kann, bleibt die Elastizität der Bauchdecken mit angepaßt erhöhtem Tonuszustand des Zwerchfells bestehen, unabhängig von der jeweiligen Atemphase oder Phrasenlänge. Es wird für die Beobachter und selbst für den Darsteller zu einem verblüffenden Ereignis, wenn bei der taktilen Prüfung weder der Ton noch die Person durch Stöße gegen den Rumpf oder Thorax Schwankungen erfährt. Der ganze Mensch bleibt heiter und gelassen. Das Muskelsystem gleicht alle Irritierungen in der Peripherie aus. (Siehe Übung B III Transsensus zum Standpunktwahren, S. 243).

b) Die Thoraxmuskulatur

Die Stabilisierung der Basis mit einer Bewegungszentrierung im Bauchraum hat auch für das thorakale Atemgeschehen selbst eine wesentliche Bedeutung. An den drei Formen des Sitzens wird ersichtlich, daß die ausbalancierte Haltung unter Transsensus auch die Größe des Ventilationsraumes verbessert. Dazu muß zwar die Thoraxmuskulatur konsensuell zum Zwerchfell innerviert werden, hat aber eine andere Regelungscharakteristik als die Bauchatmung.

Von Euler und Mitarbeiter fanden in den äußeren Zwischenrippenmuskeln zusätzlich zu den tonischen und dynamischen Einheiten der Muskelspindeln eine dritte Art: die rhythmischen Gamma-Einheiten. „Sie liefern im Takt der Respiration, parallel mit den entsprechenden Alpha-Antrieben, rhythmische Aktivitätssalven, die während jeder Kontraktion des Inspirationsmuskels eine Frequenzsteigerung seiner Muskelspindeln bewirken. Sie erhalten ihre Antriebe zusammen mit den respiratorischen Alpha-Zellen von den atmungssteuernden Strukturen in der Medulla oblongata (des Hirnstammes). Sie können die Führungs- und Unterstützungsrolle zum Antrieb der Alpha-Motoneurone nach Art des ‚follow-up servo' übernehmen." (*Henatsch*, S. 255, dito *Koepchen*, S. 199ff.).

Über eine reziproke disynaptische Innervation des Zwerchfells von seiten der rhythmischen Gamma-Einheiten wurde nichts vermerkt. Es erscheint uns auch unwahrscheinlich, daß sie, ähnlich wie die tonischen Einheiten in den gleichen intercostalen Muskeln, die zur Haltungsstabilisierung erforderlich sind, bei ihrer Erregung zur reziproken „Hemmung" des Zwerchfells führen könnten. Die Bedeutung der rhythmischen Spindeleinheiten für die Atmung liegt offensichtlich in der reflektorischen Kontraktionsförderung der äußeren Zwischenrippenmuskeln. Jede Ermunterung erregt sie zusätzlich und verstärkt damit die costale Einatmung, sobald man zu denken, zu planen oder zu handeln beginnen will.

Obwohl die Gamma-Aktivierung der rhythmischen Spindeleinheiten zu einer verstärkten Kontraktion in der Brustwand führt, beobachten wir beim natürlichen Atem paradoxerweise auch im Brustgebiet ein Gefühl der Weite, wenn der Mensch sein Umweltgefühl beibehalten und durch Zuwendung sogar intensivieren kann.

Da die Thoraxmuskeln durch eine koaktive Hemmungsdirektive ebenso eine Lösungstendenz erfahren wie die übrigen Skelettmuskeln, wird wohl das Weitegefühl über die Afferenzen der tonischen Einheiten vermittelt werden. Wendet sich der Mensch ganzheitlich seiner Umwelt zu, so empfindet er eine gleichmäßige Ausweitung der gesamten Rumpfwandung, ohne daß ihm der Unterschied zwischen dem gedehnten abdominalen und kontrahierten thorakalen Anteil bemerkbar wird.

c) Der Atemrhythmus

Der Atemgrundrhythmus

Wir haben in der praktischen Atemarbeit beobachtet, daß sich nicht nur der regionale Ablauf der Atembewegung beim intentionalen Verhalten verändert, sondern auch die Ausformung des rhythmischen Wechsels zwischen der Ein- und Ausatmung, wie sie sich in einer Atemkurve darstellen läßt.

Beim Schlaf- und Ruheatem wird der Atemrhythmus durch die für CO_2- und H^+-empfindlichen Chemorezeptoren im Hirnstamm gesteuert. Sie stimulieren über das Atemzentrum im wesentlichen das Zwerchfell. Dabei geben die Rumpfwände zur reinen Bauchatmung nach. Sie bleiben weich und eindrückbar, weil beim erniedrigten Schlaftonus weniger Dehnungsreflexe eine Gegenspannung aufbauen. Die Ausatmung vollzieht sich passiv auf Grund der Elastizität des Lungengewebes sowie durch den Zug der Baucheingeweide. Erst ein neuer chemischer Anreiz aktiviert den nächsten Einatemzug. Für diese Ruheatmung ist der Dreierrhythmus mit Einatem, Ausatem und Pause charakteristisch, der in seinem zeitlichen Ablauf maßgebend von den innerleiblichen Antrieben bestimmt wird.

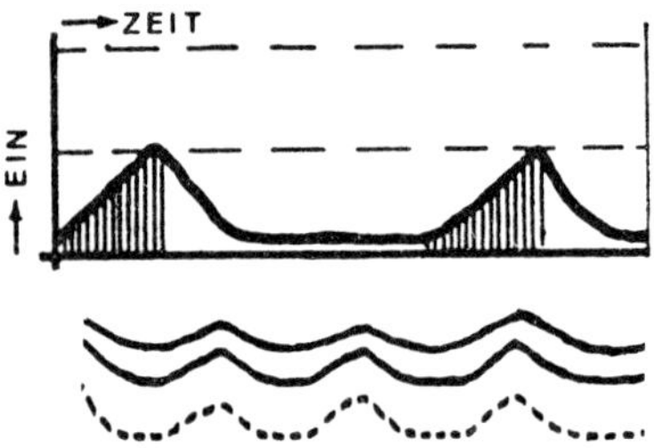

Ruheatem

Die 3 Kurven unterhalb der Schemata sind Originalaufzeichnungen der pneumographisch registrierten Umfangsveränderungen des Rumpfes bei der Atmung. Die obere Kurve wurde in Achselhöhe abgenommen, die mittlere Kurve in Magenhöhe und die untere Kurve (gleichzeitig mit Zeitschreibung) vom Unterleib.

Diese rein der Erholung dienende Atemform gilt auch als Vorbild für nahezu alle Entspannungspraktiken. Sie sind durchweg darauf abgestimmt, sich dem Ruhe-Atemrhythmus anzunähern und die Bauchatmung zu kultivieren.

Das gleiche Atemmuster kann zwar auch im entspannten Wachheitszustand annäherungsweise verwirklicht werden. Für die aktive Auseinandersetzung des Menschen mit seiner Umwelt muß es aber eine grundlegende Änderung erfahren.

Zum einen führt ein vermehrtes Sauerstoffbedürfnis zu einer Aktivierung der Chemorezeptoren und damit zu einer Steigerung der Ventilation. Zum anderen wirkt sich aber auch die Anhebung der Vigilität, die mit einer Erhöhung des Gamma-Tonus einhergeht, auf eine Veränderung des Grundtonus der Halte- und Atemmuskulatur aus. Alle äußeren Reize, wie Berührungen, Temperaturveränderungen, Licht oder Töne verändern ebenso wie natürlicherweise jede innere Motivation einer emotionellen Zuwendung zur Umwelt als erstes den Atem, **bevor** der Mensch durch eine Handlung Stellung dazu nehmen kann. Damit bekommen die Atembewegungen einen anderen Wert. Sie haben nicht nur die biologische Homöostase zu sichern, sondern werden zum umfassenden Ausdrucksorgan menschlicher Intentionalität.

Eine Mutter, die ihren Säugling am Körper trägt, weiß sehr deutlich zu unterscheiden, ob ihr Kind noch schläft oder ob es gleich aufwachen wird. Wie die meisten Tiere wird es in der Ermunterungsphase mit einer Atemveränderung und mit weichen Allgemeinbewegungen reagieren. Der Erwachsene mag zwar gewohnt sein, seine Glieder in der Munterkeit zu beherrschen, doch kann auch er nicht verhindern, daß sich die tonisierenden Einflüsse auf jeden Fall in der Veränderung seiner Atembewegungen auswirken.

Wenn wir die oben geschilderten Sonderformen der Spindelverteilung beim Atemapparat mit in unsere Überlegungen einbeziehen, lassen sich auch die folgenden von uns registrierten Atemkurven theoretisch interpretieren.

Der Bereitschaftsrhythmus

Nach *Koepchen* steht fest, daß die biologische Rhythmogenese von respiratorischen Neuronen im Stammhirn veranlaßt und durch afferente Zuströme von kortikalen Strukturen abgewandelt wird. Ebenso wirken aber auch Außenreize unmittelbar auf die Formatio reticularis ein und können damit indirekt diese pneumotaktischen Zentren modulieren.

Schon die allgemeine Aktivierung der Formatio reticularis durch ermunternde Reize geht mit einer vegetativen Umschaltung vom Vagotonus zum Sympathikotonus *(Moruzzi)* einher, die den Körper stoffwechselmäßig auf die Auseinandersetzung mit der Umwelt vorbereitet. Für unsere Problematik ausschlaggebend ist aber die damit verbundene Gamma-Tonisierung, die global die gesamte Muskulatur betrifft und den

Menschen auch im gesamten Verhalten auf die Umwelt hin orientiert. Das besagt bezüglich der Atmung, daß sowohl die Einatem- wie auch die Ausatemmuskulatur eine zusätzliche Anregung erfährt und sich im Bereitschaftszustand gegenseitig ausbalanciert.

Auf Grund der oben genannten Sonderformen der Muskelspindelverteilung – mit den rhythmischen Spindeleinheiten im thorakalen Bereich – führt diese Ausbalancierung zu einer Anhebung der Atem-Mittellage und wegen der exspiratorischen Zwerchfelltonisierung gleichzeitig zur Aufhebung der Atempause. Dadurch wandelt sich die Girlandenform der Atemkurve zu einer undulierenden Atemform auf angehobenem Niveau.

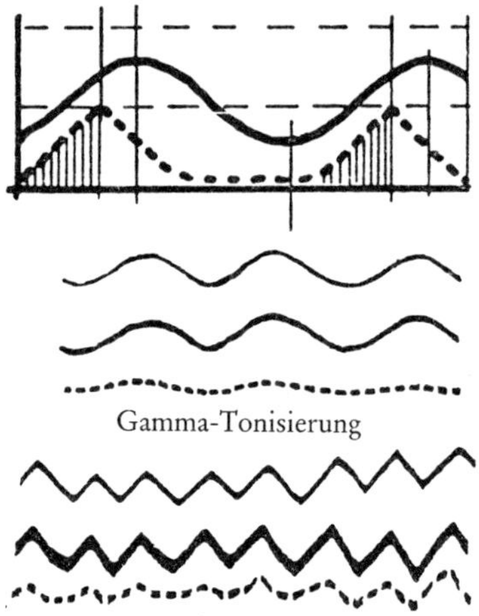

Gamma-Tonisierung

Kurve der gespannten Aufmerksamkeit

Die dynamischen Spindeleinheiten dürften in diesem Falle für die Frequenz des spontanen Wechsels der Atemphasen verantwortlich sein, verändert sich doch im Zustand gespannter Aufmerksamkeit die schwingende Kurve zur Zackenform.

Ein solch schneller Phasenwechsel ist dann ohne Verspannungsgefühl und Atembeklemmung naturgemäß angebracht, wenn er lediglich durch die Gegenspannung des Zwerchfells bei der exspiratorischen Lösungstendenz der Bauchdecken verursacht wird. Dann schafft er die prallelastische Spannung der Bauchdecken, die als Sprung- oder Tatbereitschaft in den traditionellen japanischen Kampfkünsten geschätzt wird. Sie vermittelt ihrem Träger das Gefühl geballter Kraft, die als Energie und Atemkraft aus der Tiefe seines Leibes aufzusteigen scheint.

Atemrhythmusveränderung durch Modulation des Gamma-Tonus

Es ließe sich darüber diskutieren, ob man die genannte Veränderung der dynamischen Spindeleinheiten, die die Empfindlichkeit des Systems verstellen, bereits zur Modulation durch den Gamma-Tonus rechnen sollte. Variationsreicher erscheinen jedoch die Veränderungen, die den statischen Spindeleinheiten in der Rumpfwandung zuzurechnen sind. Sie dürften für die Tiefe der Atemzüge verantwortlich sein. Wenn keine Steigerung der Atemleistung erforderlich ist, so steht die Amplitude in einem reziproken Verhältnis zur Frequenz. Stellt sich der Mensch z. B. auf einen Gefühlsraum ein, der seinen motorischen Handlungsbereich überschreitet, so werden die Atemzüge zwar tiefer, aber auch langsamer, wie es eine Versuchsperson zeigte, als sie sich auf die Goethe-Verse „Über allen Gipfeln ist Ruh ..." einstimmte.

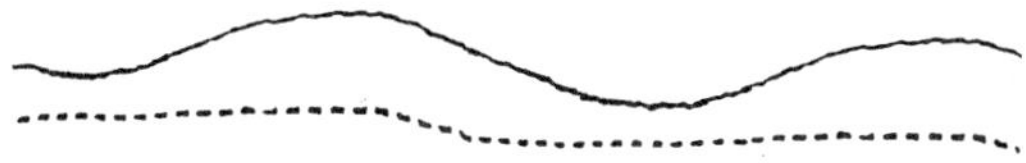

Gelassenheit

Entfaltet der Mensch vom Bereitschaftszustand aus eine dominierende Einwirkung auf die Umwelt, so verändert sich die Atemkurve zur Bogenform mit einer gewissen Verhaltenheit im Eingeatmet-Sein.

Die verstärkte Lösungstendenz der Rumpfwandung führt hierbei sowohl zur reziproken Tonisierung des Zwerchfells wie auch der Rückenmuskulatur als Gegenspieler der thorakalen Einatem-Hilfsmuskulatur.

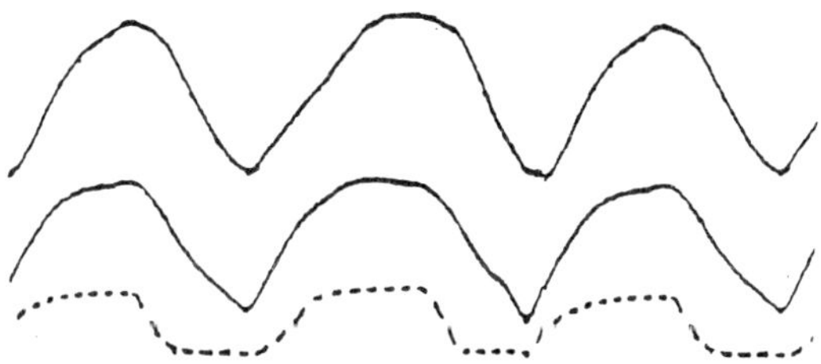

Kraftvolle Überlegenheit

Die Ausgestaltung einer solchen Bogenform bedingt, daß die dominierende Einstellung ausschließlich von der intentionalen Motivation, auf die Umwelt einzuwirken, unterhalten wird. Sie führt durch eine erhöhte Einatemspannung zur Anhebung des Brustkorbes. Dieser Vorgang ist völlig unabhängig vom Atembedürfnis oder von der aktuellen Atemphase. Die zentrale pneumotaktische Regelung scheint sich hier von der bekannten Steuerung der Einatemimpulse bei der Ruheatmung auf die der Ausatmung zu verlagern.

Es lassen sich eine Reihe von Theorien, die z. B. *Koepchen* für die zentrale Rhythmogenese diskutiert, als Möglichkeiten für diese natürliche Regelungsform heranziehen. Wir vermeinen, daß wohl die kurzzeitige Hemmung der rhythmischen Spindeleinheiten während der Ausatmung und/oder eine zusätzliche Aktivierung der Exspiration maßgebend sein könnten. Eine solche natürliche Betonung der Ausatmung, wie sie zur

Tongebung erforderlich ist, muß ja auch anstrengungslos von dieser erhöhten Ausgangslage ausgehen. Das ganze Aktivitätsgefühl liegt dabei auf der Ausatemphase. Am Ende einer Phrasierung scheint dann der Einatem in Bruchteilen von Sekunden als passiver Vorgang wieder zurück zu schwingen. *Coblenzer* und *Muhar* haben dieses Phänomen als „automatische Luftergänzung" bezeichnet. Von ihnen und *Langer-Rühl* liegen ganz vorzügliche Filme vor, die den Vorgang der schnellen Luftergänzung zum Einatemtonus des Brustkorbes und des Zwerchfells vom Stadium des Appoggios aus bei Sprechern, Sängern, Bläsern, ja sogar bei Geigern und Pianisten durch Röntgenaufnahmen instruktiv verdeutlichen.

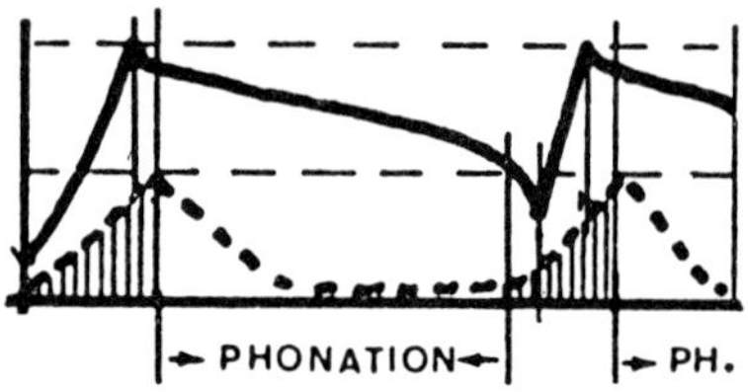

Atemrhythmus-Diskrepanz

In den gezeigten Kurvenformen brachten wir jeweils eindeutig motivierte intentionale Verhaltensweisen. Die sensomotorischen Besonderheiten werden jedoch noch eindrucksvoller, wenn wir noch ein Beispiel gegenläufiger Motivationen beim Lampenfieber anfügen. Die VP konnte zwar mit aller Intensität das Publikum vom Ausdruck kraftvoller Dominanz überzeugen, erzählte uns aber später, daß sie sich wegen der Prüfungssituation am liebsten zurückgezogen hätte. Diese Dissoziation zwischen Neigung und Absicht spiegelt auch die Atemkurve wider. Sie zeigt zur gleichen Zeit im Unterbauch die Girlandenform als Charakteristik des Rückzugs und im oberen Brustgebiet die Bogenform der Überlegenheit. Die mittlere Ableitung drückt in ihrer Zackenform das Spannungsverhältnis der psychischen Gegenströmungen aus.

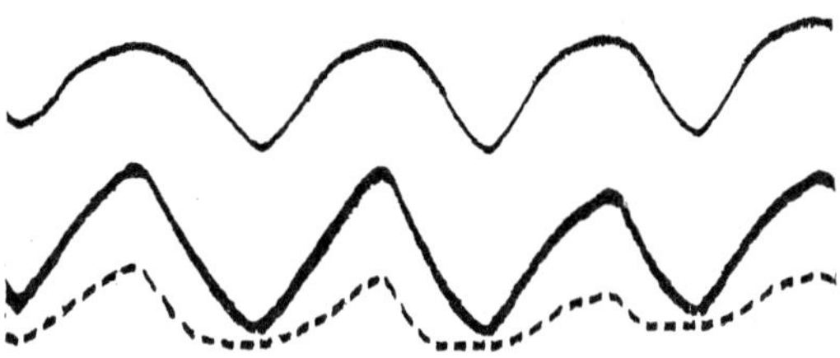

Lampenfieber

Auf weitere Modulationen der Atmung, die auf einen deutlichen Zusammenhang zwischen Verhaltensweisen und Atemformen hinweisen, gehen wir beim verbal-taktilen Eutonieaufbau und im Kommentar zu den potentiellen archaischen Intentionen ein.

5. Die Sensomotorik der Intention zum Transsensus, orientiert am verbal-taktilen Eutonieaufbau

Für therapeutische und pädische Interventionen reicht es nicht aus, daß man nur die Phänomene des eutonen Verhaltens kennengelernt hat und deren Schaltungsmuster einsichtig geworden sind. Es ist viel wichtiger, eine Einsicht in die Problematik zu gewinnen, wie Intentionen zum eutonen Verhalten im Menschen aktiviert, gesteuert und kontrolliert werden können.

Die Aktivierung der Intention zu einem eutonen Verhalten stellt sich beim Säugling, der sich noch nicht bewußt dirigieren kann, im Zustand der Wachheit – unbewußt geregelt – automatisch ein. Diese eingeborene Fähigkeit wird bis zum Autismus beeinträchtigt, wenn das Kind nur sich selbst überlassen bleibt und keinen mitmenschlichen taktilen Kontakt erfährt. Natürlicherweise ist demnach sein Reflexmechanismus mit der Geburt funktionstüchtig, bedarf jedoch der Stimulierung (Bekräftigung) von außen her, damit die kortikalen Instanzen späterhin die Kontrolle zur Steuerung der Differenzierung übernehmen können. Allerdings vollziehen sich auch dann, wenn der Mensch vollbewußt im Leben steht, seine Handlungs- und Ausdrucksformen, die von einer eutonen Verhaltensgrundlage ausgehen, ohne daß er den Bewegungsablauf beachten und bewußt verfolgen müßte. Erst wenn Fehlleistungen und Unvollkommenheiten auftreten, wird sowohl für ihren Träger wie für einen Helfenden die Frage aktuell, an welche Bedingungen die Steuerung und Kontrolle gebunden ist, damit Korrekturen angesetzt werden können.

Um unsere Interpretation der Sensomotorik bezüglich der subjektiven Erfahrung intentionalen Verhaltens besser verständlich zu machen, orientieren wir sie an den Phänomenen, die beim verbal-taktilen Eutonieaufbau zu beobachten sind. Er wurde unter dem Phänomen der Eutonie ab S. 52 im systematischen Aufbau beschrieben. (Hinweise auf den Eutonieaufbau werden hier jeweils mit EA eingeleitet.)

Die aus didaktischen Gründen erforderliche Gliederung verfälscht allerdings zwangsläufig die tatsächlichen Verhältnisse, da in jeder Phase des Aufbaues stets alle Einzelkomponenten des Endphänomens, auf die wir hier eingehen wollen, gegenwärtig sind und jeweils nur durch eine gewisse Dominanz vordergründig werden.

Das Besondere am verbal-taktilen Eutonieaufbau ist, daß die Tonusveränderung der Rumpfwandung an der liegenden Person über die aufliegende Hand registriert werden können und sich zugleich in ihrer Abhängigkeit von der intentionalen Einstellung des Daliegenden auf den in seinem Umfeldraum befindlichen Untersucher differenzieren lassen.

Obwohl die dabei gewonnenen Ergebnisse gerade wegen der intentionalen Komponente nicht den Kriterien exakt-wissenschaftlichen Forschens entsprechen, erlauben sie doch, sie in Bezug auf vorhandene sensomotorische Forschungsergebnisse zu interpretieren.

a) Die Qualität des Befindens

EA:
Zur Einleitung des Eutonieaufbaues (Stufe 1) werden kommentarlos taktile Testreize gesetzt. Die Art der spontanen Antwort des Klienten drückt sich in unmittelbarer Veränderung der tonischen Spannung seiner Rumpfmuskulatur aus. Sie kann als hypotone, hypertone, dystone oder eben auch als eutone Regulationsform vom Behandler differenziert werden. Die eigentliche Bedeutung dieses Tests liegt darin, dem Klienten seine Ausgangslage bewußt zu machen, damit er sie als Vergleichsmaßstab für den Endzustand des Eutonieaufbaues heranziehen kann.

In dieser Tonusregulation kommt zugleich – oft auch noch zusätzlich verbalisiert und ganzkörperlich verstärkt – das Befinden der Person zum Ausdruck. Wir nehmen an, daß die Verknüpfung der Tonusveränderung mit der Befindenslage auch durch die Muskelspindelfunktion veranlaßt sein dürfte. Die Muskelspindeln sind nachweislich nicht nur in den peripheren Reflexmechanismus als Effektoren eingebunden, sondern ihre Afferenzen zu den Motoneuronen geben auch Kollaterale ab, die über das Niveau der Spinalreflexe aufsteigen. Relativ gesichert erscheint, daß die markhaltigen, schnelleitenden Ia-Afferenzen auch bis zur Area 3a des Großhirns projizieren (*Henatsch*, S. 286 u. *Jung*, Bd. 14, S. 165). Allerdings meint *Kornhuber* (Bd. 11, S. 75), daß dieser Bereich nicht der Wahrnehmung, sondern der unbewußten Regelung der Motorik diene.

Es ist noch nicht eindeutig geklärt, welche Bewertung die Informationen der Muskelspindeln in übergeordneten Zentren erfahren. Nach *Kornhuber* (Bd. 11, S. 75) scheint es sicher, daß „der Lage- und Bewegungssinn der Extremitäten nach heutigem Wissen nicht von den Muskel- und Sehnenrezeptoren, sondern von Gelenkrezeptoren vermittelt wird“.

Doch gehen wir mit ihm nicht einig, wenn er meint, daß die Muskelspindeln nicht der Wahrnehmung dienen, weil die Area 3a der Großhirnrinde nur für die unbewußte Regelung der Motorik zuständig sei.

Ohne Zweifel steigt uns die Lage der Zunge und die Stellung der Augen nicht als eine besondere Empfindung ins Bewußtsein. Beide haben keine Gelenkrezeptoren. Wohl aber registriert man deutlich die Konzentrationsschwäche bei Müdigkeit und das Anstrengungsgefühl beim genauen Blicken. Man ist sich in ähnlichen Zustandsformen seiner „Maulfaulheit" inne. Wir empfinden vielleicht auch, wie bei einem begeistert zugewendeten Menschen „seine Augen zu glänzen scheinen" und „das Feuer aus den Augen sprühen" kann, oder wie, je nach dem Engagement, „die Worte leicht von den Lippen fallen" und die Sprache klangvoller moduliert wird. Diese Sensationen dürften der variablen Ansprechbarkeit der Gamma-Regulation durch Transsensus zuzuschreiben sein.

Wir schließen daraus, daß sich die Spindelfunktion in einer besonderen Form der Wahrnehmung widerspiegeln müßte. Sie unterscheidet sich vom genau lokalisierbaren Erkenntnisakt bei der bewußten Beobachtung eines Tast- und Bewegungsvorganges. Schon allein die Tatsache, daß die zentrale Gamma-Aktivierung wegen der peripheren Vernetzung global das ganze System aufruft, spricht gegen die Möglichkeit einer genauen Lokalisierung, die eine entsprechend umschriebene Repräsentation in der Gehirnrinde nötig machen würde.

Es ist anzunehmen, daß die Integrationsinstanz für diese Empfindungen bereits dem Thalamus zugeordnet werden kann, ist sie doch nach *Ey* „ein Bewußtseinsfeld, dessen ‚Psychotonus' minder differenziert ist als in der Verfassung der Aufmerksamkeit und Reflexion, nuancierter jedoch als im FR-gesteuerten Arousal ... Und vieles spricht dafür, daß der Thalamus eine ganz ursprüngliche Inkorporierung aller haptischen Erlebnisse leistet. Wobei unter Inkorporierung nicht nur das Leiberleben als Fundament jedes Erlebens zu verstehen ist, sondern auch die Konstitution erlebter leiblicher und seelischer Räumlichkeit als ein Gefüge, in welchem Subjektivität und Objektivität des Erfahrenen sich zusammen ordnen".

Die Unspezifität der Informationen durch die Spindelverstellung kann darum auch nur in den Bereich der koinästhetischen Gefühle, in denen das Allgemeinbefinden zum Ausdruck kommt, eingeordnet werden. Diese Empfindungssensationen entsprechen sinngemäß dem, was *Lersch* unter „schlichtem Erleben" meint, welches der Haltung der Bewußtheit, in der sich „eine Stellungnahme des Ichs zu seinen Erlebnissen" vollzieht, vorausgeht. Hier ist es diese Stufe, die er mit „unreflektiert-unbewußt" kennzeichnet.

Das heißt keinesfalls, daß der Geist umnachtet wäre. Im Gegenteil: „Die koinästhetischen Gefühle beinhalten nicht nur das eigene Leibesbefinden, sondern zugleich auch das Verhältnis der Person zur Welt" *(Calon). Plügge* drückt es noch deutlicher aus: „Befinden im engeren Sinne von Miß- und Wohlbefinden ist immer ein Sich-Vorfinden-in-einer-Situation. Die Befindensarten sagen immer zugleich etwas über unseren Körper, unseren Leib und unsere jeweilige Situation, d. h. unsere eigene Welt aus". Im Mißbefinden drängt sich der Leib auf. Es entsteht eine „gewisse Zähflüssigkeit und undifferenzierte Schwere, in der unsere Agilität versandet und wir unsere Freiheit einbüßen ... Die Umgebung verliert an Mannigfaltigkeit, an Kolorit, an Verführungskraft" *(Plügge).*

„,Wohlbefinden' heißt oft nichts anderes, als daß ich von meinem Körper nichts ‚merke', daß ich in meinen Vorhaben nicht gestört werde, mich dementsprechend ganz nach außen wenden kann, also eigentlich gar nicht ‚bei mir', sondern ‚draußen' sein kann und bin". Unser Interesse ist dann voll und ganz an den Dingen und Geschehnissen in unserem Umfeld beteiligt, und das Bewußtsein des eigenen Leibes schwindet. Es „gibt keine Auskunft über den Zustand unseres Körpers; es ist eine indiskutable Übereinstimmung von Körper, Leib und Welt. Unreflektiert ist es letzten Endes nichts anderes als die Frische, mit der wir unbefangen uns allem zuwenden ... Die Welt erscheint in einem verlockenden Glanz ... Die Kommunikationen, die sich anbieten, erscheinen willkommen und leicht zu vollziehen" *(Plügge).*

Plügge beschreibt damit den Zustand, den man sich als Ziel eines Eutonieaufbaues wünschen dürfte. Es entspräche etwa dem Verhalten der Dame, die wir als Beispiel der Eutonie im Alter S. 26 vorstellten. Wir hatten auch da eine Art Aggressionstest versucht, doch fanden wir keine Abwehr- oder Fluchtreaktion; sie blieb kontaktend zugewendet und weiterhin an dem interessiert, was um sie her vorging.

EA:

Besteht von vornherein ein relativ eutoner Zustand, ist kein Eutonieaufbau durchführbar. Er setzt also voraus, daß der Mensch erst einmal auf sich selbst zurückgeworfen wird, sich unangenehm betroffen fühlt und gleichsam unter seine Haut zurückschlüpft.

Er verwirklicht damit das Verhalten der Involution, das wir unter Abschnitt II. 3. c geschildert haben und als Retraktion durch das Aufschalten eines Kontraktionsmusters auf den Gamma-Tonus interpretierten.

EA:
Erst von einem Retraktionszustand aus, in dem man „leibhaftig" sich durch jeden Eingriff irritiert fühlt und auf Selbstschutz bedacht ist, wird ein gelungener Aufbau des Raumgefühls mit der Aufhebung der Empfindlichkeit zu einem eindrucksvollen Erlebnis.

b) Das Raum- und Präsenzgefühl

EA:
Es kann sein, daß man schon zu Beginn der Stufe 1 des Eutonieaufbaues durch die einleitenden beeinträchtigenden Griffe den Klienten so verjagt hat, daß er sich – wie man sagen könnte – ganz in sich zurückgezogen hat, sich selbst, so weit es ging, innerlich von der anliegenden Hand (die in der Regel über der Lendenwirbelsäule liegt) distanzierte. Unter der Hand wird eine Erschlaffung der Rumpfwandung tastbar. Eine abweisende Haltung würde sich in einer unelastischen Festigkeit der gleichen Gebiete ausdrücken.
Kann der Klient jedoch (in Stufe 3, 1. Phase) der Aufforderung nachkommen, sich ein Gefühlsbild von der Größe der Auflagefläche der Hand auf seinem Körper zu verschaffen, so hat sich bei ihm bereits ein Raumgefühl aufgebaut, das in etwa dem Körperschema von *Schilder* entsprechen dürfte.

Es besteht in einer Gefühlsgewißheit der eigenen Körperform, die üblicherweise durchaus nicht mit den tatsächlichen Maßverhältnissen übereinstimmen wird.

Wir müssen annehmen, daß das Körperschema auch an die Funktion der Muskelspindeln gebunden ist, denn Muskelgebiete, die nachgewiesenermaßen nur sehr wenig oder gar keine Spindeln besitzen, spürt man nicht unmittelbar. So kann man z. B. das Zwerchfell gefühlsmäßig nicht orten, und seine Bewegungen werden auch üblicherweise nicht bewußt. Die Kontraktionen des Zwerchfells, sofern man sie überhaupt registrieren möchte, imponieren als „Bauchatmung". Das Gefühl orientiert sich dabei an der Dehnung der Leibeswandung und nicht am Zustand der inneren Organe. Deshalb kann *Schaarschuch* sagen: „Da nun beim Erfragen der Rumpfräume sich nur kranke Gebiete bemerkbar machen würden, sind wir durchaus einverstanden, nur leere Räume vorzufinden."

Mit der „Sammlung" des „Empfindens" *(Middendorf)* auf diesen Grenzbereich des Körpers verändert sich die Muskelspannung in diesem Gebiet. Der Mensch wird sich seiner Leibeswandung bewußt. Dadurch neutralisieren sich zumindest die Flucht- und Abwehrsensationen, sofern keine weiteren äußeren Belastungen oder Aggressionen eintreffen.

Das spinale Regulationssystem ist noch nicht zur Bewältigung äußerer Störeinflüsse in Anspruch genommen worden. Damit sind die Valenzen der Muskelspindel-Afferenzen nun frei, auf die innerleiblichen motorischen Veränderungen – besonders die der Atembewegungen – zu reagieren. Die bewußt gesteuerte Intention, sich auf diese Grenzbereiche zu „sammeln", leitet bereits Richtungsdirektiven ein, die dem Ansatz einer Obtentusaktion entsprechen dürften. Da der Bewegungsansatz aber nicht zur „Entäußerung" in eine Geste freigelassen wird, „versandet" er im körperlichen Grenzbereich, bzw. wird dort reflektiert und als Entwicklungs„bedürfnis" in Form eines bewußt erlebbaren Körper- oder Leibgefühles zurückgespiegelt. Daraus wäre zu folgern: Die Registrierung über den intentional eingestellten Grenzbereich des Raumgefühles wird durch die Regelfunktion des Muskelspindelsystems dem Bewußtsein übermittelt.

Die Atemsensationen verstärken sich z. B., wenn sich die intentionale Direktive auf die peripheren Bereiche des Körpers, die Fingerenden, die Füße oder den Kopf ausrichtet, wie bei der Druckpunktarbeit über die Fingerbeeren nach *Middendorf* oder Fußreflexzonen-Massage nach *Ingham-Marquardt* beobachtbar ist. Hierbei werden sogar Empfindungen über das Ausmaß der Atemräume angegeben, die über die Körperbegrenzung hinausgehen sollen. (Nach chinesischer Auffassung gehören die Glieder vom Unterarm bzw. dem Knie ab bereits der Welt zu, da der Mensch über sie seinen persönlichen Raum zum Handeln und Hinausschreiten verlassen würde.)

Unabhängig von der hier genannten Beachtung der Atemphänomene sind nach unserer Auffassung die vielfältigen Methoden, die das Körpererleben *(Brähler)* zur „Selbsterfahrung" einsetzen, auch auf die genannte Eigenart der Spindelafferenzen angewiesen.

Man sollte bedenken, daß der Mensch der technisierten Zivilisation immer weniger taktil-kinetische Einwirkungen erlebt und letztlich Scheu vor unmittelbarem körperlichem Kontakt und Austausch bekommt.

Seine audio-visuellen Sinne erfahren dagegen eine Überflutung und nur seine intellektuellen Fähigkeiten werden gefördert und gefordert. So wird der Trend verständlich, sich gegen diese Belastungen abschirmen zu wollen und auf den ungestörten Genuß der inneren Bewegtheit auszuweichen. Solche Notlösungen werden dem Anspruch der Eutonie nicht gerecht.

> EA:
> Erst vom Grenzgebiet der Körperwandung aus beginnt der eigentliche Eutonieaufbau (Stufe 3 bis Ende). Dabei tritt das eigentümliche Phänomen auf, daß mit der Ausweitung des Gefühlsraumes über die faktische Begrenzung des Körpers hinaus das Leibgefühl wieder schwindet.

Es ist schon ein eigentümliches Paradoxon, daß es im Hinblick auf die Eutonie als erstrebenswert gilt, einen Zustand des Wohlbefindens zu erreichen, der sich aber gerade durch ein „Nicht-Empfinden“ auszeichnet.

Als Erklärung für diese eminent wichtige Funktion legt sich uns die Möglichkeit der **Alpha-Gamma-Koaktivierung der Muskelspindeln** nahe. Sie betrifft nach *Küchler* (S. 96) vorwiegend die Gamma-Motoneurone für die statischen Spindeleinheiten, die den eingestellten Sollwert des Arbeitsmuskels zur Stabilisierung seiner Spannung über die Dehnungsreflexe aufrecht zu erhalten haben. (Siehe S. 139.) Wird eine solche Muskelspindel gemeinsam mit dem Muskel, in dem sie liegt, gedehnt, so erfährt sie eine Erregung, die sie auf monosynaptischem Wege dem Motoneuron ihres eigenen externen Muskels übermittelt, um ihn auf den Sollwert wieder einzuregeln. Dieser Stabilisierungsreflex muß jedoch für eine aktive Bewegung durchbrochen werden. Wenn es erforderlich wird, die Spindel auf den neuen Sollwert umzuschalten, muß ihre Ansprechbarkeit auch auf diesen Wert, bzw. auf die gewünschte Länge, mitgeführt werden, um jeweils die optimale Ausregelung der Spannung im Bewegungsfluß zu ermöglichen. Ihre Erregung darf also in diesem Falle nicht nachlassen, sondern muß durch „koaktive“ Gamma-Impulse unterhalten werden.

Um ein solches fein angepaßtes gleitendes Mitführen der Muskelspindelerregungen zu gewährleisten, wäre eine intrafusale Muskulatur, die sich wie die Skelettmuskulatur nur nach dem Alles-oder-Nichts-Gesetz kontrahieren ließe, absolut ungeeignet. Darum gibt es in der Spindel die Tonusmuskulatur als Sonderform. Sie kann wie die glatte Muskulatur ihren Spannungsgrad abhängig von der Frequenz ihrer Erregung gleitend verstellen, unterscheidet sich jedoch von ihr durch ihre Querstreifung, die wohl für die Schnelligkeit des Reagierens erforderlich zu sein scheint (siehe S. 138).

Das Prinzip der Alpha-Gamma-Koaktivierung wurde auf dem Boden der klassischen Form der Bewegungssteuerung über zentral vorgegebene Kontraktionsmuster aufgestellt. Es war zu erwarten, daß diese motorische Steuerung auch durch die Afferenzen der Muskelspindeln zu speziellen Sensationen führen müßte. So nimmt z. B. *Jung* an, daß die aufsteigenden Spindelafferenzen zur Area 3a ein Wahrnehmungskorrelat schaffen, das – unabhängig von den Gelenkrezeptoren – dem klassischen „Kraftsinn", (*von Frey*, 1914) ähnlich wäre.

Die gleiche Wahrnehmungscharakteristik – jedoch mit umgekehrtem Vorzeichen – würden wir für die Spindelafferenzen bei den Bewegungsformen der kontaktenden Zuwendung, die unter Hemmungsdirektive ausgeregelt werden, für wahrscheinlich halten. Hier wäre die konsensuelle Mitführung der statischen Spindeleinheiten dann für die gleitende und geschmeidige Anpassung an die Zielobjekte erforderlich. Da sich hierbei in der Muskulatur des Annäherungsgebietes Lösungsvorgänge vollziehen, müssen die statischen Spindeleinheiten zum Nachführen auch ihre Erregung mindern. Die Spindel meldet darum weniger Kraft oder besser, sie vermittelt das Gefühl von Leichtigkeit oder noch naheliegender: „kein Leibgefühl".

Das heißt keinesfalls, daß das Spindelsystem dadurch inaktiv würde. Die dynamischen Spindeleinheiten werden von dieser Koaktivierung nicht mitbetroffen, so daß sie – abhängig vom allgemeinen Tonisierungsgrad – die elastische Anpassung an die äußeren Umstände so prompt mitvollziehen, daß es den Anschein macht, als gäbe es gar keine Dehnungsreflexe, obwohl diese von seiten der reflektorisch fazilitierten Antagonisten ja ständig aktiviert bleiben, aber eben durch das Nachführen in bezug auf die Rückmeldungen abgefangen und abgewandelt werden.

Diese Abwandlung der Afferenzen ist nach unserer Interpretation mit einem weiteren interessanten Phänomen verbunden. Orientierten die Muskelspindeln bei der intentionalen Einstellung bis zur Körperwandung über das eigene Körperschema, so übermitteln sie nunmehr die Einstellung auf den Umfeldraum; sie bauen das Situationsgefühl auf, um den „haptischen" Raum auszuloten. Ihr Resonanzgebiet ist nun die Grenze des erweiterten Raumes und die Regelungsformen vollziehen sich innerhalb dieses Gebietes ebenso automatisch wie vorher innerhalb des Körperschema-Raumes. Doch nunmehr werden die Bewegungsmöglichkeiten des vorher fremden Systems mit in die eigenen Regelungsformen integriert. Die intentional bedingte Funktion der „Koaktiven Mitführung" bis zur Grenzeinstellung dürften wir dann als den Mechanismus bezeichnen, der die Grundlage des „Kennenlernens" und der abrufbaren Erfahrensbildung abgibt.

EA:

In der Fortführung des Eutonieaufbaues (Stufe 3, Phase 1–4), der von der Einstellung des Klienten auf den Raum des Behandlers über dessen Hand, den Arm, den Rumpf bis zur ganzen bewegten Gestalt zu gehen hat, verändert sich der Tonus der Rumpfwandung.

Es wandelt sich dabei automatisch die Einstellung der egozentrischen Ich-Findung zur Du-Erfassung und Wir-Gestaltung. Der Ego-Trip der „Selbst"-Erfahrung wird abgelöst von der beglückenderen Erfahrung, daß im „Miteinander-Sein" ein persönliches „Wert"gefühl gewonnen werden kann.

EA:

Beim Eutonieaufbau richtet sich dieses Ausloten des haptischen Umfeldes – je nach Anweisung – auf die Gestalt des Anfassenden, der auf Grund der daran gebundenen Tonusveränderungen den Vollzug bestätigen und rückmelden kann.

Doch gibt es genügend Beispiele, die diese Fähigkeit auch in anderen Situationen verdeutlichen können:

Wer einem anderen die Hand zu reichen hat, wird von sich aus wohl recht sicher zu unterscheiden vermögen, ob er interesselos seine eigene Hand nur hinhält, ob er mit der Hand oder dem Arm des anderen umgeht, sie drückt und schüttelt, oder ob er sich im Anfassen auf die ganze Person einstellt, sie meint und über die Hand hinaus erfaßt.

Diese drei verschiedenen Einstellungsformen beschreiben nicht nur unterschiedliche Bewegungsformen, sondern auch Ausweitungsstufen des Gefühlsraumes. Natürlich werden sich dabei die Gedanken und Gefühle auf das Objekt richten, mit dem man umzugehen hat. Was sich leiblich dabei in einem selbst abspielt, wird, wenn es recht und „echt" geschieht, im marginalen Bewußtsein verbleiben. Erst später, wenn man sich die Situation wieder vergegenwärtigt und als Gefühlszustand wieder aufleben läßt, wird einem deutlich, daß man für die zweite Stufe schon einen festeren Stand eingenommen hatte und gestraffter war. Für die dritte Stufe, d.h. für das wirkliche Meinen des ganzen Menschen, würde man vornehmlich einen vertieften Atemzug vermerken, mit dem man insgesamt in einen emotionell gehobeneren und belebteren Zustand kommen würde.

Ein zweites Beispiel: Die Ausweitung des Gefühlsfeldes ist auch ohne Berührungskontrolle subjektiv und sogar objektiv differenzierbar. Dieser Bereich wird dann nur im übertragenen Sinn taktil-kinetisch erfaßt. Auch ohne die eigene Bewegung und Gestik zu beachten, kann man empfindungsmäßig gut unterscheiden, ob man im Gespräch keine eigene emotionelle Hinwendung aufbringt, ob man sich auf den Partner bezieht oder ob man sich auf eine Gruppe oder gar auf eine größere Zuhörermenge eingestellt hat. Ein Redner, der sich schon im voraus auf sein Publikum bezogen hat, wird in dieser Vorbereitungsphase deutlich merken, daß er nicht mehr erschlafft dastehen kann, daß sich sein Brustkorb heben wird und es einer gewissen Anspannung bedarf, um die rechte Präsenz für sein Wirken entfalten zu können. Diese Leibgefühle, die durch die Spindelfunktion aufgerufen werden, verschwinden in der real gelebten Situation. Aber der Zuhörer wird aus den somatischen Phänomenen, wie Haltung, Atmung oder Stimmodulation entnehmen, ob er ohne Gefühlsbeziehung angesprochen wird oder ob er „miteinbezogen“ und „gemeint“ ist.

Ein drittes Beispiel: Auch rein mental, d. h. ohne vorhandenes und nur mit einem aus der Analogievorstellung her abgeleiteten Objekt, ist eine gefühlsmäßige Ausweitung in den Raum bewußt einstellbar. Sie kann als Ausgeglichenheit, Gelassenheit, Urvertrauen oder, sogar unbegrenzt in den Raum reichend, als kosmische Verbundenheit empfunden und erlebt werden. Die leibliche Situation zeichnet sich durch das Fehlen jeglichen Spannungsgefühles aus. Eine solche Einstellung entspricht der transzendenten Eutonie.

c) Das Verbindungsgefühl und Induktion

EA:

Während der Klient bemüht ist, den Worten des Behandlers zu folgen und seinen Gefühlsraum stufenweise auszuweiten, muß er immer wieder Rückmeldungen bekommen, ob und wie weit ihm das gelungen ist.

Es ist für den Klienten zumeist sehr erstaunlich, daß die Aussage des Behandlers mit seiner eigenen Absicht und Gefühlsgewißheit, sich so weit auszuweiten, übereinstimmt. Selbst unseren Schülern mutet es anfangs recht geheimnisvoll an, daß sie zwar eine ähnliche Gefühlsgewißheit vom Fortschritt des Aufbaues haben, um in der verbalen Leitung bleiben zu können, aber kaum zu schildern vermögen, was sie zu dieser Gewißheit bringt.

Wir hatten von der visuell erkennbaren Entgegenwölbung des Rumpfes durch die Atmung gesprochen und auch auf den unterschiedlichen Tastbefund der sich anschmiegenden Bauchwand hingewiesen. Aber es dürfte schwierig sein, einsichtig zu machen, daß lediglich diese „Signale" uns veranlassen, sie auf den eigenen Körper zu projizieren.

Wir sind eher dazu geneigt, diesen Vorgang als eine unmittelbare Bewegungsinduktion über das tonusregulierende System zu interpretieren. Um diese Sicht zu erklären, werden wir nicht von der etwas ungewöhnlichen Situation des Eutonieaufbaues ausgehen, wo der Behandler als der Empfänger und der Klient als Sender fungiert, sondern versuchen, es erst über bekanntere Situationen verständlich zu machen.

Die Bezugnahme auf andere bewegte Systeme wird in den uns bekannten Bewegungslehren und sensomotorischen Interpretationen auf die Phänomene der Anpassung, Vervollkommnung von Bewegungsmustern, Koordination von Stütz- und Zielmotorik, Umwelt-Reafferenz und Afferenzsynthese (um nur einige der Begriffe zu nennen, die auf die zerebralen Regelungsvorgänge hinweisen) eingeengt. Wir fanden in der uns zugänglichen Literatur nirgends eine Erörterung über die unterbewußte taktilkinetische Beeinflussung als averbale Direktive, obwohl diese nicht nur dem Reiter gegenüber seinem Pferd und dem Tänzer bei seiner Partnerin geläufig ist, sondern auch im alltäglichen Leben zum Umgang mit dem Nächsten gehört. So blieb auch ungeklärt, woran ein Partner merkt, was eine Berührung ihm bedeuten soll, ob sie aufmunternd oder tröstend ist, ob er überhaupt durch sie „gemeint" ist oder nur wie eine Sache angefaßt wird. Das Vertrauen des Blinden, der sich von einer leicht berührenden Hand durch das Menschengewühl führen läßt, gehört mit in diese Problematik.

Daß es sich hierbei um eine reziproke oder konsensuelle Aktivierung und sogar Modulierung des Gamma-Tonus bei so berührten Menschen handeln muß, wird offensichtlich, wenn diese im erwarteten Sinn agieren. Bereits für die feinen Impulse der zarten Berührung scheinen die Muskelspindeln empfindlich zu sein. In diesem Falle aber nicht als Interozeptor zur Kompensation eines von außen kommenden Störfaktors, um den eigenen intentional eingestellten Sollwert aufrecht zu erhalten und eventuelle Gegenbewegungen einzuleiten, was allgemein als Aufgabe der Spindeln angesehen wird, sondern als Exterozeptoren zur Adaptation an das angebotene fremde Bewegungssystem.

Es entsteht im Berührten eine Resonanz auf die unspezifische Ausweitung des haptischen Raumes des Anfassenden, solange er noch nicht beabsichtigt, Veränderungen hervorzurufen, sondern nur ein „Miteinander-Sein“ als „gemeinsamen Raum“ intendiert. Dabei haben sich zuerst beim Angefaßten die Gebiete, auf die sich der Anfassende raummäßig einstellte, gelöst, entspannt und sind bewegungsgeneigter geworden. Doch diese Veränderung irradiiert gemäß der Vernetzung des Spindelsystems zu einem Bereitschaftszustand, der auch einer unspezifischen Raumorientierung entspricht. Das GNS des „Angefaßten“ hat auf „Begegnung“ geschaltet.

So wie für eine sinnvolle Eigenbewegung der unspezifische Gamma-Tonus erst das haptische Raumgefühl als Betätigungsbereich bereitstellen muß, damit sich eine Modulation darauf aufbauen kann, so ist auch das geschilderte **Verbindungsgefühl** eine Vorbedingung dafür, daß sich eine taktil-kinetische **Induktion** verwirklichen kann. Hier kommt also von seiten des Beeinflussenden eine intentional gesteuerte spezifische Abwandlung des Transsensus hinzu. Ihre Variationsmöglichkeit ist abhängig vom Repertoir seiner Bewegungsmuster für das Miteinander-Umgehen, das er sich im Laufe seines Lebens im Partnerbezug erworben hat. So dürfte man z. B. nach der Übung des Konsensus (B I) erwarten, daß man am eigenen Körper erfahren und gespeichert hat, wie sich das gemeinsame Bewegen vollzogen hat.

Und so wird es beim Übungsbeispiel B IV, durch leichten Handkontakt einen Sitzenden zum Aufstehen anzuregen und ihn im Raume zu führen, für den Stehenden aller Voraussicht nach auch gegeben sein, eine gewisse Antizipation des zu erwartenden Aufstehvorganges des Sitzenden in sich aufzurufen. Da sich das dabei auftretende Bewegungsmodell des „gemeinsamen Aufstehens“ (wir empfehlen die Vorstellung: „Ich stehe im anderen mit auf“) bereits in seiner ganzen Komplexität auch im hingereichten Arm abspielt, teilt es sich über die leicht berührende Hand dem Angefaßten ebenfalls mit. Es moduliert auch dessen Erwartungshaltung als spezifische Stimulation der Muskelspindeln. Die von peripher her mechanisch induzierte Konstellation wird zentralwärts über ihre Afferenzen weitergeleitet und dort zu einem „Eigen“-Bewegungsprogramm verarbeitet. Dieses bedarf keiner eigenen bewußten Initiative zur Intention des

Aufstehens, weil es sich nicht von der kortikalen Instanz her aufbaut. Das tatsächliche Erheben wird darum nicht als bewußte Willens-Leistung empfunden, sondern „es" geschieht einfach.

Wegen der Selbstverständlichkeit des Vollzuges wird dieser Vorgang auch nicht als Eingriff in die persönliche Freiheit angesehen (denn das „Miteinander" war ja schon vorher als Bereitschaftstonisierung aufgebaut), sondern im Gegenteil als Ausdruck eines freundschaftlichen Mitvollziehens. Das gilt nicht nur für die Kommunikationsbewegungen über den Handkontakt. Die taktil-kinetische Induktion ist über jeden Körperteil je nach akzeptierbarer Lebenssituation möglich. Beim Reiter mag sie über den Schenkeldruck, über besondere Gewichtsverlagerungen oder gar über die Zügel gehen. (Siehe das Beispiel des Reiters, S. 45.)

EA:

Diese Bezugsverhältnisse gelten nun auch für die beiden Partner beim Eutonieaufbau.

Der Behandler hatte schon vorher von sich aus, während seine Hand ruhig auflag, seinen eigenen haptischen Raum um den Klienten ausgebreitet. Er hatte damit nicht nur bei sich selbst eine erhöhte Sensibilität durch Aktivierung des Gamma-Tonus aufgebaut, sondern bereits eine gewisse unspezifische Induktion getätigt, die nun die Tonusregulation des Klienten unterbewußt soweit stimuliert, daß dieser leichter aus seiner Retraktion kommen kann und geneigter wird, sich auch seinerseits auf den Behandler hin auszuweiten.

Gerade weil der Behandler keine eigenen spezifischen Intentionen aufgebaut hat, um irgend etwas besonderes mit dem Klienten anzufangen, sondern nur ruhig spürend seinen haptischen Raum bereitgestellt hat, moduliert nun der Klient durch die Gegeninduktion diesen Gamma-Tonus. Und die Afferenzen der sensibel gewordenen Spindeln vermelden eine Veränderung, die er nun mit Recht als durch den Klienten veranlaßt bewerten wird.

d) Die Gefühlsprojektion

EA:

Da der bäuchlings liegende Klient beim regulären Eutonieaufbau keinen Blickkontakt mit dem Behandler aufnehmen kann, ist er bei seiner Orientierung auf den Leib seines Partners auf die Vorstellung angewiesen, die er sich von diesem Menschen machen würde.

Diese Gefühlsvorstellung teilt sich über die genannte Induktion auch dem Behandler mit, so daß er rückmelden könnte, wie er sich erfaßt fühlt (etwa zu dünn, zu hölzern, zu wenig belebt oder … oder …). Darum ist es ratsam, die Empfehlung zu geben: Der Klient möge ihn so gestalten, wie es seiner Empfindung nach grundsätzlich dem Menschen zukommen würde. Das Bild müsse keineswegs mit dem Behandler identisch sein.

Eine solche „idealisierende" Gefühlsprojektion ist – wie vielfältige Erfahrungen selbst in anderen Begegnungsformen zeigen – außerordentlich fördernd für das kommunikative Verhalten. Es geht hierbei nicht nur um die in psychotherapeutischen Kreisen so wohlgemeinte Empfehlung, den Menschen so zu nehmen, „wie er gemeint sei" oder nur das „Gute" in ihm zu sehen. Sondern hier werden in beiden Partnern eutonisierende Tonusregulationen angesprochen, deren Klärung wir versuchen wollen.

Die heutige Bewegungserforschung ist darauf ausgerichtet, dem Stande der Technik entsprechend, den Menschen auch als informationsverarbeitendes System zu sehen *(Schewe)*. Die menschliche Bewegungsentwicklung wird als Lernvorgang angesehen, der sich in ähnlicher Weise vollziehen würde, wie die Programmierung und Speicherung der Computer. Die Informationen, die der Körper durch äußere Signale gewinnt, vermag er dann zur Differenzierung und Leistungsverbesserung im Umgang mit seiner Umwelt zweckdienlich zu verwerten.

Was uns bei dieser Betrachtungsweise befremdet, ist, daß der Mensch daraufhin untersucht und beurteilt wird, wie er einzig und allein von sich aus mit den Dingen – oder wenn solche nicht da sind – nur mit sich selber umgehen kann. Das, was wir hier als Induktion im zwischenmenschlichen Bezug als ein so bedeutungsvolles Agens ansehen, wird dabei völlig ausgeklammert.

Es ist aber ein großer Unterschied, ob man sich auf sachlich-mechanische Systeme einstellt, wie bei den täglichen Gebrauchsartikeln, oder ob man sich auf ein System bezieht, das der eigenen leiblichen Struktur, eben einem Menschen, entspricht. Es ist nicht nur, daß zwischen den Menschen auch eine seelische Kommunikation möglich ist, sondern vom Menschen als Partner können so variable motorische Rückmeldungen kommen, wie sie auch im eigenen Körper angelegt sind.

„Angelegt" meint, daß Anzahl und Verteilung unserer Muskulatur schon von Geburt an mitgegeben sind und bereits da die Charakteristika der vorprädikativen Eutonie zeigen. Der Säugling ist aber zu dieser Zeit voll an die Kommunikation des Bewegungsspieles mit seiner Mutter gebunden und erlebt im Bewegt-Werden als erstes die Bewegungsinduktion. Und selbst das Sich-Lösen, um hinauszugreifen und auf eigenen Füßen zu stehen, bedeutet für ihn nur ein Ausweiten des Gefühlsbereiches. Das Kind empfängt nicht nur Signale, sondern es bezieht ein anderes mit ein, lebt das Andere mit.

Von sich aus würde jedes Kleinkind primär mit den Dingen um sich herum so umgehen, als wären sie lebendig wie menschliche Partner. Es setzt sich von sich aus ganzheitlich ein und wähnt, das Andere sei seinesgleichen, das in ähnlicher Weise motorisch ganzheitlich antworten könne. Erhält es nun aber ständig nur Rückmeldungen von einem primitiven mechanischen System, so versanden seine eigenen motorischen Möglichkeiten zu Teilfunktionen, im schlimmsten Falle bis zum Autismus.

Und doch liegt in der Tatsache, daß jeder Mensch die gleiche Anlage seiner Glieder- und Muskelstrukturen hat, die ja alle eine gewisse Grundtonisierung besitzen müssen, ein unbewußtes Gefühl dafür, wie es sein könnte, wenn sie sich im ausgewogenen Spannungsverhältnis befinden würden. Zugleich ist dieses ahnungsvolle Gefühl auch an ein Kommunikationsgefühl gebunden, das wahrscheinlich schon vorgeburtlich geprägt sein könnte und sich späterhin mit einem Empfindungsbild des „guten" oder „rechten" Menschen verknüpfen wird, selbst dann, wenn keine realen Erfahrungen es im Laufe des Lebens bekräftigen konnten.

Kann man den Menschen dazu bringen, sein eigenes inneres Bild vom Menschen auf einen anderen Menschen mit auszuweiten, so modifiziert und optimiert es sich erst in ihm selbst über sein tonusregulierendes System. Er verändert sich in seinem Tonus, wird atemvoller, ausgeweiteter, gelöster, baut von sich aus unbewußt eine Atmosphäre auf, die den anderen mit einbezieht, auch ihn induktiv tonisiert und dieses Menschenbild ihm überträgt. Im Zuerkennen „erkennen" sie einander. Die vorherige Fremdheit schwindet. Bedeutungsvoll und vorrangig mag zwischen diesen beiden Menschen mehr das seelische Empfinden sein. Aber es ist tatsächlich an eine objektivierbare (nur nicht mehr so interessante) Veränderung der Belastungsfähigkeit gebunden. Menschen, die einander gut Freund geworden sind, die können sich zur Bekräftigung auf die Schulter klopfen, die können sich „Wahrheiten" sagen, die von einem Fremden nicht angenommen werden würden. Es gibt zwischen den Partnern kein Respektgefälle mehr, wie man es zwischen dem Chef und seinen Untergebenen kennt oder wie es sich allzuleicht im Arzt–Patientenverhältnis einstellt, sondern hier entwickelt sich mit Selbstverständlichkeit ein gleichwertiges gegenseitiges Achtungsgefühl. Und diese Gefühlsqualität ist daran gebunden, daß ein motorisches Spannungsgleichgewicht eingestellt werden konnte, das eigentlich grundsätzlich in jedem Menschen angelegt ist.

Wir müssen es darum als eine bedenkliche Fehlentwicklung ansehen, wenn die Entwicklungsfähigkeit der Motorik daran gemessen wird, inwieweit der Mensch in der Lage ist, mit technischen Dingen sachlich umzugehen und damit seine Muskulatur differenzierter in Teilgebieten einsetzen zu können und dort Spezialleistungen zu erbringen. Es ist eine zwangsläufige Folge, daß er in der Versachlichung das ganzheitlich belebende Gefühl verliert, das nur durch Vermenschlichung vermittelt werden kann.

EA:
Da nun beim Eutonieaufbau beide eine Zuwendungsintention aufgebaut haben, wird diese Einwirkung auch von keinem als Irritierung aufgefaßt, die Abwehrmechanismen in Gang zu setzen hätten, sondern im Gegenteil, sie kumulieren zum Eindruck einer gegenseitigen Bereicherung, die mit dem subjektiven Gefühl von Sympathie verbunden wird.

e) Eigeninitiative zur Aktivierung der Intention

EA:
Bis zur Endphase der Stufe 3 des Eutonieaufbaues hilft der Behandler seinem Klienten, die Gefühlsqualitäten zu erleben, die mit dem Raumempfinden und der Einstellung auf die anwesende Person verbunden sind. Nun geht es darum, ihm auch bewußt zu machen, daß es von seiner eigenen Entscheidung abhängt, ob er das, was er selbst als gut empfunden hat, auch auf Grund eigener Initiative verwirklichen kann.
So wird der Behandler, wenn er bei sich empfindet, daß sich die Grundeutonie eingestellt hat, den Aggressionstest vom Anfang wiederholen, um dem Klienten deutlich zu machen, wie sich seine Abfangfähigkeit und Reagibilität verändert haben. Zumeist wird der Klient glauben, daß er nicht mehr in gleicher Intensität angegangen wird. Darum ist es wichtig, ihn aufzufordern, sich wieder bis zum Anfangsstadium zurückzuziehen und auf Distanz zu gehen. Wenn ihm

dies gelingt, wird er erschreckt vermerken, daß er wieder genauso empfindlich wird wie am Anfang.

In diesem Zustand darf er natürlich nicht verbleiben, doch nun muß er aufgefordert werden, ganz von sich aus ohne Hilfe den durchlebten Eutonieaufbau bis zur Grenzeutonie durchzuführen. Es soll ihm ja deutlich werden, daß ein gutes Verhältnis zu seiner Umwelt davon abhängig ist, daß er sie seinerseits mitgestaltet.

Mit diesen Momenten haben wir ganz gezielt die menschliche Fähigkeit angesprochen, sich selbst zu motivieren. Das besagt, über bewußtwillkürliche Eigenentscheidung einen Einfluß auf den affektiv gefärbten Kontaktaufbau ausüben zu können und damit in die Aktivierung und Modulierung des tonusregulierenden Systems einzugreifen.

Ein solcher bewußter Eingriff verläuft über einen anderen Steuerungsweg als die pyramidalen Willkürbewegungen, bei denen sich die bewußte Aufmerksamkeit mit dem Ingangsetzen und Verfolgen der Teilbewegungen beschäftigt. Die Absicht, eine intentionale Verhaltensweise einzunehmen, ist mehr als „Antizipation", wenn diese verstanden wird als gedankliche Vorplanung der Eigenbewegung, weil dabei die Affektivität der ganzheitlichen Erlebnisfähigkeit nicht mit angesprochen ist.

Die Intention braucht zur Wirksamkeit die „Einstellung" auf ein „Anderes". Dazu muß das gesamte Nervensystem einschließlich des Erlebnisrepertoirs zum Einsatz kommen, um ein Raumgefühl aufzubauen, das primär dem Bereitschaftszustand entsprechen würde, der bei Tieren durch äußere Anlässe erweckt wird. Die Formatio reticularis kann also auch von übergeordneten kortikalen Instanzen zur unspezifischen Gamma-Tonisierung aktiviert werden, wie man sich ja auch absichtlich zu ermuntern vermag.

Welche der Hirnstrukturen dann letztlich den Ausschlag für eine „freiheitliche" Entscheidung abgeben und als motivierende Antriebe fungieren, wird vorerst noch ein ungeklärtes Rätsel bleiben, selbst wenn *Henatsch* (S. 401) schreibt: „Die ganze Großhirnrinde ist nicht als Funktionsgenerator für raumzeitliche Bewegungsmuster tätig, sondern als das Organ für die integrierende und analysierende Verarbeitung der von allen Seiten einströmenden Informationen. Erst wenn die in subkortikal gelegenen Strukturen gebildeten, bewegungsadäquaten Raum-Zeit-Erregungsmuster nochmals zur Hirnrinde zurückkehren, kommt der motorische Kortex als endgültiges zentrales Ausführungsorgan zum Zuge."

Darüber hinaus wird auch die Frage noch offen bleiben, ob die kortikale Entscheidungsfähigkeit, die für den bedeutenden Gehirnforscher *Eccles* in der „Freiheit des bewußten Selbstes" besteht, wirklich als Steuerungsimpuls im eigenen Selbst gründet, oder ob sie letztlich auch als ein Regelungsvorgang angesprochen werden könnte, der von einem Bezugsverhältnis zum Umfeld unterhalten wird. Zum Beispiel, wenn man das Gefühl eines höheren Auftrages empfindet, der einem Entscheidungen nahelegt, oder auch wenn man sich durch Mitmenschlichkeit gedrängt fühlt, für andere dazusein, oder wenn man nicht anders kann, als ethischen oder religiösen Ansprüchen, die man auf mentalem Wege aufgenommen hat, gerecht zu werden.

f) Eigeninitiative zur Transposition intentionaler Erfahrung nach dem holographischen Prinzip

EA:
So wichtig das Training eines körperlichen Ablaufes zur Konditionierung auch sein mag, es kann nicht das Ziel eines Eutonieaufbaues sein, lediglich die gerade erst durchlebte Funktion der Grundeutonie nur in bezug auf den Behandler immer wieder neu aufzubauen. Der Klient muß die kommunikative Fähigkeit auch auf andere Situationen übertragen können, um zur Eigenständigkeit zu gelangen.

So wird er bereits am Ende der 3. Stufe aufgefordert, sich innerhalb des haptischen Raumes, den er als einen Gefühlsbereich vom Rücken her, also nach hinten, gestaltet hatte, herumzudrehen. Er möge dabei diesen Raum ganz von sich selbst aus, allenfalls mit verbaler, aber keinesfalls taktiler Hilfe, auch nach vorn ausweiten, um die Begegnungsfähigkeit auch über diesen Bereich aufrecht zu erhalten. Erst wenn dies geglückt ist, wird wieder die handgreifliche Testung eingesetzt.

Die sensomotorischen Grundlagen, die sich nach unserer Auffassung für dieses freiheitliche Wahlverhalten heranziehen lassen, konnten erst in den letzten Jahrzehnten erarbeitet werden. Es ist hierbei vor allem der Kreis der Gehirnforscher um *Pribram,* deren Forschungsergebnisse für unsere Interpretationen geeignet erscheinen. Sie haben auch die vorausschauenden Gedanken von *Bernstein* zusätzlich bekräftigt *(Whiting).*

Die bisherige Auffassung über das ZNS geht davon aus, daß einzelne Hirngebiete für besondere Aufgaben vorgesehen sind und von diesen Zentren die motorische Peripherie durch erlernte, bzw. vorgeprägte Bewegungsmuster angesteuert wird. Die Regelung geschehe über entsprechende Rückmeldungen (Reafferenzprinzip nach *von Holst* und *Mittelstaedt*), wobei etappenweise Schleifen wie in der elektronischen Datenverarbeitung *(Schewe)* auch beim Menschen angenommen werden.

Pribram geht in seiner Auffassung über die gegenwärtige Computeranalogie hinaus und sieht im gesamten Nervensystem ein **holographisches Prinzip** verwirklicht. Das bedeutet, daß die neuronale Informationsverarbeitung und -speicherung auf der Wellennatur der Erregungen basiert. Nur die Interferenzen der Wellenstrukturen seien dabei für den Informationscharakter maßgebend.

Man konnte solche Wellenstrukturen über die *Fourier*-Analyse von Gehirnströmen erschließen und mit dem Computer berechnen. Es ergaben sich dabei Reliefkurven, die perspektivisch hintereinander projiziert einem Gelände- oder auch Wellenmodell entsprachen. (Ausführliche Darstellung bei *Pribram*, 3)

Zur Veranschaulichung greifen wir auf das Bild des Teiches zurück. Der Wind, die Fische, die Enten und vielleicht auch die zu- und abfließenden Bäche erzeugen in unterschiedlicher Weise die Wellen. Jeder einzelne Anlaß für einen Wellenimpuls mischt sich mit den anderen Impulsen zum Bild der gekräuselten Oberfläche des Teiches. Ja auch die Struktur des Teiches, seine Größe, seine Form und Tiefe, aus der heraus vielleicht sogar Klippen bis nahe an die Oberfläche ragen, bildet Grenzflächen, an denen die Wellen reflektiert werden und in das Wellenmuster mit eingehen.

Übertragen wir dies auf den Organismus, so repräsentiert das gesamte Nervensystem die Teichfläche. Die einzelnen Anstöße für die Wellen möchten wir mit den inneren und äußeren Bedingungen, die über Myriaden von Rezeptoren das Nervensystem erregen, vergleichen. Und die reflektierenden Begrenzungen würden beim menschlichen Organismus die besondere Struktur des körperlichen Bauplanes bilden: Das wären in der Peripherie seine Glieder, die Verteilung der Muskulatur, die Ausgestaltung seiner Sinnesorgane und im neuralen Zentrum die Gestaltung seines Schädels, der der Erweiterungstendenz des Gehirns so viel Widerstände entgegensetzt, daß es sich in vielfache Windungen einfalten mußte und für bestimmte geistige Leistungen gewisse „Ballungsgebiete“ entwickelte.

Das holographische Prinzip ist seit der Erfindung des monophasischen Lichtes der Laserstrahlung bekannt. Wird eine Filmplatte zugleich mit einem direkten und von einem Objekt reflektierten Laserstrahl belichtet, so sieht man auf dieser Platte bei Tageslicht nur Schlieren wie bei einem Moiré-Muster. Betrachtet man das Dia aber wieder vor der gleichen Laserquelle, so erscheint uns das Objekt so plastisch, als stünde es im Raum. Zerteilt man eine solche Platte in mehrere Stücke, so sieht man auf jedem einzelnen Abschnitt wieder das gesamte Bild, wenn auch in undeutlicheren Konturen, weil auf ihm die gesamte Information des Objektes vorhanden ist.

So kommt es auch beim Nervensystem nur darauf an, worauf wir unser Augenmerk richten. Der Gang, die Haltung, die Mimik, jede Gestik, der Händedruck oder die Klangfarbe der Sprache würden – wenn wir zu deuten verstehen – uns ermöglichen, die Motivation des gesamten Menschen aus ihnen zu erfassen.

Und da **wir** so deuten, vollzieht sich auch in uns ein ähnlicher holographischer Prozeß. Der Vorgang der Wahrnehmung, um Eindrücke zu speichern und wiederzuverwerten, ist ebenso ganzkörperlich bedingt. Jedes Objekt – und sei es auch nur ein einzelner Buchstabe – wird nicht als dieses Einzelne aufgenommen, sondern im Rahmen eines ganzen Horizontes der gegenwärtigen Situation, in die das ganze Umfeld wie unsere eigene körperliche Gestimmtheit miteingeht und gleichzeitig von uns bewertet wird. Die Speicherung dieses Gesamtkomplexes ist darum auch nicht an eine besondere Hirnstruktur gebunden, sondern entsprechend der holographischen Verteilung im gesamten Nervensystem präsent. Lediglich für die Abrufbarkeit, Bewertung und Kontrolle werden spezielle Zellstrukturen in bestimmten Hirnarealen bevorzugt in Anspruch genommen.

Diese Bevorzugung einzelner Gebiete wäre nicht anders zu bewerten als die motorische Gestaltung. Die Bewegungsmuster liegen nach *Pribram* nicht genau vorgeprägt in bestimmten Hirnzentren parat. Eine motorische Handlungsmöglichkeit wird nur als eine Art Symbol in der Wellennatur des Gehirns gespeichert. Für die tatsächliche Ausführung der Bewegung ist dann nur eine Richtungsdirektive erforderlich, in die sich die Bewegung entfalten soll. Die eigentliche Verschaltung wird der peripheren Regelung überlassen. *Pribram* demonstrierte sehr instruktiv, daß er sowohl mit der Hand wie mit dem Munde schreiben könne, und daß auch die Körperhaltung dabei sehr unterschiedlich sein dürfe. Das Muskelspiel würde sich – natürlich mehr oder weniger geschickt – dem inneren Bilde fügen.

Die gleiche Fähigkeit der Transposition bestimmter Handlungen von einem Körperteil auf den anderen gibt es auch bei Hirnverletzungen, so daß Gedächtnisausfälle auch von anderen Hirnstrukturen weitgehend ausgeglichen werden können. Ähnliche Auffassungen über die Plastizität des Gehirns haben bereits *Bethe* und *Goldstein* vertreten.

Es muß noch dazu eine weitere Besonderheit bezüglich der Wellenstruktur des Nervensystems hervorgehoben werden. Für die Wahrnehmung und Gestaltung sind nur die Interferenzen der Wellen, also Unterschiedlichkeiten im Wellenmuster effektiv. So muß sich zum Beispiel das Auge ständig bewegen, um die eintreffenden Lichtwellen ständig zu variieren und sich erst dadurch ein ruhendes Bild seiner Umwelt zu rekonstruieren.

So wie beim Sehen, benötigt auch die Sensomotorik eine gewisse Eigenschwingung der Rezeptoren, um taktil-kinetisch aufnehmen zu können. Wir haben vorher (S. 168) von den Grenzflächen gesprochen, auf die sich die Muskelspindeln einzustellen haben, damit es dem Menschen gelingt, das haptische Umfeld auszuloten und nicht nur die Form, sondern auch die Bewegtheit der Gestalten in seinem Bezugsraum zu erkennen und sich mit einzugliedern. Der Erkenntnisakt ist also stets eine Angelegenheit der intentionalen Hinwendung, jedoch gemischt mit den Intentionen, die der Andere mit einbringt. Das relativiert zwar die Genauigkeit einer Erkenntnis, doch hat die „Unschärferelation“ *Heisenbergs* auch auf diesem biologischen Sektor Geltung.

Greifen wir wieder zurück auf unsere Interpretation der Sensomotorik, so ergeben sich aus *Pribrams* Forschungen sehr wesentliche Folgerungen.

● Das Nervensystem des Menschen steht unter einem ständigen Erregungslevel, der den Vergleichsmaßstab für einkommende Erregungen abgibt, damit sich verwertbare Interferenzmuster bilden können.

● Der Ausgangslevel wird vom vegetativen Erholungsgrad und Einsatzzustand des Organismus, also den inneren Antrieben *(Ehrhardt)* bestimmt. Er muß aber durch kommunikative Erfahrungen bekräftigt werden.

● Beim Aufruf durch innere oder äußere Bedingungen zur Munterkeit und unspezifischen Bereitschaft mischt sich das gesamte gespeicherte Erfahrungsrepertoir dazu. Es kommt nach dem holographischen Prinzip ganzkörperlich über die unspezifische Gamma-Tonisierung motorisch zum Ausdruck. Damit ist automatisch eine Umweltorientierung bzw. eine Ausweitung des Gefühlsraumes zum haptischen oder Begegnungsraum verbunden.

- Die Umweltorientierung modifiziert zwangsläufig durch den Aufbau von sensorischen Interferenzen diesen unspezifischen Tonus und ruft Eigenintentionen auf. Diese fokussieren das Bezugsverhältnis in diesem Raum für bestimmte Handlungsmotivationen.
- Für den Vollzug der Handlungen bedient sich der Körper der dafür geeigneten Körperteile. Die Steuerung dieser Bewegungen bedarf dann nach dem holographischen Prinzip nur einer Richtungsdirektive. Sie kommt am günstigsten über Hemmungsbahnen zur Wirkung, weil hierbei keine genauen Kontraktionsmuster übertragen werden müssen, sondern die Verteilung der Kontraktionen der peripheren Reflexverteilung überlassen wird. Eine solche Lösungsdirektive kann wegen der präziseren linearen Ansteuerung von umschriebenen Gebieten effektiver und ökonomischer zum Einsatz kommen. (Es wäre zu erwägen, ob die Renshaw-Hemmung, die als Förderer der Fokussierung der motorischen Innervierung angesehen wird, auch gegenteilig zum Einsatz kommen könnte und zwar so, daß sie auch die Hemmungsdirektive fokussiert, indem sie fehlerhaft einschießende Innervationsimpulse unterdrückt.)
- Eine noch weiter reichende Folgerung aus der holographischen Struktur des Nervensystems würden wir darin zu sehen haben, daß eine Einflußnahme auf das Gesamtsystem auch von jedem nur möglichen Zugangsweg möglich sein müßte. Von innen her, also vom vegetativen Sektor, kann über die Regelung der Homöostase durch Ernährung oder Medikation ein Einflußweg gegeben sein, der den Menschen vorbereitet, auf die Welt zuzugehen. Das ganze Spektrum der äußeren Reize, angefangen von den unspezifischen des Klimas und der freien Natur bis zu den Reizen, die absichtlich von Menschen gesetzt werden, wie Massage, Gymnastik, aber vielleicht auch Akupunktur, kann von peripher her auch zur intentionalen Stellungnahme aufrufen und damit das tonusregulierende System modulieren.

Hier beim Eutonieaufbau appellieren wir aber an die nur dem Menschen zukommende Fähigkeit, sein Raumgefühl auf Grund bewußt wählbarer Intention in jede Richtung hin ausweiten zu können.

Der Mensch muß in der Lage sein, von sich aus Erfahrungen, die er in der einen Situation gemacht hat, in ähnlicher Weise auf andere Lebenssituationen übertragen zu können, ohne daß ein neuer Lernvorgang dazu Anlaß geben müßte, ja selbst ohne daß er neuer äußerer Signale dafür bedürfte.

EA:

In Stufe IV werden darum weitere Variationen angeboten, etwa Seitenwechsel des Behandlers oder noch besser Hinzuziehung weiterer Personen, denen sich der Klient in der gleichen Gefühlseinstellung wie beim Eutonieaufbau mit dem Behandler zuzuwenden hat. Auch diese sollten erst dann berühren, wenn sie vermerken können, daß sich ihnen die Rumpfwand gleichsam lockend entgegenlöst, der Klient also tatsächlich begegnungsbereit ist.

Die Eigengestaltung eines potentiellen haptischen Begegnungsraumes, den der Mensch in den Fährnissen des Lebens bereithalten kann, ist für ihn der beste Schutz, vermittelt sie ihm doch die Souveränität, stets im Erkennen und Mitleben der Umweltkonstellation auch das Eigene mit einbringen zu können.

Es gehört zu einer gelungenen Entwicklung und Reife, daß der Mensch dann, wenn er sich der Welt stellt, seinen haptischen Begegnungsraum wie einen ihm zukommenden Besitz um sich gebreitet halten kann und sich nicht erst dann genötigt fühlt, ihn aufzubauen, wenn er durch die äußeren Verhältnisse dazu gezwungen wird.

g) Der Intentionswechsel (Situations- und Leibgefühl)

EA:

Hat man den Klienten in Stufe 3 des Eutonieaufbaues wieder kurzzeitig auf seinen eigenen Körperraum zurückgeworfen, so wird es ihm im allgemeinen relativ leicht gelingen, unmittelbar danach auf verbale Aufforderung den vorher erlebten Zustand der Verbundenheit eigenständig wieder aufzurufen.

Gerade durch den Wechsel zwischen einem Zuwendungs- oder Situationsgefühl und dem Rückzug auf das eigene Leibgefühl wird ein sensomotorischer Mechanismus angesprochen, der die eigenständige Auswahl intentionaler Verhaltensweisen fördert.

Intentionen unterscheiden sich sehr wesentlich von einfachen Vorstellungen oder Phantasien. Sie beinhalten stets ein subjektives Realitätsgefühl, ein Wissen um die gegenwärtige Einstellung – wenn auch nicht zugleich ein Bewußtsein darum, was sich dabei im Leibe geändert hat.

Immerhin kann man die Problematik der Unvereinbarkeit von Situations- und Leibgefühl bis zu einem gewissen Grade durch eine Besonderheit der neuromuskulären Regelung aufhellen. Es ist die „Hysterese", das verzögerte Abklingen der an intentionalen Erlebnissen beteiligten motorischen Funktionen, die eine größere Trägheit aufweisen als die daran gebundenen Bewußtseinsvorgänge (*Jung* Bd. 11, S. 8). *Lersch* beschreibt es so: „Das durch eine Situation ausgelöste Erlebnis ist noch kurze Zeit als Nachklang gegenwärtig ... Es ist durchaus möglich, unmittelbar nach dem Erlebnis im ‚Erlebnisnachbild' die Aufmerksamkeit auf seinen Ablauf und seine Inhalte zurückzuwenden." Wir bezeichnen diesen Vorgang als **Poststimulation**. Wird dieser Empfindungsnachklang noch mit besonderer Absicht kultiviert, so erfährt die durchlebte Situation noch eine Prononcierung, und der Zusammenklang der leiblichen Regung mit ihr erhält eine signifikante Bedeutung. Diese Verstärkung dient auch einer besseren Speicherung des Erlebens im Langzeitgedächtnis *(Ehrhardt)*.

Aus diesem Speicher kann man ein Erlebnis unter Umständen bewußt und willkürlich wieder als Erinnerung abrufen und dann zum Vorsatz einer neuerlichen Einstellung auf eine ähnliche Situation nehmen. Diesen Vorgang nennen wir **Prästimulation**. In einer solchen Vorbereitungsphase auf ein Situationsgefühl entfalten sich bereits Bewegungsvorstellungen, denen aber offensichtlich noch keine Realisierung zukommt.

Dennoch vollzieht sich dabei mehr als das ‚diffuse Bereitschaftspotential' beim EEG (den von der Schädeldecke ableitbaren Hirnströmen), von dem *Henatsch* schreibt, daß es in Form „gesetzmäßiger Potentialschwankungen kurz vor willkürlichen Selbstbewegungen auftritt und den Ausdruck der Antizipation-, Entscheidungs- und Antriebsprozesse in den tieferen Strukturen des Limbischen Systems, zentralen Vegetativums usw." (a. a. O. S. 404) bildet.

Bei der Prästimulation vollzieht sich bereits eine Tonusumschaltung in der Peripherie. Schon 1954 vertrat *Scheidt* in seiner Leitwerklehre die Auffassung: „Was man gewöhnlich ‚Bewegungsbilder' oder ‚Bewegungsvorstellungen' nennt, sind bereits realisierte Muskelspannungen. Man darf sie nicht im Nervensystem suchen; sie sitzen bereits in den Muskeln". Er bezog diese Tonusveränderungen zwar schon auf die Muskelspindeln, verlegte deren Umschaltung jedoch auf die spinale Ebene, da ihm die intrafusale Muskulatur noch nicht bekannt war.

Auch wir halten uns für berechtigt, dieses Vorstadium als eine Funktion der vorbereitenden Gamma-Tonisierung und -Modulation zu deuten. Dafür sprechen folgende Beobachtungen:

In der Prästimulationsphase, die zwar vorstellungsmäßig bereits unter der Thematik des Situationsgefühles steht, aber noch keinen Bewegungsablauf ermöglicht oder zuläßt, tritt das Leibgefühl als erste Sensation deutlich ins Bewußtsein. Im Arm oder Bein wird eventuell eine Neigung zur Bewegung wach und auch als solche bemerkbar. Auf jeden Fall erfährt aber die Atmung eine spezifische und subjektiv registrierbare Veränderung. Auf diesem Funktionsprinzip basiert z. B. die Methode des „Erfahrbaren Atems“ nach *Middendorf*.

Alle diese Empfindungssensationen schwinden stets wieder, wenn sich die motorischen Antriebe realisieren können und die Alpha- und Gamma-Koaktivierung zum Mitführen einsetzt, so daß ein tatsächlicher sinnvoller Bewegungsvorgang ausgeführt werden kann.

In beiden Phasen, in der Prä- wie auch in der Poststimulation, kann der zentrale Zugriff so differenzierungsfähig werden, daß durch einen bewußten Wechsel zwischen Situationsgefühl und Leibgefühl allmählich eine deutliche Korrespondenz zwischen bestimmten Leibesfunktionen und Situationszuständen erkennbar wird. Damit erhält der Leibesvorgang subjektiv eine spezifische Bedeutung. Er bekommt „für das Erleben eine Valenz“ (*Lersch*). In dieser Besonderheit der nervalen Steuerung erkannten wir die Bekräftigung des phänomenologischen Forschungsweges, den wir hier eingeschlagen haben, um die „Bedeutung“ der körperlichen Funktionen für das menschliche Verhalten zu erfassen. Wir nennen dieses Vorgehen **FAB-Methode** (**F**ühlen mit **a**lternierendem **B**ewußtsein).

Im Übungsteil erwarten wir durch die Themenstellung jeweils die Vornahme einer Prästimulation und fordern in der Analyse eine Poststimulation an. Es ergibt sich dabei eo ipso die FAB-Methode. Während des Einsatzes der Prästimulation beim Üben steigert sich anfangs das Leibgefühl bis zu einem gewissen Gipfelpunkt und schwindet dann mit der motorischen Anpassung an die Situation wieder, um einem sinnvollen Umweltbezug Platz zu machen.

h) Die Überwindung der Diskrepanz zwischen Fühlen, Deuten und Wissen

EA:
Da mit Sicherheit beim Behandler, aber auch bei einem Großteil der Klienten, anatomische und physiologische Kenntnisse vorhanden sein werden, sind in der Regel beide beim Eutonieaufbau anfangs verblüfft darüber, daß sie während des Anfassens nicht nur die berührende Hand wahrnehmen, sondern Qualitäten voneinander erfahren, die sich ansonsten nur mit Begriffen der Psychologie beschreiben lassen. Der Behandler erfaßt z. B., ob sich der Patient auf ihn einstellen kann. Dieser hinwiederum bekommt über die einzelnen Phasen hinweg eine Vorstellung von der körperlichen Gestalt des Behandlers. Anatomisch gesehen, berühren sich nur zwei Hautflächen, unter denen die Muskulatur liegt, die sich für eine entsprechende Bewegung kontrahieren müßte. Der Tastbefund läßt aber nicht darauf schließen, daß dort aktive Kontraktionen stattfinden. Eher drückt sich das elastisch anschmiegende Gebiet der berührenden Hand weich entgegen.

Diese Phänomene und ihre Gefühlssensationen sind vorerst für beide nicht mit ihren anatomischen Kenntnissen in Einklang zu bringen. Der wesentlichste Grund für dieses Dilemma liegt offensichtlich in dem zur Zeit auf dem medizinischen Sektor geltenden Dualismus von Psyche und Soma mit unterschiedlichen Betrachtungsweisen der klinischen Mediziner und der Psychologen.

Es muß wieder betont werden: Unsere anatomischen Kenntnisse sind von der Leiche abgeleitet. Auf ihnen baut sich die funktionelle Anatomie des Bewegungsapparates auf. Die Bewegungen werden folgerichtig nach den Hebelgesetzen über die Kontraktionskraft der Muskelzüge interpretiert, ihr Innervierungsmodus über experimentell gesetzte Reize eruiert. Bei dieser mechanischen Betrachtungsweise bleiben intentionale Momente, also motorische Veränderungen durch eine subjektive Einstellung zu diesen Untersuchungen, unberücksichtigt. Abwehrverhalten, das mit Spannungserhöhung einhergeht, wird allerdings in die Beobachtung einbezogen. Vermutlich wird es deswegen nicht zum intentionalen psychischen Verhalten gerechnet, weil es als eine Art Reaktionsschema immer wieder provozierbar ist.

Bemühungen um eine Verknüpfung der psychologischen und physiologisch-anatomischen Betrachtungsweisen sind erkennbar, doch noch nicht begehbar. *Henatsch,* auf den wir uns so häufig beziehen konnten, beschreibt 1988 diese Problematik mit den Worten: „Neurowissenschaften, Psychowissenschaften und Philosophie bewegen sich erkennbar aufeinander zu. So könnte irgendwann tatsächlich ein neuer Monismus den zwiespältigen Dualismus ablösen, könnte eine ausgereifte Identitätstheorie von Gehirn und Geist, in der beide Aspekte miteinander verschmelzen, vielleicht sogar zu einem **neuen Paradigma** werden."

Nach unserer Sicht bietet sich das tonusregulierende Gamma-System als ein solches psycho-somatisches Bindeglied an, weil es geeignet erscheint, die anatomischen Strukturen in beachtbare Gefühlssensationen umzukodieren (*Glaser,* 7).

Wie bereits in den vorherigen Abschnitten geschildert, fügen sich die zentralwärts aufsteigenden Afferenzen der Muskelspindeln nicht in das System der lokalisierbaren Sinneswahrnehmungen ein; sie gliedern sich nicht mit in die Penfield-Strukturen der cortikalen Areale wie etwa die Rezeptoren, die über die Stellung der Gelenke informieren.

Die Muskelspindeln bilden anscheinend in ihrer Gesamtheit ein Rezeptorenfeld, das der Retina des Auges vergleichbar sein dürfte. Ihre Informationen werden im Cortex zu einem Abbild der taktil-kinetisch erfaßbaren ‚haptischen' Welt ganzheitlich zusammengesetzt. Der Informationsreichtum wird so zu einem einheitlichen Bild integriert. Um Berührungen wahrnehmen zu können, bedarf auch das Spindelsystem wie das Sehorgan eines ständigen Wechsels der Erregungen. Dafür sorgen die Augen mit ihrer ständigen Bewegung und beim Muskelsystem die unablässige Mikrovibration des Gammatonus *(Rohracher).*

Von Weizsäcker hat zwar jeden Wahrnehmungsprozeß als Einklang von Aufnehmen und Bewegen bezeichnet. Abweichend vom reinen Wahrnehmungsprozeß des Sehvorganges kommt bei der taktil-kinetischen Registrierung des Umfeldes aber noch ein Ausdrucksvorgang hinzu, der dieses Gefühlsbild wieder als persönliche Stellungnahme für Außenstehende merkbar hinausprojiziert.

Wir halten uns für berechtigt, von Projektion zu sprechen, weil hiermit das Körpergebiet gemeint ist, in dem sich die Intention der emotionellen Zuwendung eines Menschen nicht nur dem Anfassenden oder auch nur Betrachtenden offenbart, sondern von ihm selbst auch als Begegnungssphäre empfunden wird. Trotzdem ist dieses Areal faktisch motorisch zwar tonisiert, aber nicht durch ein spezifisches Kontraktionsmuster aktiviert. Es wird von der cortikalen Instanz, die wir mit dem Begriff Intention verbinden, einer Projektionswand gleich durch einen Hemmungsvorgang auf das Zielgebiet ausgerichtet. Das eigentliche Bild des Ausdrucksthemas entsteht dann in diesem Feld als Projektionen konvergierender oder divergierender Muskelspannungen aus dem antagonistischen Bereich des Körpers. Auf Grund der reziprok-polysynaptischen Vernetzung wird von dort her das „gelöste" Muskelgebiet in seinem elastischen Andruck moduliert.

Ein ähnlicher Vorgang – nur mit gegenteiligen Vorzeichen – wird die von *Haase* als Wirkung der **Flexor-Reflex-Afferenz (FRA)** beschrieben, bei den Abwehr- und Fluchtreflexen für die Kontraktion aller gleichseitigen Beuger mitwirken. Sie sollen vornehmlich durch die sekundären Spindelafferenzen veranlaßt werden, die vielfältige Spindeleinheiten zu koordinieren vermögen. Während sich die Kontraktionsphänomene beim Flucht- und Abwehrverhalten innerhalb des Berührungs- oder Reizgebietes abspielen und darum leicht beobachtbar sind, vollziehen sich bei den Zuwendungsformen die Kontraktionsvorgänge auf dem abgewendeten Gebiet und werden nur durch ihre Projektionen im Begegnungsgebiet offensichtlich. Natürlich spielt hierbei auch die Alpha-Gamma-Koaktivierung für die subjektive Registrierung der Einstellungsform mit.

Die Diskrepanz zwischen dem gängigen anatomischen Wissen und den Körperempfindungen wird am deutlichsten in der sog. „Leiberfahrung" oder dem „Körpererleben" nach der Definition von *Brähler.*

Wir haben herausfinden können, daß die Erlebnisbilder am ehesten dann den anatomischen Verhältnissen entsprechen, wenn sich der Mensch müde und erschlafft fühlt, also beim niedrigsten Level der Gamma-Tonisierung, oder wenn er sich in Retraktionsspannung befindet.

Dafür einige Beispiele:

1. Das Empfinden für die Größe des mit Luft gefüllten Atemraumes.

Fragt man einen Menschen, der keine sonderlichen Kenntnisse von der Körperanatomie besitzt, ob er anzeigen kann, wie weit sich seinem Empfinden nach die Luft in den Bauchraum hinein ausbreitet, so wird er die untere Grenze um so tiefer ansetzen, je munterer er sich fühlt. Erst wenn er so erschlafft wäre, daß ihm jeder Atemzug Mühe macht, würde er – veranlaßt durch die betont thorakalen Einatemzüge – am allerehesten den Bereich des Lungenraumes sachgerecht angeben.

Begründung: Da das Zwerchfell keine Dehnungsrezeptoren besitzt, ist seine Lage nicht durch Stretchreflexe subjektiv zu orten. Die empfundene Größe des mit Luft gefüllten Atemraumes ergibt sich folglich als eine Resultante aus dem Grad der tonischen Spannung der Rumpfwände, wie sie bei der Stabilisierung des Rumpfes durch den Atem S. 152 ff. beschrieben wurde. Läßt diese „Atemstütze" in der Erschlaffungstendenz durch Minderung der unspezifischen Gamma-Tonisierung nach, so verkleinert sich auch die Gefühlsprojektion des atemgefüllten Raumes.

2. Das Mittelpunkt-Gefühl.
In gymnastischer Schulung wird gern Wert darauf gelegt, daß alle Bewegungen von einem Mittelpunkt ausgehen sollen, der zwischen Nabel und Symphyse angegeben wird. Er entspricht in etwa dem sogenannten Tantien-Punkt der Japaner, auch Hara genannt, auf den man sich in der ZEN-Meditation zu konzentrieren habe.

Es ist ein fiktiver Punkt. Er wird von den Kraft-Vektoren gebildet, die sich durch die den Bauchraum umhüllenden Muskelspannungen (Zwerchfell, Rumpf-, Rücken- und Beckenbodenmuskulatur) ergeben. Dieses Phänomen kommt jedoch nur dann zur Wirkung, wenn intentional auf den Umfeldraum geschaltet wird, da sich ein Zentrum nur als Verhältnis zur Peripherie darstellt. Obwohl dabei faktisch eine Kompression des Bauchraumes erzeugt wird, entsteht kein Druckgefühl (wie bei der Bauchpresse) sondern eher eine undefinierbare Sensation, als ginge von dort das Raumgefühl aus. Selbst bei einer Berührung von außen, wie z. B. beim Eutonieaufbau, wird dem Anfassenden durch die Muskelspannung simuliert, als ginge ein Gegendruck von diesem fiktiven Mittelpunkte aus.

3. Die intentionalen Haltungs- und Bewegungsformen.
Am eindeutigsten ist die Projektionscharakteristik bei den potentiellen archaischen Intentionsformen oder den Grundformen der Evolution (S. 89, 273) erkennbar. Sowohl der Bewegungsablauf wie auch die Haltungsform wird dabei durch die Lösung zusammenhängender Muskelketten (die Dehnungslinien auf den Figurinen) bestimmt. Sie werden subjektiv als Bereiche gesteigerter Lebendigkeit, gelegentlich mit der Sensation des Fließcharakters, beschrieben (Ch'i der Chinesen). Objektiv erscheinen sie dem Beobachter als ausstrahlungs- und wirkungsintensiv. Tatsächlich sind diese Phänomene jedoch als Projektionen der reflektorischen Muskelaktivitäten auf der Gegenseite anzusehen, sofern man sie nach den sensomotorischen Schaltungsmustern interpretieren möchte.

6. Eutonie und vegetatives Nervensystem (VNS)

Dem GNS werden von den Neurophysiologen lediglich mechanische Koordinationsaufgaben und Unterstützungsmöglichkeiten der Muskulatur zugeschrieben. An Hand der Phänomene der Eutonie haben wir versucht, weitere Funktionen des GNS zu diskutieren.

Eutone Verhaltensweisen wie z. B. Ausgeglichenheit und Gelöstheit oder Ökonomie des Krafteinsatzes und Atemveränderungen wurden bisher entweder unter rein psychologischen und damit an das zerebrale ZNS gebundenen Gesichtspunkten erörtert oder aber im Sinne der Psychosomatik als vegetative Vorgänge angesehen, die über das VNS zur Wirkung kommen. Bis in die 50er Jahre hinein hatten auch wir das Tonusproblem mit Transsensus (Über-sich-hinaus-Spüren) und Obtentus (Entgegendehnen) mit der Denkweise der vegetativen Wirkmechanismen zu erklären versucht. Als dann die Funktion der Muskelspindeln bekannt wurde, fanden wir im GNS nicht nur ein psychosomatisches Bindeglied, sondern auch eine neue Einflußmöglichkeit auf die vegetative Steuerung (*Glaser*, 7, 15).

Diese Koppelung des GNS an das VNS ist auf mehreren Ebenen des Nervensystems zu erkennen, welche für die unterschiedlichsten therapeutischen Einstiege und für die Diagnostik von Fehlregulationen ihre Bedeutung haben.

a) Die Beziehung zur motorischen Endstrecke

An diesem Effektorbereich kommen schließlich alle Regelungsmöglichkeiten der Motorik sinnfällig zum Ausdruck. Hier konvergieren ANS und GNS zum gemeinsamen Handlungsakt als Haltung und Bewegung. Die Umsetzung der Nerventätigkeit in den Kraftakt der Muskeltätigkeit wird damit zu einem deutlichen Stoffwechselphänomen, und dieses wiederum ist eine Angelegenheit der vegetativen Versorgung.

Unter reiner Alpha-Aktivität, wie sie durch eine willkürliche, über die Pyramidenbahn laufende Innervation der Muskulatur getätigt wird, vollzieht sich der anaerobe Stoffwechselvorgang. Hierbei wird ohne Sauerstoffzufuhr das als Energielieferant eingelagerte Glykogen zum Schlacken- und Müdigkeitsstoff Milchsäure umgesetzt. Erst während der Ruhepause oder in der Dehnung wird diese Milchsäure entfernt, und der Muskel regeneriert sich durch die Blutzufuhr in seiner Kontraktionsfähigkeit.

Dabei werden 4/5 der Milchsäure vermittels des nun erforderlichen Sauerstoffes, also aerob, zu Glykogen restituiert und gelangen als CO_2 und Wasser zur Ausscheidung. Dieser Oxydationsvorgang ist mit einer 50fach gesteigerten Wärmebildung verknüpft.

Unzureichende Erholung oder Überbetonung der Willkürtätigkeit und des Leistungswillens binden die Milchsäure im Muskel und führen zum Zustand der „Verspannung". So ist es verständlich, daß im Autogenen Training die Vorschrift eingebaut ist, sich Ruhe, Schwere und Wärme zu suggerieren, um das Vegetativum umzustimmen.

Durch die Intention auf Transsensus werden dagegen die Erholungsvorgänge in der Muskulatur schon vor der Bewegung als Lösungstendenz über den Interneuronenpool vorprogrammiert. Gleichzeitig wird durch die Gamma-Aktivierung die Atmung vertieft, so daß eine darauf einsetzende Muskelleistung den Sauerstoff schon vorfindet. Der Stoffwechsel kann so viel ökonomischer reagieren und hinterläßt nicht, wie bei reiner Willkürdirektive eine Sauerstoffschuld, die durch „Nachatmen" ausgeglichen werden muß, um die Stoffwechselschlacken nachträglich zu entfernen.

Die unspezifische, zentrale Aktivierung des GNS führt nicht nur zu einer globalen Tonusanregung, sondern auch zu einer allgemeinen Stoffwechselanregung im Sinne eines Sympathikotonus. Diese Veränderung ist bioelektronisch meßbar. Sie drückt sich in einer Verminderung des Hautwiderstandes oder Erhöhung des Hautleitwertes aus *(Moruzzi)*. Eine solche Änderung des bioelektrischen Potentials wird in der Bioelektronik ausschließlich mit der mesenchymalen Grundregulation nach *Pischinger* in Zusammenhang gebracht (Literatur bei *Bergsmann* und bei *Pflaum*).

Nach eigenen Untersuchungen (*Glaser*, 15) sind die Potentialänderungen aber durch bewußte Intention auf Transsensus beeinflußbar. Gegenüber der unmittelbaren Tonusumstellung treten sie jedoch zeitlich verzögert auf. Bei der Fokussierung des Transsensus in eine bevorzugte Richtung wie bei den GFE wird der begleitende Obtentus durch Alpha-Hemmung im Dehnungsbereich eingeleitet. Dadurch wird das Gebiet der Dehnungslinie im Verlauf eines Meridianes zum Bereich des aeroben Stoffwechsels. Es wird wärmer und subjektiv lebendiger. Das Biopotential steigt als elektrischer Leitwert im betroffenen Gebiet an.

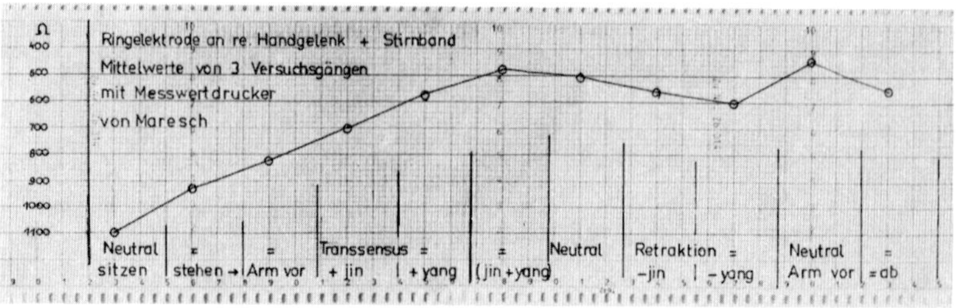

Veränderung des bioelektrischen Hautpotentials durch bewußte Intention auf Umweltbezug *(Glaser)*

b) Die spinale, segmentale Ebene

Hier sind die vegetativen, reflektorischen Verbindungszüge als viszero-kutane und viszero-myotome Entsprechungen schon länger in der Diskussion. Die Zuordnung von Dermatomen und Myotomen zu viszeralen Reflexbeziehungen basiert hauptsächlich auf diagnostischer und therapeutischer Empirie, während über die Bahnverläufe nur hypothetische Angaben gemacht werden können, da sich deren segmentale Versorgungsgebiete nicht bündig überdecken *(Clara)*. So beziehen beispielsweise die Haut- und Muskelgebiete über einem inneren Organ ihre Nerven nicht unbedingt aus der gleichen Rückenmarksetage. Bezüglich der parasympathischen Versorgung ist dies sogar sicher, da deren spinale Ausgangsfelder nur im Hals- und Sakralmark liegen. Völlig ungeklärt ist, ob zwischen Gamma-Motoneuronen im Vorderhorn und sympathischen Effektoren im Seitenhorn eine gleichzeitige bzw. sogar kollaterale Direktinnervierung vorhanden ist. Immerhin unterbauen Neuraltherapeuten, Chirotherapeuten und Akupunkteure (*Lang, König,* u. a.) ihre Methoden vornehmlich mit Arbeitshypothesen, die von spinalen, vegetativ-sensorischen und -motorischen Reflexbeziehungen abgeleitet sind.

Gewisse Phänomene, die bei der Eutoniearbeit beobachtet werden, passen nicht in die Reflexschemata der Neuraltherapeuten, werden aber mit Hilfe der GNS-Funktion verständlich.

Die einzelnen GFE machen Verbindungen zu den chinesischen Meridianen deutlich. Keinem von ihnen entspricht eine segmentale oder überhaupt eine systematische Nervenversorgung. Die Dehnungsketten der GFE sind vielmehr von der Gelenkmechanik und der daran beteiligten Muskulatur abhängig. Der kinetische Ablauf dieser Bewegungsentwicklungen wird von den kortikalen Bewegungsmustern gesteuert. Nun bestehen aber von den Meridianen empirisch gefundene Bezüge zu den viszeralen Organen (Magen-, Nieren-, Blasen-, Lebermeridian), die sogar in der Akupunkturtherapie erfolgreich benutzt werden. Da es sich nicht um segmentale Reflexe handeln kann, müssen andere Zusammenhänge dafür verantwortlich sein.

Wir haben beobachten können, daß sich bei einer sinngemäßen und richtigen Gestaltung der GFE (d.h. unter Verwirklichung des Transsensus, Empfindung des Themas und Dehnung der Muskelketten oder Meridiane) der Atemrhythmus sowie die -ausbreitungsform in charakteristischer Weise verändern. Es entsteht dadurch in genau beschreibbaren Körperabschnitten ein subjektives Gefühl betonter Lebendigkeit, das mit den Meridianbeziehungen korrespondiert:

Unterleibsgebiet → Blasen-, Nieren-, Dünndarm-Meridian
Hypogastrium → Leber-, Galle-, Kreislauf-Meridian
Thoraxgebiet → Magen-, Lunge-, Dickdarm-Meridian

Das GNS realisiert also über die Tonisierung der Skelettmuskulatur Einflußmöglichkeiten auf das Vegetativum, die bisher als segmental-reflektorisch angesehen wurden.

Der integrale Zustand der GFE, die Eutonie, legt uns noch einen anderen Wirkmechanismus zur vegetativen Ausbalancierung nahe, der sonst ebenfalls als segmental reflektorisch interpretiert wird. In der ersten Stufe des verbal-taktilen Eutonieaufbaues (s. S. 54), der Testung der Ausgangslage, können vegetativ-dystone Regulationsformen beobachtet werden, die sich z.B. in örtlicher Transpiration, Kongestionen, Fehlatmungsformen, Darmspasmen oder Magendruck äußern können. Diese Sensationen schwinden, wenn der weitere Eutonieaufbau gelingt. Offensichtlich ist die durch den Eutonieaufbau elastischer gewordene Bauchdecke nicht nur ein Medium, das die inneren Organe vor irritierenden, kinetisch-taktilen Belastungen schützt und sie in der Homöostase hält, sondern auch Ausdruck einer psychischen Stabilisierung, die ihrerseits das Vegetativum auszugleichen vermag. (Ausführlicher siehe S. 246ff.).

Über den gleichen Wirkmechanismus führt vermutlich auch bei Darmspasmen die zart aufgelegte Hand zur Umschaltung auf vagotone Peristaltik (Darmmassage nach *F. X. Mayr*, psychische Interpretation der Darmperistaltik nach *Boyesen*, Darmgeräusche beim Eutonieaufbau).

c) Die Ebene der Hirnzentren

Das **Stammhirn** wird durch Informationen aus den vegetativen Enterozeptoren, aus den Propriozeptoren des Bewegungsapparates und aus den Sinnesrezeptoren angeregt. Es koordiniert diese und leitet sie, bereits gefiltert, als unspezifische Aktivierung des gesamten Nervensystems weiter. Insofern Munterkeit und Weltzuwendung als Ausdruck eines biologischen Bedürfnisses bewertet werden, sind sie vom vegetativen Erholungsgrad des Organismus bestimmt, dessen vagotone Ausgangslage von einer sympathikotonen abgelöst wird. Diese vegetativen Antriebe fungieren als Enterozeptoren, die die Formatio reticularis des Hirnstammes anregen und damit auch das GNS zur Tonisierung der Muskulatur stimulieren. Mit dieser Grundstimulation entsteht jener diffuse Weltbezug einer „Orientierungsreaktion“ oder „Hintergrundaktivität“, der der vorprädikativen Eutonie nahekommt.

Die biotrop angeregte Aktivierung zeigt sich auch an der Veränderung des Atemrhythmus, von dem wir sagten, daß sich unter Gamma-Einfluß die Atemausgangslage verschiebt. Mit der Anhebung des Arbeitspunktes erhält die vorher parasympathische Ruheatmung eine aktive, sympathikotone Tendenz, wobei sich aber diese hormonale Umstimmung des Muskelspindelsystems bedient. Die sinusförmig schwingende Atemform ist ein Zeichen dafür, daß in der unspezifischen Stammhirn-Aktivierung, die einer Orientierungsreaktion vor spezifischen Handlungen entspricht, beide vegetativen Systeme noch im Ausgleich stehen.

Vom **Hypothalamus** aus wird die Grundstimulierung, die zum unspezifischen Transsensus führte, als erstes durch Appetenzmotive moduliert. Auch an dieser Variation ist der Atemapparat beteiligt. Je nach Motivationsform erfährt das Atemsystem eine Betonung in Richtung auf sympathikotone oder vagotone Funktionslage. Können die Antriebe Erfüllung und Befriedigung finden und sich dadurch wieder nivellieren, so wird auch das Vegetativum automatisch ausbalanciert.

Über die **Basalganglien** wird die Konstellation der Außenwelt als spezifisches Feedback und zusätzlicher Anreiz diesen biologischen Antrieben aufgeschaltet. Diese Integration geschieht via Papez-Zirkel vom Thalamus zum Limbischen System. Dabei ergeben sich artspezifische Handlungsabläufe, deren Bewegungsmuster zum größten Teil von der mechanischen Struktur der Peripherie abhängig sind. Beim Menschen führen sie zu jenen Ausdruckscharakteristiken, die sich an Hand der GFE systematisch erfassen lassen. Ihnen kommt jeweils eine spezifische Atemform und dementsprechend auch eine spezifische, vegetative Beeinflußbarkeit der zugehörigen Organsysteme zu. Bei triebhaften Strebungen, die sich ungezügelt entfalten können, bauen sich die Bewegungsmuster aller Wahrscheinlichkeit nach auf einer vegetativ veranlaßten Stimulierung der Körperperipherie auf. Sie tritt dann als Bewegungslust und Entfaltungsdrang subjektiv in Erscheinung. So erwächst z. B. mit dem Aufwachen das Bedürfnis, sich zu strecken. Das Dehnen ist ein Vorgang, der zur gleichen Zeit das GNS zum Einsatz bringt und Atemanregungen vermittelt.

Das **kortikale** Wahlverhalten kann die Integrierung der Innen- und Außenreize beeinträchtigen. Die entstehenden Diskrepanzen zeitigen vegetative Fehlregulationen und gleichzeitig auch Inkoordinationen zwischen GNS und ANS. Das kommt dann im Muskelsystem als „Verspannung“ und Atemfehlformen sinnfällig zum Ausdruck. Andererseits ist auch über die kortikale Bewußtseins- und Einsichtsinstanz die Möglichkeit zur Korrektur neuronaler Infrastrukturen und damit der vegetativen Fehlformen und Verspannungszustände gegeben. Das wird besonders in der Arbeit mit dem Eutonieaufbau deutlich, wenn er aus therapeutischen Gründen bei vegetativen Entgleisungen eingesetzt wird. Die in solchen Zuständen bestehenden vegetativen Spastiken z. B. am Bronchialsystem, Herz-Kreislauf-System oder Magen-Darm-System schwinden unmittelbar dann, wenn durch den Aufbau eines unspezifischen Transsensus die ihm zugehörige Atemform eingestellt werden konnte. In diesen Fällen zieht das Vegetativum in seiner Einstellungsform der vorauseilenden, bewußt intendierten Gamma-Funktion nach.

Die Funktionsbereiche der motorischen Regelungssysteme

Systeme	Vegetatives System VNS	Extrapyramidales System GNS	Pyramidales System ANS
Erfolgsorgan	glatte Muskeln	Tonusmuskeln in Muskelspindeln	Skelettmuskeln
Regelungs-bereiche	Biologisches Milieu	emotionales Befinden	rationales Verhalten
Kybernetische Aufgabe	Anregung (Triggerung)	Regelung (Feedback-control)	Steuerung (Steering)
Psychische Korrelation	unbewußt	unterbewußt (marginal-bewußt)	vollbewußt reflektierbar
	Drang, Trieb Affekte Instinkte	koinästhetische Gefühle Neigungen	Handlungs-thematik Einsichten
	aktiv/passiv	Lust/Unlust	Ja/Nein
	Antriebsverhalten	Motiviertes Verhalten	
Verhaltens-phänomene	Egoismen Spontaneität Impulse Potenz	Empathie Kontakt Koordination Adaptation	Dirigismus Distanzierung Definition Analyse
Ausbalancierung untereinander	Gesundheit (biologische Homöostase)	Wohlbefinden (Eutonie)	Gelassenheit (soziale Integration)
Desintegration	vegetative Entgleisung: Hypotonie Hypertonie Dystonie	muskuläre Dystonie: Verspannung / Erschlaffung Unbehagen Kontaktverlust	Stressoren: eigene und fremde Über- und Unterforderung
	Psychovegetatives Syndrom	Verhaltensstörung	

Zusammenfassung

Verknüpfen wir den antropologischen und den sensomotorischen Aspekt der Eutonie, so gewinnen wir eine gleichsam plastische Schau, in der wir das **neuropsychologische Modell der Eutonie** erkennen.

Eutonie kennzeichnet eine Verhaltensweise, in der die bestmögliche psycho-physische Ausbalancierung des Menschen in allen Lebenslagen besteht.

Somatisch gesehen entspricht die Eutonie einem Zustand des Spannungsgleichgewichtes der Körpermuskulatur auf Grund einer integralen Tonusregulation. Der koordinierende Ausgleich ist an das Gamma-Nervenfaser-System (GNS) gebunden, da es über die Vernetzung der Spindelafferenzen und -efferenzen die Möglichkeit besitzt, seine Aktivität auf die gesamte Skelettmuskulatur global zu verteilen. Dagegen innerviert das vegetative Nervensystem (VNS) nur schwerpunktmäßig, z. B. in der Peripherie andersartig als im Leibesinneren, und das Alpha-Nerven-System (ANS) schaltet entweder über das extrapyramidale System (EPS) komplexe Bewegungsmuster oder über den Pyramidentrakt (PT) einzelne Bewegungsdirektiven.

Für das Flucht- und Abwehrverhalten werden hierbei zusätzliche Kontraktionsmuster aufgeschaltet und die Gegenspieler reflektorisch gehemmt (*Sherrington*sche Konzeption).

Beim Zuwendungsverhalten geschieht die kortikale Direktive über Hemmungsbahnen und polysynaptische reziprok-reflektorische Aktivierung der Gegenspieler (Lösungsdirektive nach *Glaser*).

Die motorische Alpha-Gamma-Koaktivierung der Spindelmuskulatur ermöglicht im Zusammenhang mit den aufsteigenden Spindelafferenzen eine feinsinnige reflektorische Anpassung an das Umfeld. Es werden damit gleichzeitig die Erlebnisqualitäten des Raumgefühles übermittelt.

Wir vermuten in dieser funktionellen Koaktivierung die Grundlage des Kontaktverhaltens und seiner emotionellen Bewertung.

Die globale Aktivierung des GNS geschieht in der Formatio reticularis (FR) des Stammhirnes (s. S. 117). Mit dieser Aktivierung ist eine Weckreaktion (arousal) höherer Instanzen durch das aufsteigende retikuläre Aktivierungssystem (ARAS) verbunden, wodurch Munterkeit und Bewußtseinshelligkeit (Vigilität) entstehen. Diese Umweltorientierung entspricht einem „Über-sich-hinaus-Spüren“ (Transsensus).

Das Erregungsniveau der Formatio reticularis wird durch die Afferenzen der Exterozeptoren (insbesondere taktile Reize), der Propriozeptoren des Stütz- und Bewegungsapparates (Muskel- und Sehnenspindeln) und der Enterozeptoren (Hunger, Durst, Sexualität) bestimmt, ist aber selbst unspezifisch.

In der **vorprädikativen Eutonie** entspricht das allgemeine Erregungsniveau der Formatio reticularis dem unspezifischen Transsensus. Es führt bereits zu einer Haltungsform, die von der phylogenetischen Entwicklung der Gliedermechanik abhängig ist.

Beim Säugling scheinen die Impulse der unspezifischen Gamma-Aktivierung also auszureichen, um die Skelettmuskulatur der Glieder gegen die Schwerkraft zu tonisieren. Die Fusimotoren haben zwar keine lokomotorische Funktion, sie übermitteln aber über die Ia-Afferenzen den spinalen Alpha-Motoneuronen so viel tonisierenden Vorspann, daß diese für die in diesem Frühstadium primär regen stato-kinetischen Reflexe ansprechbar werden. Ein deutliches Beispiel dafür ist das zufriedene, satte und muntere Baby, das auf dem Rücken in einer Haltung liegt, in der die Ärmchen wie zum Umgreifen gerundet und die gespreizten Oberschenkel angewinkelt sind.

Die unspezifische Vortonisierung wird von übergeordneten Kerngebieten abgewandelt. Die Modulation erfolgt nach Maßgabe der über das Dienzephalon einkommenden körpereigenen, biologischen Bedürfnisse, die ihrerseits im Limbischen System zu Verhaltensmustern programmiert werden. Sie bilden die Modelle für spezifische Strebungen (Motivation). Als solche sind sie geeignet, die unspezifische Tonisierung auf ein Ziel einzuengen, zu fokussieren. Dadurch werden besondere Entwicklungstendenzen eingeleitet, gefördert und gemischt.

In der **integralen Eutonie** hebt sich diese Fokussierung durch eine gegenseitige Nivellierung der Strebungen wieder auf, und der Mensch scheint ein entwicklungsmäßig höheres Niveau, einen höheren Reifegrad als in der vorprädikativen Phase erreicht zu haben.

Fokussierung und Nivellierung werden als Funktion der Intention gedeutet, deren zentrale Repräsentanz in den pallidären Systemen zu suchen ist *(Hassler)*. Die Intention zur Fokussierung wird auf einer niederen Reifestufe von den unbewußten, biologischen Bedürfnissen angeregt und bei deren Befriedigung automatisch wieder zur Unspezifität nivelliert. Ist die Reifung bis zur kortikalen Dominanz gediehen, so kann die Auswahl und Nivellierung auch durch absichtliche Intention getätigt werden.

Mit dieser kortikalen Einflußnahme wird allerdings auch einer der wesentlichsten Störfaktoren des biologischen Milieus mit ins Spiel gebracht, denn die Intention kann auch gegen sich selbst gerichtet sein und im Bremsen und Überfordern an die Grenzen der biologischen Tragfähigkeit gehen. Andererseits wird hingegen mit der Zerebrierung die Möglichkeit eröffnet, auf bewußte Integrierung zur Eutonie bedacht zu sein und entsprechende Wege zu beschreiten.

Die Intentionen als motorisch efferente Vorgänge benötigen für die integrale Eutonie Reafferenzen aus der Umwelt, d.h. sie müssen sich auf Bezugsobjekte hin orientieren, um sie zu erfassen, sich zu adaptieren und mit ihnen umzugehen. Dies ist ohne den sensorischen Teil des Thalamus und die ständigen Afferenzkontrollen und -synthesen des Kleinhirns und des Limbischen Systems nicht möglich. Somit ist trotz des vorherrschenden hapto-kinetischen Umweltbezuges bei der integralen Eutonie das gesamte Zentralnervensystem beteiligt.

Die Tendenz zum Umfassen, die die Hintergrundsthematik aller drei Eutonieformen bildet, wird beim aufgerichteten und erwachsenen Menschen haltungsmäßig vornehmlich dann persistieren, wenn der Vitalitätsgrad in seiner Ursprünglichkeit erhalten bleibt. Es entwickelt sich dabei ein Haltungsmuster, das dem Bereitschaftsmuster zur Tat gleicht und dem Integral der Grundformen der Bewegungsentwicklung (GFE) auf der Basis der Kei Raku entspricht, welches sich aus den Einzelkomponenten der Entwicklungstendenzen zusammensetzt.

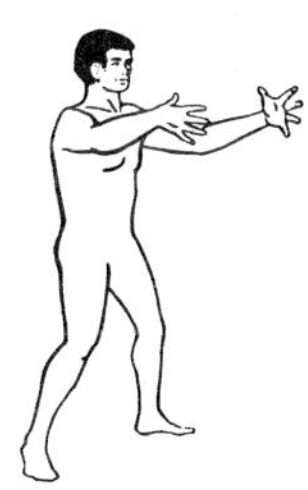

Das motorische Erscheinungsbild der **integralen Eutonie** ist eine Haltungsform in einem labilen Gleichgewicht mit angewinkeltem, erhobenem Arm, aufrechtem Rumpf, etwas gespreizten Beinen und federnden Knien. Es findet sich andeutungsweise in einer angstfreien Einsatzbereitschaft wie z.B. beim Ringer oder in der liebenden Kommunikationsbereitschaft einer Mutter dem Kind gegenüber, aber auch in der Geste eines

Chordirigenten, wenn er vor dem Auftakt das Ensemble zum gemeinsamen Einsatz sammelt.

Mit zunehmendem Alter des Menschen und stärkerer Intellektualisierung sowie auch durch soziale Konventionen mindern sich mehr und mehr Ursprünglichkeit und Freiheit der Gestik, so daß die Umfassungstendenz selbst im integralen Eutoniezustand nicht mehr voll in der Gliederstellung zum Ausdruck kommt. Sie verlagert sich eher auf eine Gefühlsthematik der Umfassung. Der Mensch gewinnt dann das Flair der lebendigen, ruhigen Gelassenheit, gefühlsmäßigen Offenheit und gleichzeitigen Einsatzbereitschaft zum wirkenden Umgehen mit der Welt. Hier gibt die Gamma-Tonisierung nur den Rahmen ab für die extrapyramidalen und pyramidalen Alpha-Direktiven, die sich im Integralzustand gegenseitig ausgleichen.

Zur **transzendenten Eutonie** gehört die dauerhafte Ruhe und Ausgeglichenheit, in der es nicht mehr nötig ist, zu irgendetwas „Stellung“ zu nehmen. Alle zentralnervösen Instanzen werden angesprochen und gegenseitig so ausbalanciert, daß ihre motorische Auswirkung unbewegt erscheint. Die zerebrale Instanz des Menschen bewirkt in geistiger Wachheit den niedrigsten Level der Alpha- und Gamma-Aktivierung, gleichzeitig aber auch deren Nivellierung. Das gesamte ZNS kopiert dann die unspezifische Funktion des GNS.

Hierbei bedarf es keiner Bestätigung aus der Umwelt mehr, da lediglich das Erlebnisrepertoir ähnlich den aktuellen Strebungen in der integralen Eutonie aktualisiert und harmonisiert wird.

Das ausgeweitete Gefühlsfeld wird von den darin aufgenommenen Menschen als unbestimmbare, belebte Atmosphäre empfunden, in der das Wesen eines solchen Menschen transparent als heilige Stille aus dem Inneren heraus zu strahlen scheint. Diese Seelenhaltung wird in den verschiedensten buddhistischen Meditationen und religiösen Exerzitien angestrebt. Sie könnte dem Samadhi der Inder als dem höchsten Stadium der Versenkung entsprechen. In ihrer Grundstruktur trägt sie wieder das Korrelat der vorprädikativen Eutonie, gemäß dem Christus-Worte: „Wenn Ihr nicht werdet wie die Kinder, wird Euch das Himmelreich nicht aufgetan“.

Lehrbeispiele: Intentionstraining

Wie findet man zur Eutonie?

Wenn es das Schicksal gut mit einem meint, schenkt es einem eine Kindheit mit so viel liebender Geborgenheit und bewegungsfördernden Anregungen, daß sich im ausgeglichenen Wechselspiel der vielfältigen Themata des Lebens ein natürlicher und selbstverständlicher Weg zur Eutonie entfalten kann. Erfahrungen aus dem innigen, taktil-kinetischen Umgang mit der Mutter werden übertragen auf den Umgang mit anderen Personen, Tieren und Dingen. Auf diese Weise werden auch unbekannte Situationen mit Transsensus und Obtentus bewältigt. Dabei wachsen von Stufe zu Stufe fortschreitend immer größere Fertigkeiten und gleichzeitig persönliche Reifegrade. Das Bezugsfeld wird auf Freunde und Gruppen sowie alle sachlichen Belange ausgeweitet und kann schließlich auf Transzendentes transponiert werden, das dann im persönlichen Verhältnis zur Ethik und Religion gipfelt.

Doch wenn dieser lebensgerechte Entwicklungsgang durch ständige Flucht- und Rückzugstendenzen beeinträchtigt wurde und man ihn nicht selbst mehr auszugleichen vermag, wird man Hilfe von anderer Seite benötigen. Man braucht dann einen Menschen, der nicht nur diktiert, wie man sich sozial anzupassen hat, sondern im Wissen um die psychotonischen Zusammenhänge für den anderen mit liebevollem Verständnis da ist und mit ihm eine Gemeinsamkeit aufbaut. Darin kann man gesunden und hat die Möglichkeit, eine eutone Verhaltensweise anzubahnen.

Hier in diesem Lehrbuch geht es um die Schulung von Therapeuten und Pädagogen, die später ihre Kenntnisse über das eutone Verhalten einsetzen wollen. Für sie bilden die folgenden Übungen einen methodischen Weg, der für sie ein **Intentions-Training** bedeutet, denn es wird bei ihnen die Fähigkeit zur bewußten Einstellungsänderung auf Umweltbezug angesprochen (s. S. 48). Aus didaktischen Gründen wird als erstes der Transsensus durch den Umgang mit Sachlichem, d.h. mit mechanisch-taktil-kinetisch Beeinflußbarem, entwickelt und dann erst auf den Umgang mit Lebendigem übergeleitet. Dennoch sollten die Schüler zunächst nicht am Patienten üben, der in seiner passiven Situation im allgemeinen gewohnt ist, eine Behandlung über sich ergehen zu lassen, sondern:

- an einem Menschen, der ihnen so vertraut ist, daß im gegenseitigen Anfassen keine Befremdung auftritt und mit dem man über die Art und über die Empfindungen bei der Berührung sprechen kann

- und in einer Gruppe, in der sie die Erfahrungen dann zur Sprache bringen und vergleichen können, sowie die Möglichkeit haben, die bei der Arbeit auftretenden Fehldeutungen berichtigen zu können.

Bevor man nun an die Übungen geht, sollte man die vorangehenden Kapitel gelesen haben. Die kurzen Erklärungen sowie Hinweise auf Besonderheiten am Aufbau dieser Übungen bleiben sonst unklar oder sind zum mindesten sehr schwer verständlich. **Alle nachfolgenden Übungen sind als Beispiele für Prinzipien gedacht, die ebenso in anderen Übungen verwirklicht werden könnten.** Dabei sollten die Anfangsübungen A I–VII nicht als zu einfach übergangen werden, denn

1. geht es hierbei um die genaue Darstellung des Transsensus, des Obtentus und der Induktion als unabdingbare Grundlage der Eutonie,
2. können diese einzelnen Momente nur durch das tatsächliche Erleben erfaßt werden. Wem es aber nicht gelingt, über das Erüben emotionell angesprochen zu werden, dem bleiben unsere weiteren Ausführungen unverständliche Hieroglyphen. Eutonie ist keine neu zu erlernende Fertigkeit, sondern eine in jedem Menschen angelegte Fühlsfähigkeit, die von ihm entweder gelebt wird oder die er vergessen hat, und die später wieder aufgerufen werden kann,
3. lernt man die einzelnen Momente und Phasen der Eutonie zu differenzieren. Es kann sein, daß praktizierende Therapeuten und Pädagogen die einfühlsame Einstellung als eine natürliche und gute Verhaltensweise ganz selbstverständlich und problemlos leben. Sie sind einfach liebevoll, umfassend und gut in der Menschenführung. Wenn es aber gilt, Ursachen von Störungen zu erfassen und dem anderen dazu zu verhelfen, diese seinerseits auch zu erkennen oder von sich aus zu ändern, so muß man in der Differenzierung seiner eigenen Verhaltensweisen sicher sowie auch in deren Steuerung wandlungsfähig sein.

Im Teil A sind die Übungen im Sachbezug nach den unterschiedlichen **Funktionsaufgaben der Muskulatur** eingeteilt.

Im Teil B sind die Übungen im Partnerbezug nach den **Verhaltensvariationen** gegliedert. Das hat seinen Grund in folgenden Überlegungen:

Im Bewegungsverhältnis zu Dinglichem kann man die einzelnen Komponenten der Tonusregulation relativ deutlich abgegrenzt erfassen. Hierbei handelt es sich besonders um Fertigkeiten, die der Mensch erlernen muß. Aus der Vielfalt seiner Anlagen und Möglichkeiten werden nur Teilgebiete in Anspruch genommen und auf die mechanischen Gesetzmäßigkeiten der Dinge ausgerichtet.

Im Bezugsverhältnis zu Lebendigem lassen sich die einzelnen Komponenten der Tonusregulation kaum gegeneinander abgrenzen. Sie müssen **alle** in jedem Augenblick einsatzfähig sein, weil sie ja im anderen Partner ebenfalls angelegt sind. Er ist genauso mit einer Vielfalt von variablen Bewegungsmöglichkeiten ausgestattet, die er in der Begegnung einsetzt und die nur dann taktil-kinetisch erfaßbar sind, wenn ein adäquates Bewegungssystem zur Anpassung und zum Umgang parat steht. Die hierbei neu auftauchenden Phänomene der gegenseitigen Übereinstimmung (Konsens) und der gegenseitigen Beeinflussung (Induktion) sind vom therapeutischen Standpunkt aus am bedeutungsvollsten. Unterschieden werden dabei weniger die einzelnen Komponenten der Tonusfunktion als die durch das muskuläre System zum Ausdruck gebrachten affektiven Reaktionen und emotionellen Gestimmtheiten. Sie prägen die Verhaltensweisen und beanspruchen dabei stets das ganze Spektrum der Tonusregulation in unterschiedlichem Verteilungsmodus. Es lassen sich lediglich gewisse Dominanzen im funktionellen System erkennen. Kommt es durch Nivellierung und Ausgleich dieser Dominanzen zu einem Zustand vollebendiger Bereitschaft, so sprechen wir von Eutonie.

Im Teil C betreffen die **Übungen** das **Bezugsverhältnis** zu **Abstraktem**, Nicht real Greifbarem, das nur über die anderen Sinne oder über die „**Vorstellung**" erfaßt werden kann. Als höhere Stufe in einer Entwicklungsreihe hat dieses Bezugsverhältnis für den Menschen eine außerordentliche Bedeutung.

In allen Übungen werden Anweisungen gegeben:

1. den leiblichen Vorgang betreffend: (Vorgang)

Hierbei wird die willkürliche Bewegungs- und Haltungsdirektive angesprochen wie z.B.: Man mache, man stehe, man sitze, man liege oder man fasse an.

2. das psychologische Thema betreffend: (Thema)

Hierbei wird durch die Intention (s.S. 208) in der Prästimulation die Antizipation des leiblichen Vorganges aufgerufen, z.B.: Ich spüre, ich fühle, ich weite mich aus oder ich stelle mich auf etwas ein.

3. die Analyse des Leibgefühles betreffend: (Analyse)

Hierbei richtet sich das Bewußtsein auf das durch den Vorgang angeregte Leibgefühl, das in der Poststimulation unter Benützung der FAB-Methode (Aspektwechsel zwischen Situationsgefühl oder Thema und Leibgefühl) deutbar wird. Z. B.: Was, wo oder wie hat man etwas an sich gespürt, wie fühlt man sich, was hat man vom anderen erfahren, was bedeutet es einem, wenn ...

Die Aufteilung in Vorgang, Thema und Analyse ist nur für den Therapeuten gedacht, damit er im vergleichenden Selbsterlebnis erfährt, welche Intentionen im Patienten aufgerufen werden sollten. Wir empfehlen nicht, in gleicher Weise mit dem Patienten zu arbeiten.

In der Behandlungssituation ist es zumeist angebrachter, das Thema unmittelbar einfließen zu lassen, damit die Phänomene der guten Tonusregulation ungezwungen, ohne vorherige Fehleinstellung auftreten können.

In den Kommentaren wird gesondert auf die Bedeutung der Übungen für den medizinisch-therapeutischen Bereich hingewiesen.

Die Übungsformen zum Aufbau des Transsensus im Sachbezug (A I–VII) sind nur als Anweisungen zu verstehen, die die Tonusregulation zum Ansprechen bringen sollen. Ihnen fehlt durchweg die Anpassung an ein anderes, adäquates, variationsreich regelbares und auf Einwirkungen spontan reagierendes Bewegungssystem. III, IV und VII betreffen vornehmlich die peripheren Reflexmechanismen der Tonusregulation und deren Förderung durch die zentrale Gamma-Aktivierung mit Hilfe des Transsensus. Durch die Übungsformen I, II, V und VI wird der Einfluß des gesamten Extrapyramidalen Systems mit dem Aufbau spezifischer Bewegungsmuster (Pattern) zusätzlich angesprochen. Hierbei dienen I und II der taktil-kinetischen Apperzeption, dem Kennenlernen und Bewerten der Dinge im haptischen Raum. III und IV zielen auf die Nutzanwendung dieser Erkenntnisse ab: Die persönliche Anpassung an die Dinge als eigene (autoplastische) Adaptation und die Möglichkeit, mit Dingen umzugehen und diese an sich (alloplastisch) anzupassen.

(Die Hinweise auf die Sensomotorik und neuropsychologische Interpretation in den Kommentaren finden ihre Vertiefung im 1. Teil des Lehrbuches.)

Es soll dabei der Transsensus – im Hinblick auf die Eutonisierung – verwirklicht werden. Das wird beinhalten: Auch im Verhältnis zu den Dingen wird es nötig sein, einen persönlichen Wert- und Sinnbezug herzustellen, sie also möglichst im Umgang so zu „personifizieren“, daß im Miteinander-Beschäftigen nicht nur Teilgebiete der eigenen Person beteiligt sind, sondern sich die Koordination über den gesamten Organismus ausbreiten kann.

Die Übungsanweisungen zum Aufbau des Transsensus im Partnerbezug sind jeweils auf besondere Verhaltenskomponenten der Tonusregulation ausgerichtet, die eigentlich dem gesunden Menschen in einer lebendigen Begegnung immer zur Verfügung stehen. Gleichen sich die unterschiedlichen Dominanzen oder Beeinträchtigungen dieser Regelungsmöglichkeiten untereinander harmonisch aus, so können wir von Eutonie sprechen. Darum ist es für den Therapeuten wichtig, solche Dominanzen – oder noch wichtiger, eine nicht genügende Entfaltung einzelner Wesenszüge – zu erkennen, um sich auf sie entsprechend einzustellen, sie oder eine Ausgleichskomponente zu fördern, um Fehlleistungen in rechte Bahnen zu lenken. Ohne daß der Therapeut selbst sich einer entsprechenden Schulung unterzogen hat, ist eine vollbewußte, verantwortliche Einwirkung auf diesem Gebiet kaum gegeben.

A) Intention zum Sachbezug

I. Transsensus zur Erkundung der Gestalt (Apperzeption 1)

Vorgang 1: Die Augen werden verbunden. Man läßt sich einen einfach geformten, unbekannten Gegenstand auf den Tisch legen und berührt ihn an irgendeiner Stelle.

Thema: Ø

Analyse: Wie hat man die Berührung empfunden? Was weiß man dadurch von dem Gegenstand?

Vorgang 2: Nun versuche man durch Drücken, Federn, Verschieben, Anheben, Kippen oder Ziehen den Gegenstand von der Berührungsstelle aus in Bewegung zu bringen.

Thema: Ø

Analyse: Welchen Begriff hat man jetzt von dem Gegenstand? Wie empfindet man den Raum, in dem er sich befindet? Welchen Eindruck hat man von sich selbst in diesem Raum gewonnen?

Vorgang 3: Man trete von neuem an den Tisch heran und beschäftige sich diesmal nacheinander mit Vorgang 1 und 2.

Thema: Ich stelle mich dabei gefühlsmäßig mit Hilfe der gewonnenen Erfahrung aus Vorgang 2 (Poststimulation) auf die zu erwartende Gestalt ein (Prästimulation).

Analyse: Wie hat man jetzt die Berührung und den Gegenstand empfunden?
Wie gelingt das Hantieren?
Wie fühlte man sich während des Bewegungsablaufes?
Hat sich das Raumgefühl verändert?

Ergänzende Beispiele:

Vorgang: Sich im unbekannten Raum orientieren durch das Kennenlernen der darin befindlichen Gegenstände:
Tisch an einer Ecke anheben,
Stuhlform von der Lehne her erschließen,
Abstand von einem Gegenstand zum anderen erfahren,
Größe eines Bildes durch Abheben der Rahmenkanten feststellen.

Analyse: Inwieweit wird der Raum durch die Kenntnis von den Dingen gefühlsmäßig erhellt?
Verändert sich die Sicherheit, mit der man sich in diesem Raum bewegt?
Verändert sich das persönliche Befinden?

Eigene Beispiele:

Kommentar: Transsensus zur Erkundung der Gestalt

Hier geht es um das Kennenlernen der Form des „haptischen Raumes" und der Dinge, die sich in ihm befinden. Im Über-sich-hinaus-Spüren (Transsensus) und In-die-Welt-hinaus-Dehnen (Obtentus) berührt man sie und dringt mit dem Bewegungsimpuls „handhabend" in ihn ein. In der Art, wie sich die Dinge gleichsam antwortend geben, lernt man sie kennen. Es ist die Welt des Blinden, für den sich, wie *Lusseyran* in „Das innere Licht" schreibt, der Umweltraum auf diese Art und Weise erhellt.

Für den Sehenden aber bekommen die Dinge ihren Stellenwert im haptischen Raum, und der Gefühlshorizont erweitert sich. Diese Bereicherung drückt sich in einem feinsinnigeren Reagieren auf das Berühren der Dinge, in einem automatisch sicheren Bewegen durch den Raum und in einem gesteigerten Vitaltonus mit freierer Atmung aus.

Bedeutung für den Therapeuten

Dem Arzt gibt das gefühlsmäßige Vertraut-Sein mit den Dingen, die um ihn herum sind, eine Selbstsicherheit im Handeln, die an sich schon eine Vorbedingung zum „Entangsten" des Patienten bildet.

Der Patient gewinnt die Fähigkeit, sich z. B. besser im Raum (weniger Bettkantenhämatome) oder auf der Straße (geschickteres Ausnutzen kleinerer Parkplätze) zu bewegen. Der dazu notwendige Aufbau des Transsensus entfaltet eine Wachheit und Tonisierung, die durch ständiges Üben stabilisiert werden können. Personen, die durch sachliche Orientierung allzu „kopflastig" sind, erfahren durch diese Übungsform Zugang zu emotioneller Bewertung.

II. Transsensus zur Erkundung der Konsistenz (Apperzeption 2)

Vorgang: Man verschaffe sich Plastikbeutel von ca. 20 × 20 cm, die zugeschweißt oder dicht verschlossen werden können. Man fülle sie ohne Druck mit:

1. Luft
2. Wasser (ohne Luftblase)
3. Brei, Grieß, Mehl
4. Schaumgummi
5. Puddinggallert.

Die Beutel werden in beliebiger Reihenfolge unter einem größeren Tuch nebeneinander gelegt. Nun versuche man mit beiden Händen zu tasten und dabei durch Eindrücken die unterschiedliche Elastizität der einzelnen Beutel zu erkennen.

Thema: Ø

Analyse: Was spielt sich dabei in Fingern, Hand und Arm ab? (Poststimulation)
Welche Unterschiede registrierte man?
Fühlt man sich emotionell von den verschiedenen Konsistenzen angesprochen? (Post- oder Prästimulation.)
Welche Elastizität ist am angenehmsten? Warum?

Ergänzende Beispiele:
Man vergleiche Gegenstände des täglichen Gebrauches. Man taste mit den Füßen: Luftmatratze, Schaumgummimatratze, Wasserbetten oder Moosböden, Sandböden, Schlammböden, federnde Stege.

Eigene Beispiele:

Kommentar: Transsensus zur Erkundung der Konsistenz

Hierbei geht es um eine Verfeinerung der taktil-kinetischen Sensibilität. Mit diesen Beispielen kann man die Fähigkeit zur Beurteilung eines Tonuszustandes am anderen Menschen verbessern oder wiedererlernen. Es muß dabei aber betont werden, daß im natürlichen Entwicklungsgang des Säuglings die erste Bewertung eines Elastizitätsgrades durch die unmittelbare Erfahrung des mitmenschlichen (Haut-)Kontaktes ermöglicht und unreflektiert erlebt wird. Erst später bezieht er dann zu Dingen Stellung.

Die unterschiedlichen Zustandsformen der einzelnen Medien kann man wie folgt beschreiben:

1. Der Druck einer Hand auf den luftgefüllten Beutel scheint einen Gegendruck zu erzeugen, der aus der Mitte des Inhaltes kommt und sich gleichmäßig auf beide anliegenden Hände verteilt. Man bekommt bei feinsinnigem Erspüren ein Gefühl für die Mitte der Materie.

2. Beim Druck einer Hand auf den wassergefüllten Beutel drängt der gesamte Inhalt gegen die zweite Hand und hebt sie in adäquater Weise an. Die Art der Rückschwingung (Ballotement) vermittelt den tastenden Händen eher ein Gefühl für die Wandung des umschlossenen Raumes.

3. Die Beutel mit Brei-, Grieß- und Mehlfüllung zeigen unterschiedliche Stufen von Verformbarkeit (Plastizität), wobei der Flüssigkeitsgehalt des Breies die Verformung verzögert wieder aufhebt. Das feinkörnige Mehl und der Grieß bleiben verformt und bilden Dellen.

4. Im Beutel mit Schaumgummi mischt sich die Elastizität des dehnbaren Gewebes mit der Komprimierbarkeit der Luft. Wegen der bestehenden Kammerung fällt aber das Gefühl für die Zentrierung aus einer Mitte wie bei 1. fort.

5. Am Puddingbeutel ertasten wir eine Mischung zwischen der körnigen Plastizität von 3. und der Elastizität eingehüllter Flüssigkeit von 2.

In der emotionellen Bewertung ist im allgemeinen eine gewisse Form der Rückfederung angenehmer als die Plastizität. Das Angeschmiegtbleiben des Mediums an die zurückziehende Hand wird eher als eine Art von Begegnung interpretiert als die Dellenbildung. Dabei wird das Abfangen des Druckes mit Mittelpunktsgefühl durch Kompression der Luft wieder angenehmer empfunden als das Ausweichen des Wassers. Und schließlich sagt uns die Zentrierung des Druckes auch mehr zu als eine Abfederung wie beim Schaumgummi. Ähnlich einer lebendigen Elastizität (deren Beschreibung Sie unter dem Kapitel: Das Bild der Eutonie, S. 25 ff., finden) lockt sie, mit dem Ding umzugehen (Ball, Luftballon).

Bedeutung für den Therapeuten

Die Differenzierung der taktilen Erfahrung ist eine unerläßliche Voraussetzung für den Arzt und Therapeuten zur Unterscheidung und Beurteilung gesunder und pathologischer Gewebszustände wie z. B. Lipome, Muskelspasmen, Gelosen, Ödeme, Aszites oder Tumore. Zusätzlich hilft ihm diese Fähigkeit, den muskulären Tonuszustand eines Patienten richtig zu erkennen und zu beurteilen.

Einem kontaktgestörten Patienten kann diese Übung helfen, sodaß er an der Prüfung der sachlichen Elastizitätsformen lernt, sich kontaktend auf ein anderes System zu beziehen. Hat er diese Fähigkeit erworben, so ist er geneigter, sie später auch auf lebendige Elastizitätsunterschiede zu übertragen.

III. Transsensus, um sich anzupassen (autoplastische Adaptation)

Vorgang 1: Man nehme einen Stock und balanciere ihn auf der flachen Hand.

Thema: Das Augenmerk sei dabei auf die Bewegungen der Hand und des Armes gerichtet.

Analyse: Wie gelingt die Übung? Welche Teile vom Körper sind daran beteiligt?

Vorgang 2: Der gleiche Vorgang wie unter 1, zusätzlich folgende Vorstellung dabei verwirklichen:

Thema: Ich weite mich durch den Stock hindurch bis zur Spitze aus, so daß der Stock „inkorporiert"* erscheint. Ich bemühe mich dabei, ausschließlich die Spitze des Stockes ruhig im Raum zu halten.

Analyse: Wie gelingt jetzt die Übung?
Wie hat man sich selbst bewegt? (Poststimulation)
Welche Teile des Körpers sind jetzt daran beteiligt?
Wie verhält sich der Atem?

Ergänzende Beispiele:

Man versuche es mit einer biegsamen Gerte.
Man trage eine bis zum Rand mit Wasser gefüllte Schale.

---

* inkorporieren = einverleiben, dabei gehört die Keule vorstellungsmäßig zur eigenen Person, wie bei Transsensus zur Erkundung der Gestalt S. 208.

Man balanciere auf einem Balken oder großen Ball.
Man stehe in einem schwankenden Boot.
Man laufe Ski oder Schlittschuhe.

Eigene Beispiele:

Kommentar: Transsenus, um sich anzupassen.

Hierbei geht es um die körpereigene Anpassung (Adaptation) an ein veränderliches, mechanisches System. Wir nennen es die autoplastische Adaptation im Sachbezug.

Die Analyse durch die FAB-Methode müßte ergeben:

Im Vorgang 1 wird man kaum den Stock in der Senkrechten halten können. Er wird immer wieder von der flachen Hand hinunter fallen. Solange man darauf achtet, die eigene Hand richtig zu führen oder den Arm entsprechend zu halten, stolpert man unruhig dem fallenden Stock hinterher.

Kann man beim Vorgang 2 das Gefühl der Verlängerung des eigenen Armes bis hin zur Stockspitze (Transsensus) verwirklichen, so wird automatisch das Koordinationssystem (GNS) angesprochen. Man merkt es daran, daß die eigenen Bewegungen ruhiger werden und der Stab selbstverständlicher balanciert werden kann. Die Rückwirkungen des schwankenden Stabes werden reflektorisch mit den eigenen Bewegungsformen verrechnet, und allmählich stellt sich eine angepaßte Interaktion ein.

Der realisierte Transsensus fördert die Sicherheit in der Anpassung an die Eigengesetzlichkeit fremder Bewegungssysteme. (Auf dieser Basis werden neue Bewegungsmuster gebahnt und unbewußt Fertigkeiten erlernt.) In der Poststimulation merkt man, daß nicht nur die Hände und Arme gearbeitet haben (wie zumeist im Vorgang 1), sondern der gesamte Körper bis hin zu den Füßen am Balancieren beteiligt war und auch der Atem eine Aktivierung erfahren hat.

Bedeutung für den Therapeuten

Dem Arzt und Therapeuten vermittelt die Fähigkeit, sich der Eigengesetzlichkeit der Dinge anzupassen, eine gewisse Ruhe und Behutsamkeit. Die Dinge werden ihm dadurch „zu eigen“ und er kann sich ihrer besser bedienen.

Den Patienten, die auf Grund ihrer Abgeschlossenheit und Zurückgezogenheit leicht zu muskulären Verspannungen und Verhärtungen neigen, sollten Übungen dieser Art gezeigt werden. Durch das adaptierende Erspüren von Bewegungsgesetzen eines anderen Dinges lösen sich ihre eigenen Blockierungen. Läßt man z.B. Menschen mit Klaustrophobie (Angst in geschlossenen Räumen) selbst balancieren oder einen Gegenstand balancieren, so werden sie auf ein Draußen orientiert, und das Gefühl des Eingekapselt-Seins verliert sich.

IV. Transsensus, um das andere an sich anzupassen (alloplastische Adaptation)

Vorgang 1: Man lege zwei Gymnastikbälle übereinander und halte mit der flachen Hand den oberen so, daß er nicht vom unteren hinunter fällt (Abb. links). Die Finger bleiben bei den folgenden Aufgaben ruhig liegen.

a) Den oberen Ball auf dem unteren hin- und herrollen (Abb. Mitte).
b) Den oberen Ball auf dem unteren rotieren.
c) Durch Hin- und Herrollen des oberen Balles versuchen, den unteren mitzurollen (Abb. rechts).
d) Durch kreisende Bewegungen des oberen Balles den unteren nach allen Richtungen versuchen mitzuschwenken.

Thema: Ø

Analyse: Was vollzieht sich dabei in den eigenen Gliedern? Wie sind Geschicklichkeit, Zielsicherheit, Anstrengungsgefühl und emotionale Beteiligung?

Vorgang 2: Bei der gleichen Aufgabenreihe wie unter Vorgang 1 zusätzlich folgende Vorstellung verwirklichen:

Thema: Bei a und b weite ich mich durch den oberen Ball hindurch so aus, daß er „inkorporiert" erscheint und bewege **mich** dann auf dem unteren Ball.
Bei c und d weite ich mich zusätzlich noch über den unteren Ball hindurch bis zu seiner Auflagefläche aus, „inkorporiere" also auch den unteren Ball und versuche nun, ihn mit Hilfe des oberen Balles auf der Unterlage hin- und herzurollen.

Analyse: Wie unterscheiden sich die Bewegungen der Bälle im Vorgang 1 von Vorgang 2 durch die Verwirklichung der Themen:
Welche Körperteile sind jetzt an der Mitbewegung beteiligt? (Poststimulation)
Wie ändert sich das persönliche Befinden in bezug auf Geschicklichkeit, Zielsicherheit, Anstrengungsgefühl und emotionelle Beteiligung? (Post- und Prästimulation)

Ergänzende Beispiele:

Tennis- oder Golfspielen
Marionettenspiele
Kinderkreiseln
Zielwurfspiele
Gymnastik mit Handgeräten

Eigene Beispiele:

Kommentar: Transsensus, um das andere an sich anzupassen.

Hier geht es darum, den eigenen Bewegungsvorgang in den eines anderen Bewegungssystemes überfließen zu lassen.

Im Vorgang 1 verbleibt die Person sachlich distanziert. Unter Leitung des Auges wird die Hand aufgabengerecht bewegt. Entsprechend der Fertigkeit melden sich die bei der Tätigkeit bewußt in Anspruch genommenen Glieder als Leibgefühl in der Poststimulation.

Erst im Vorgang 2 wird durch das Ansprechen des Transsensus eine „persönliche Beziehung" angebahnt. Im Hinausspüren stellt sich die Gesamtorganisation des eigenen Leibes auf die dazukommende Mechanik der Gegenstände ein. Sie werden mit ihren Bewegungsmöglichkeiten inkorporiert. Sie werden uns „zu eigen", indem sich neue Bewegungsmuster in uns bilden, durch die wir zu besserer Zielsicherheit und größerer Geschicklichkeit kommen. Das Anstrengungsgefühl verliert sich in dem Maße, wie sich die Finger weniger bemühen müssen, die Bälle zu halten und zu bewegen.

Diese Übungsform setzt bereits eine taktile Erfahrung der Struktur und Konsistenz des Objektes voraus. Indem man es mit seinen vielfältigen Möglichkeiten sinnvoll benutzen und in bewußter Absicht bedienen kann, vermag man zu differenzieren und spielfähig zu sein. Das Werkzeug wird zur Erweiterung des eigenen Wesens.

Bedeutung für den Therapeuten

Die Einstellungsmöglichkeit auf ein anderes mechanisches System bessert die Fertigkeiten, mit Instrumenten umzugehen und diese als Operateur, Zahnarzt, Orthopäde oder spritzengebender Praktiker sicher einzusetzen. Das bewußte Anwenden der alloplastischen Adaptation ist bei der Lagerung von Bewußtlosen sehr hilfreich und wird bei der Prüfung passiver Beweglichkeit von Gelenken und zur Vorbereitung eines manipulativen Eingriffes unerläßlich sein.

Der Patient gewinnt über die Fähigkeit, mit Materialien wie Holz oder Ton sowie mit Werkzeugen und Gerätschaften umgehen zu können, eine sicherere Ausdrucksmöglichkeit. Hierbei ist es wichtig, ihm die „persönliche Beziehung" zu den Dingen nahezubringen. Kontaktscheue Patienten können über diesen Weg der Arbeitstherapie vorbereitet werden, sich später in ähnlicher Weise auf Belebtes zu beziehen.

V. Transsensus zur Muskelentspannung (Lösung und Dehnung)

Vorgang 1: Von einer gestreckten Ausgangshaltung aus beuge man sich mit durchgedrückten Knien und gestreckten Armen bodenwärts.

Thema: Ø

Analyse: Man registriere sachlich, wieviel Abstand noch bis zum Boden verbleibt, ohne nachzufedern. (Das gilt nicht bei Hypermobilität, der abnormalen Beweglichkeit.) Welche Gebiete der Glieder und des Rumpfes werden spürbar?
Treten Schmerzen auf?
Strengt es an?
Wie verhält sich der Atem?

Vorgang 2: Die gleiche Bewegungsfolge mit nachfolgendem Thema:

Thema: Ich greife bis in die Wolken hoch. Von dort aus ziehe ich einen riesigen Bogen mit den Händen über das Firmament nach vorn, weit bis zum Horizont und tief bis in den Erdmittelpunkt.

Analyse: Wie weit sind jetzt die Finger vom Boden entfernt?
Wie ist das Gliedergefühl?
Rumpfgefühl?
Atemgefühl?
Gesamtgefühl?

Ergänzende Beispiele:

Eine solche virtuelle Verlängerung der Glieder vor und mit der Bewegung kann von jeder Gliederstellung aus in jede beliebige, der Gelenkmöglichkeit entsprechende Richtung vorgenommen werden:

Verbesserung der Yoga-Asanas, Organgymnastik nach *Medau-Schmitt*, Dehnlagerungen nach *Schaarschuch*, Kontrollstellungen nach *G. Alexander*, Übungen nach *Feldenkrais*

Eigene Beispiele:

Kommentar: Transsensus zur Muskelentspannung

Hier steht das Problem der „Entspannung“ an. Die Analyse durch die FAB-Methode ergibt, daß im Vorgang 2 die Hände näher an den Boden gelangen als beim Vorgang 1. Wenn die Vorstellung des Themas wirklich erlebnisstark realisiert werden konnte, wird zudem weniger Beschwerlichkeit und weniger Dehnspannung in den rückwärtigen Bein- und Gesäßmuskeln bemerkbar werden.

An sich kann eine Vorbeugung getätigt werden:

1. durch Weglassen der Aufrichtetendenz, also Nichtinnervation der Rückenstrecker. Das führt zur **Dehnung durch Erschlaffung** mit der Gefahr des Zusammensinkens des gesamten Körpers, wenn die Erschlaffung generalisiert.

2. durch willkürliche Kontraktion der Rumpfbeuger als Antagonisten. Das führt zur **passiven Dehnung** der Rückenstrecker. Durch den dazugehörigen Krafteinsatz kann es zu einem erhöhten Ausmaß der Beugung kommen, die dann wieder verstärkte Dehnungsreflexe in den Aufrichtemuskeln auslöst. Wir vermerken diese Wechselwirkung am ungleichmäßigen Nachfedern und am verstärkten Dehnungsschmerz in diesen Muskelzügen sowie an der Ermüdungserscheinung der Beuger. Sie drängen sich uns während der Übung als isolierte Leibgefühle auf.

Im Vorgang 2 wird nun durch das Transsenus-Thema „nach oben strecken“ das tonusregulierende System (GNS) fördernd beeinflußt. Wir merken es an der gleichzeitigen Intensivierung der Atmung und Anhebung des Vitaltonus (Vigilität). Die Aufforderung, einen großen und weiten Bogen nach unten zu beschreiben, hält die angebahnte Spindelaktivität aufrecht, bewirkt aber zusätzlich eine Alpha-Hemmung im Rückengebiet. Das Nachlassen der Spannung in den entsprechenden Muskeln führt gleichzeitig auf reziprokem Weg zu einer zusätzlichen antagonistischen Kontraktionsaktivität der Beuger. Diese Kontraktion wird im Gegensatz zur willkürlichen Kontraktion bei der passiven Dehnung (Beispiel 2) nicht von der motorischen Rinde aus verursacht, sondern peripher von den Spindeln unmittelbar bewirkt. Den gesamten Vorgang nennen wir wegen der Hemmungsaktivität **aktive Dehnung = Obtentus.** Das Leibgefühl bleibt dabei mit dem Lösungsvorgang verknüpft und wird als ein Weiter- und Offener-Werden empfunden (ausführlicher darüber im Abschnitt: Der sensomotorische Aspekt der Eutonie, S. 142ff.).

Die Muskelentspannung durch Erschlaffung finden wir beim Autogenen Training nach *J. H. Schultz*, in der aktiven Entspannung nach *Faust* und in der progressiven Relaxation nach *Jacobson*. Die Muskelentspannung durch passive Dehnung wird in der turnerischen Gymnastik, beim Stretching und bei den Yoga-Asanas geübt. Die Muskelentspannung durch aktive Dehnung wird angedeutet in der Organgymnastik nach *Medau-Schmitt*, in der Eutoniepraxis nach *G. Alexander,* den Dehnlagerungen nach *Schaarschuch* und in Haltungsübungen nach *Feldenkrais*.

Bedeutung für den Therapeuten

Bei Kontrakturen, Kapselschrumpfungen, Muskelhartspann und Inaktivitätsblockaden werden dem Patienten im allgemeinen Anweisungen zu Vergrößerungen des Bewegungsausmaßes durch Dehnung des betroffenen Gebietes gegeben. Die werden dann auch entsprechend unserem Vorgang 1 rein sachlich und willkürlich durchgeführt.

Unter Einsatz des Transsensus würde unsere Empfehlung heißen: Stets hat der gewünschten Bewegung eine Vorstellung vorauszueilen, die einer „Verlängerung des Gliedes in den Raum hinein“ entspricht. Wir bewegen z. B. den Arm, um einen auf einem hohen Baum sitzenden Vogel zu streicheln, oder um die Flugbahn eines Schmetterlings von Blume zu Blume nachzuzeichnen und ähnliche, sinnentsprechende Bildvorstellungen.

VI. Transsenus zur Muskelschmeidigung (Elastizität)

Vorgang 1: Man lege sich mit dem Rücken quer auf einen armdicken kantigen oder knolligen Knüppel, so daß beide Schulterblätter davon berührt werden.

Thema: Ø

Analyse: Wie liegt es sich darauf?
Wie lange kann man es schmerzlos darauf aushalten?
Welche Gebiete drängen sich auf?
Wie verhalten sich die schmerzenden Stellen?
Allgemeingefühl?

Vorgang 2: Nach einem Ausruhen ohne Knüppel wieder die gleiche Lagerung, doch schon zu Beginn mit folgendem Thema beschäftigen:

Thema: Ich ertaste fühlsam mit dem ganzen Rücken den Boden, den ich berühre, umfange auch den Stock, als wolle ich um ihn herum in den Boden wachsen (Transsensus).

Analyse: Verbleibt das Leibgefühl (Schmerz) von vorher?
Wenn nicht, wie hat es sich verändert?
Wie wird der Stock, wie der Boden empfunden?
Wie spürt man seinen eigenen Körper!

Ergänzende Beispiele:

Man versuche, die verschiedenartigsten Gegenstände, die einen ansonsten in mannigfaltiger Lagerung beeinträchtigen würden, mit unterschiedlichen Transsensusthemata anzugehen:
auf Tennisbällen liegen,
auf Treppenstufen lagern,
auf runden Kieseln barfuß gehen,
in der Astgabel sitzen.

Eigene Beispiele:

Kommentar: Transsensus zur Muskelschmeidigung

Unter Muskelschmeidigung verstehen wir jene besondere lokale Regulationsform der Muskelspannung, die auf Elastizität schaltet, um eine von außen kommende Einwirkung abzufangen oder sich ihr anzuschmiegen. Ist diese Elastizität unzureichend, so treten Schmerzen im Spannungsbereich auf. Es handelt sich hier also um das Problem der Beseitigung von Schmerzen, die durch Unnachgiebigkeit der Muskelspannung verursacht werden.

Der formale Vorgang 1 macht deutlich, daß Schmerzen auftreten oder verstärkt werden, wenn man während einer ungewöhnlichen Lagerung nur mit der Tatsache der eigenen Befindlichkeit beschäftigt ist. Mit dieser gedanklichen Reflexion (Rückwendung) ist eine gefühlsmäßige Retraktion (Flucht) verbunden und somatisch eine Kontraktion der Muskulatur als reaktive Abwehrspannung.

In Vorgang 2 wird durch Transsensus die allgemeine Spindelaktivität erhöht. Da jedoch hier keine Bewegung intendiert wird wie bei dem Beispiel für Muskelentspannung, tritt keine aktive Dehnung (Alpha-Hemmung) auf, sondern es kommt lediglich durch reziproken Ausgleich im peripheren Gamma-System zur lokalen Schmeidigung. Der Druck wird von dem betroffenen Gebiet durch **partielle** Losung **zugelassen**. Die schmerzhafte Spannung schwindet.

Hierbei wird deutlich, daß der spezifische Schutzmechanismus des Menschen Elastizität ist und nicht die Verfestigung und Verhärtung seiner Wandung, denn er hat keinen Panzer wie eine Schildkröte. Dies bedingt aber eine seelische Hinwendung auf das Einwirkende, also Transsensus, ohne den die adaptierende Koordination nicht aufgerufen wird.

Bedeutung für den Therapeuten

1. Lokale Spannungs- und Schmerzzustände braucht man nicht in jedem Fall mit Muskelrelaxantien oder Schmerzmitteln anzugehen, sondern man kann den Patienten zu einer aktiven Mithilfe auffordern, indem er entsprechend der hier gegebenen Anweisungen übt. Er sollte dabei nicht unmittelbar die Belastung an seiner heikelsten Stelle ansetzen, sondern sich von Nachbargebieten aus mit Transsensus an die Schmerzbereiche herantasten.

2. Bei schmerzhaften Eingriffen wie Spritzen, Inzisionen, Mobilisierung oder Redressements wird dem Patienten oft geraten: „Zähne zusammenbeißen“, „reiß Dich zusammen“ oder „aushalten“. Das sieht dann zwar nach einer guten Bewältigungsform aus, weil es die Manipulation nicht mehr stört, ist aber im Grunde eine dystone Verhaltensweise und beeinträchtigt seine vegetative Regulation. Wir empfehlen daher, den Patienten zu einem Kontaktaufbau aufzufordern analog der III. Stufe, 1. und 2. Phase des verbal-taktilen Eutonieaufbaues (s. S. 57), um durch die Verbesserung der Elastizität eine Schmerzlinderung zu erreichen. (Vergleiche S. 237)

3. Dieses Prinzip finden wir auch in der Akupunktur-Therapie und -Analgesie wieder. *Bischko* betont in seinen Schriften mehrfach die Notwendigkeit eines guten Kontaktes zum Patienten und eines besonderen Teamgeistes für den Erfolg einer Akupunktur-Analgesie zur Operation.

VII. Transsensus zur Muskelleistung (Ökonomie)

Vorgang 1: Man nehme einen Gegenstand (z.B. zwei große Bücher oder einen Stein), der so schwer ist, daß man ihn zum Prüfen des Gewichtes noch gut auf beiden Händen vor sich halten kann. Wenn es ermüdet, ablegen.

Thema: Ø

Analyse: Was und wo hat man etwas in den Armen empfunden?
Hat es angestrengt?
Was war vom übrigen Körper daran beteiligt?
Wie lange klingt eine leibliche Sensation nach?
Persönliches Befinden?

Vorgang 2: Den Gegenstand nochmals aufnehmen, ihn aber etwas weiter von sich weg strecken. Zeitlich gleich lange halten.

Thema: Ø

Analyse: Was hat sich im Empfinden geändert?

Vorgang 3: Nach dem Abklingen etwaiger Ermüdung Vorgang 2 wiederholen, aber vorausgehend folgendes Thema wählen:

Thema: Ich biete den Gegenstand einem vorgestellten Partner als Gabe dar.

Analyse: Was hat sich gegenüber den Vorgängen 2 und 1 geändert?
Wie fühle ich jetzt meine Arme?
Was war jetzt vom übrigen Körper daran beteiligt?
Bemerke ich eine Änderung im Allgemeinbefinden?

Vorgang 4: Den Gegenstand einem wirklichen Partner reichen.

Thema: Er möge es wirklich als Wert empfangen.

Analyse: Unterschiedsvergleiche zu den Vorgängen 3–1.

Ergänzende Beispiele:
Tauziehen
Klettern
Lasten tragen

Eigene Beispiele:

Kommentar: Transsensus zur Muskelleistung

In dieser Übung sehen wir, durch welche Bedingungen die Ökonomie einer Bewegung verbessert werden kann. Wir haben hier die rein sachlichen Bewegungsvorgänge (Vorgang 1 u. 2) einem sinnvollen Bewegungsvorgang (Vorgang 3 u. 4) gegenübergestellt. Beim einfachen Wägen und Vorstrecken des Gewichtes erkennen wir andere Funktionsabläufe, als wenn wir jemandem etwas darbieten oder gar mit der Übergabe einen Wertbegriff verbinden.

Bei den ersten beiden Vorgängen brauchte keine Thematik angegeben zu werden. Bei den beiden letzten dagegen wäre es nicht nötig, den Vorgang zu formulieren, denn die gewählte Thematik (Transsensus) bewirkt zwangsläufig diesen Vorgang (Obtentus).

Auf die Analyse des Leibgefühles durch die FAB-Methode braucht man bei den Vorgängen 1 u. 2 kaum hinzuweisen. Es tritt unmittelbar auf, wenn man mit den Gedanken bei der Beobachtung des Vorganges ist. Wir vermerken die Kontraktion der Muskulatur, die bis zu Ermüdungserscheinungen oder Schmerzen im Bizeps und in den Flexoren der Unterarme gehen kann. Dabei bleiben die Sensationen fast nur auf die Arme beschränkt.

Im Vorgang 3 ändert sich das Leibgefühl durch die Motivation schon in der Prästimulation und bringt eine intensivere Beteiligung der Gesamtperson mit sich. Man strafft sich in den Beinen und kann einen Atemimpuls in Richtung auf die auszuführenden Armbewegungen verspüren. Mit dem tatsächlichen Vorstrecken der Arme verlieren sich diese Leibgefühle. Die Bewegungen entfalten sich wesentlich weiter in den Raum hinein als im Vorgang 2, ohne daß das Anstrengungsgefühl größer wird.

Welche leiblichen Phänomene beim Vorgang 4 auftreten, kann erst in der Poststimulation ganz deutlich werden. Im alternierenden Rückerinnern wird die gesteigerte Atemfülle und das Anheben des Vitaltonus bewußt werden. Ein Anstrengungsgefühl dürfte überhaupt nicht aufgetreten sein. Gelingt es, die Thematik dieser Übung echt darzustellen, so vermittelt das begleitende koinästhetische Allgemeingefühl dem Gebenden auch ein persönliches Wertgefühl.

Der Einsatz der Transsensusthematik aktiviert automatisch das tonusregulierende System. Daraus resultiert eine ökonomischere Verteilung der Kraftinnervation über den ganzen Körper unter Einbeziehung der Atemanregung.

Bedeutung für den Therapeuten

Im allgemeinen heißt die Empfehlung zur Kräftigung der Muskulatur bei Haltungsschwäche, Hypotonie, Hypermobilität, Inaktivitätsschwäche der Muskulatur oder Kreislaufinsuffizienz: willkürliche, sachliche Muskelkontraktion nach Art des isometrischen Trainings (reine Kontraktion ohne Bewegungserfolg) oder Kniebeugen und Bodybuilding. Wir sind der Meinung, daß zur Behebung dieser Art Schäden nicht nur die reine Muskelarbeitskraft von ausschlaggebender Bedeutung ist, sondern daß man die Ökonomie der Bewegung dadurch verbessern sollte, daß man z. B. aus jeder Bewegungsform eine Ausdrucksgeste macht.

Nicht!	**Sondern!**
Treppen steigen	„den Thron besteigen", „emporstreben".
Knie beugen	„aus der Versenkung auftauchen", „in Erscheinung treten".
Rumpf beugen	„sich verneigen und wieder gegenüberstehen".
Heben und tragen	„etwas ans Licht bringen", „mithelfen".

B) Intention zum Partnerbezug

I. Transsensus zur Übereinstimmung (Konsensus)

Vorgang 1a: Zwei Partner stehen nebeneinander. Der Rechte davon hält seine Hand leicht abgespreizt zur Seite, um die Hand des Linken darin aufzunehmen. Der Linke legt nun seine Hand in die des Rechten mit folgender Vorstellung:

Thema: Ich lege meine Hand auf ein Geländer.

Vorgang 1b: Der Linke bewege seinen Arm und seine Hand auf der Hand des Rechten.

Thema: Ich bewege meine Hand auf einem Geländer.

Analyse: Wie empfand der Rechte (Geländer) die Hand des Linken, schwer – leicht, warm – kalt ...?
Was verspürte der Rechte von der Person des Linken?
Wie vollzog sich die Bewegung?
Was merkten beide von sich oder vom anderen?
Wie fühlten sich beide?

Vorgang 2a: Der Linke läßt seine Hand auf der Hand des Rechten liegen und verwirklicht nacheinander folgende Vorstellungen:

Thema: Mein eigener Arm wird um die Hand des anderen länger, so als gehöre sie zu meinem Körper (vergleiche Inkorporation in Übung A III., S. 214).

Ich weite diese gefühlsmäßige Verlängerung (Transsensus) stufenweise über den Unter- und Oberarm des anderen bis in sein Schultergelenk hinein aus.

Vorgang 2b: Der Linke bewege nun seinen verlängerten Arm nach allen Seiten.

Thema: Mein eigener Arm hört nicht an den Fingerspitzen auf, sondern reicht bis ins Schultergelenk des anderen.

Analyse: Wie empfand der Rechte die Hand des Linken während des Transsensusaufbaues?
Änderte sich das Gewicht des Armes?
Was verspürte er von der Person des Linken?
Wie vollzog sich die Bewegung?
Wie fühlten sich beide?

Vorgang 3a: Die Hände bleiben aufeinander liegen. Der Linke verbleibt in seinem erspürten Endstadium, während der Rechte nun folgende Vorstellungen verwirklicht:

Thema: wie Thema 2a: Ich erweitere meinen Arm über die Hand des anderen stufenweise bis zu seiner Schulter aus.

Vorgang 3b: Nun bewege jeder seinen verlängerten Arm im Schultergelenk des anderen unter folgender Vorstellung:

Thema: wie Thema 2b: Mein eigener Arm hört nicht an den Fingerspitzen auf, sondern reicht bis ins Schultergelenk des anderen.

Analyse: Wie empfand der Linke die Hand des Rechten während des Transsensusaufbaues?
Änderte sich das Gewicht des Armes?
Was verspürte er von der Person des Rechten?
Was beobachtete er an der Bewegung?
Wie fühlen sich beide?

Vorgang 4a: Jeder bewege wieder seinen verlängerten Arm im Schultergelenk des anderen.

Thema: Mein Arm hört nicht im Schultergelenk des anderen auf, sondern wächst noch weiter bis zur entgegengesetzten Schulter des anderen. Er kann sogar so groß werden, daß er den anderen ganz umhüllt.

Vorgang 4b: Die Bewegung bleibt wie bei Vorgang 4a, während sich das Thema ändert.

Thema: Jeder empfinde wieder seine eigene Begrenzung, die an den Fingerspitzen und der Hautoberfläche aufhört. Er beachte seine eigene Bewegung und sein eigenes Leibgefühl, bleibe aber bemüht, die Bewegungen des anderen mitzumachen.

Analyse: Wie war der Bewegungsablauf?
Was haben beide von sich selbst und was vom Partner gemerkt?
Wie fühlen sich beide?

Ergänzende Beispiele:

In der Gruppe einen Kreis bilden. Erst zum einen, dann zum anderen Partner den Transsensus aufbauen. Dann zum übernächsten erweitern, bis zum Schluß jeder den ganzen Kreis im Gefühl hat und ihn auch bewegt.

Zwei Partner stehen Rücken an Rücken und haben die Arme seitlich abgehoben, die Hände berühren sich. Die jeweils durch den Transsensus angesprochenen Gebiete legen sich nacheinander aneinander (Unter-, Oberarm, Schultern, Rücken), bis beide Partner „eine Figur" mit gemeinsamen Flügeln bilden, die jeder bewegen darf.

Paarweise so auf den Rücken legen, daß die Fußsohlen gegeneinander gestemmt werden können und die Beine einen gotischen Bogen bilden. Transsensusaufbau über Füße, Unter- und Oberschenkel bis zur Hüfte des Partners und sich dort in freier Spiellust bewegen.

Eigene Beispiele:

Kommentar: Transsensus zur Übereinstimmung

Diese Übung macht das Phänomen einer positiven Rückwirkung im Partnerbezug deutlich. Dabei entspricht der Aufbau des Transsensus zunächst (bis einschließlich des Vorganges 2) dem des Sachbezuges, denn die Grenzen des eigenen Raumgefühles werden ausgeweitet. In Vorgang 3 wird dann die Antwort des Partners beachtet, die ebenfalls in einer Horizontvergrößerung besteht, so daß die Interaktionen dann in einem als gemeinsam empfundenen Raum stattfinden können.

Beim formalen Vorgang 1 wird der Rechte als Geländer die aufliegende Hand des anderen als schwer empfinden und, wenn es von links entsprechend unpersönlich gemeint ist, auch nicht viel mehr als nur die Hand als solche bemerken. Selbst wenn sie bewegt wird, stößt sie beziehungslos an oder gleitet sogar von der Handfläche ab, so daß sich das Leibgefühl von beiden sehr deutlich auf die eigenen Konturen beschränkt.

Beim Vorgang 2 scheint dem Rechten der Andruck der fremden Hand immer leichter und geschmeidiger zu werden. Diese Empfindung vermittelt ihm ein angenehmes Leibgefühl, so als sei auch sein Arm leichter und lebendiger geworden. Er wird feststellen, daß er nicht nur von der Hand angerührt wird, sondern daß zu dieser ein Arm gehört, über den er eine Ahnung von der dahinterstehenden Person bekommt. Der Linke wird seinerseits bemerken, daß sich der Arm des Rechten weich und fließend bewegen läßt, wenn er selbst tatsächlich die Vorstellung der gefühlsmäßigen Verlängerung verwirklichen konnte. Er entwickelt dann ein Situationsgefühl für die Beurteilung einer fließenden Bewegung. Versucht er es bei unzureichendem Transsensus, so wird es Stockungen im Hand- und Ellenbogengelenk des Rechten geben.

Beim Vorgang 3 wird nun durch die Aufforderung an den bisher passiven Partner, ebenfalls einen gleichartigen Transsensus zu entfalten, eine spezifische Antwort aufgerufen. Dabei überschneiden sich die Vorstellungen beider Partner so, daß sich jeder den Arm des anderen „zu eigen" macht und in bezug auf diesen gemeinsamen Arm ein gemeinsames Bewegungsmuster bildet. Bei der Freigabe von Bewegungen mischen sich dann die Bewegungsimpulse zu einem einheitlichen motorischen Akt, bei dem sich keiner durch den anderen gestört fühlt und die entsprechenden Variationen des Bewegungsspieles nur durch Dominanzverschiebungen entstehen. Diese Übereinstimmung wird als angenehmes koinästhetisches Gefühl erlebt.

Beim Vorgang 4a wird mit der von beiden Seiten ausgehenden, gleichzeitigen Verwirklichung des Transsensus auf die **gesamte** Person des Partners ein ganz besonderes psychisches Moment erlebbar, das bei einer Teilerfassung nicht auftritt. Es ist der Zustand des „Eins-Seins", in dem jeder den anderen mitlebt. Dem Empfinden nach ist eine neue Gestalt gebildet worden, die einen doppelt so großen Raum in Anspruch nimmt wie jeder einzelne für sich. Im Bewußtsein dieses neuen Wesens tritt keine Polarisation zwischen Hier-Ich und Da-Du auf, sondern es entwickelt sich eine neue Einheit, das Wir, mit einem eigenen, gemeinschaftlichen Mittelpunkt. Die Bewegungsintentionen sind nun nicht mehr auf Gegenseitigkeit bezogen, sondern auf die Erfassung des gemeinsamen Umfeldes:

„Miteinander voran", „zusammen herum" oder „gleichzeitig empor". Das koinästhetische Gefühl des Unbeschwert-Seins und des Wohlbefindens läßt die Beachtung des eigenen Leibgefühles vergessen.

Hat man die Erfahrung des „Miteinander-Bewegens" erlebt, so kann man versuchen, die gleichen Bewegungsmuster in der Poststimulation auch ohne Bewegung lebendig zu halten oder sie in der Prästimulation zur Einstellung auf eine neue Situation wieder aufzurufen. Das Gefühl des Miteinander-Seins und der Verbundenheit, das sich dabei einstellt, geht sowohl einher mit dem Wissen um das Eigene als auch mit dem Wissen um den haptischen Raum, den ein anderer Mensch repräsentiert. Im Ausweiten auf den anderen erkennt und erfaßt man ihn, und die gleichartige Antwort gibt jedem die Empfindung, ebenfalls erkannt und anerkannt zu werden, zurück. Dieses Angenommen-Sein und Bestätigt-Werden ist aber nicht durch eine intellektuelle Leistung, durch das Wort oder über eine augenfällige Handlung hervorgerufen worden, sondern durch ein fast unmerkliches Erfassen und Erleben des Partners, der seinerseits den anderen in seinem Lebensraum akzeptiert.

Beim Vorgang 4 b zieht sich durch die Beachtung des eigenen Leibes das Empfinden für den haptischen Raum auf die eigene Körperbegrenzung wieder zurück. Damit bricht der Transsensus zusammen. Der gemeinsame Mittelpunkt geht verloren, und die kommunikativen Bewegungsmuster fallen auseinander. Die Hände verlieren den Kontakt, gleiten ab oder stoßen sich sogar aneinander. Wurde die vorherige Übereinstimmung als wohltuende, belebte Gemeinsamkeit empfunden, so fühlt man sich plötzlich allein gelassen und dadurch zumeist stark beeinträchtigt.

Bedeutung für den Therapeuten

Jegliche Störung im Befinden, gleichgültig ob im somatischen oder psychischen Bereich, wirft den Menschen auf sich selbst zurück und beeinträchtigt damit auch die Fähigkeit zum Konsensus. Er kapselt sich ab, fällt bei Schwäche in Erschlaffung oder bei Schmerzen in Verspannung. Diese muskuläre Hypertension führt z. B. bei Arthralgien zu erheblichen Einschränkungen des Bewegungsausmaßes im Gelenk und begünstigt gleichzeitig die Schmerzhaftigkeit. Der daraus entstehende mißliche circulus vitiosus kann durch einen einfachen Transsensusaufbau im Sinne dieser Übung sehr eindrucksvoll unterbrochen werden.

Zunächst prüfe man am Patienten mit einer Koxalgie auf gewohnt sachliche Weise das Ausmaß der noch schmerzlos zu ertragenden Abspreizung. Dann fasse man das Bein leicht unter der Ferse und animiere den Patienten dazu, sein Gespür über sein eigenes Bein hinaus stufenweise in die Hand, den Arm und schließlich über den Körper des Therapeuten auszuweiten. Die Realisierung dieser Aufgabe erkennt der Therapeut an einer anderen Eigenschaft des Transsensus, der Induktion (vergleiche Übung B IV, S. 248 oder verbal-taktiler Eutonieaufbau S. 170ff.).

Er wird die gefühlsmäßige Ausweitung vor allem dann als gelungen bestätigen können, wenn der Patient ihn über dieses Bein mit minimalen Bewegungen etwas hin und her zu wiegen vermag. Bei dieser Einstellung des Patienten wird das Bein wieder passiv abgespreizt und mit der Anfangsbewegung verglichen. Fast immer wird die vorherige Grenze des Bewegungsausmaßes erstaunlich weit überschritten. Durch die Ausweitung des Körperschemas in den haptischen Raum ist die Gamma-Innervation aktiviert worden, die für die Eutonisierung der Muskulatur und damit für ihre Geschmeidigkeit verantwortlich ist. Die Schmerzgrenze ist angehoben worden.

Ein ähnliches Vorgehen empfiehlt sich bei allen Gelenkirritationen, Brachialgien, Lumbalgien sowie anderen WS-Syndromen. Oft erübrigen sich sogar dadurch chiropraktische Maßnahmen oder sie lassen sich zumindest leichter durchführen *(Gaymans, Lewit)*.

Die Fähigkeit, mit dem Konsensus gezielt umgehen zu können, ist für einen Therapeuten, von dem man Einfühlungsvermögen erwartet, unbedingt erforderlich. Kann er ihn so aufbauen, daß der Patient im Unterbewußtsein eine adäquate Rückwirkung entwickelt, so wird sich dieser von ihm angenommen, erkannt und verstanden fühlen und sich vertrauensvoll in seine Hände begeben. Gelingt es ihm darüber hinaus, auch den Patienten zu einem bewußten Umgehen mit dem Konsensus zu führen, so fördert er in ihm die Grundlage zum besseren Verständnis seiner Umwelt.

Kommunikative Übereinstimmung zu erleben, gehört zu den existentiellen Lebensbedürfnissen des Menschen. Sie ist letztendlich das Ziel aller Interaktionen und der Ausdruck der Befriedigung auf der jeweils erreichten Entwicklungsstufe. Ein solches bündiges Miteinander herstellen und erleben zu können, fundiert das Persönlichkeitsgefühl und Wertbewußtsein. Das gilt für den Arzt bezüglich seiner eigenen Persönlichkeitsstruktur wie auch im Hinblick auf seinen therapeutischen Auftrag.

Im Konsensus sehen wir einen Grundpfeiler des eutonen Verhaltens.

II. Transsensus zur Verbindung (Konjunktion)

Vorgang 1a: Zwei Partner stehen sich gegenüber und lehnen, leicht vorgeneigt, Stirne an Stirne. Während der Linke vorerst ruhig stehen bleibt, versucht der Rechte sich mit folgender Vorstellung zu beschäftigen:

Thema: Die Haut meiner Stirn ist die Begrenzung meines Wesens nach vorn, und damit berühre ich die Grenzen einer anderen Person.

Vorgang 1b: Nun rolle der Rechte seinen Kopf an der Stirn des anderen hin und her oder reibe seine Stirn an der des Partners, um sich durch eine entsprechende Bewegung seine Einstellung zu verdeutlichen.

Analyse: Was habe ich vom Partner gespürt?
Wie weit könnte ich mich nach vorne neigen, ohne unsicher zu werden und nach Halt zu suchen?
Was merke ich von meiner Stirn?

Vorgang 2a: wie Vorgang 1a.

Thema: Ich verlängere mich stufenweise über meine Stirn bis zum Nakken, bis zur Hüfte und schließlich bis in die Füße des Partners (vergleiche Übung B) I. und II.).

Vorgang 2b: Zur Bestätigung, daß er die Vorstellung verwirklicht hat, versuche der Rechte mit seinem Kopf den anderen jeweils im Nacken, in der Hüfte und in den Füßen zu bewegen.

Analyse: Gleiche Fragestellung wie unter 1.

Vorgang 3a: Während nun der Rechte den erreichten Vorstellungs-Raum beibehält, vollziehe der Linke die gleiche Themen- und Bewegungsfolge nach, bis auch er in den Füßen des anderen steht. Dann versuche jeder mit folgender Vorstellung umzugehen:

Thema: Wir bilden beide eine Brücke mit zwei Pfeilern, wobei jeder im Gegenpfeiler verankert ist.

Vorgang 3b: Danach gehen beide soweit auseinander, bis der Brückenbogen ganz flach geworden ist.

Analyse: Gleiche Fragestellung wie unter 1.

Vorgang 4a: Nacheinander versuchen beide Partner die gesamte Figur zum Vorwärts- oder Rückwärtsgehen zu bewegen, ohne dabei die Form des Bogens zu verändern.

Thema: Ich bewege mich mit und in den Füßen des anderen.

Vorgang 4b: Die Brückenform beibehalten und mit folgender Vorstellung umgehen:

Thema: Ich ziehe mein Raumgefühl wieder ganz zurück, so daß ich deutlich meine Stirn als Grenze zwischen meinem und dem anderen Körper empfinde und nur noch auf den eigenen zwei Beinen stehe.

Vorgang 4c: Jeder rolle seinen Kopf an dem Kopf des anderen ab und probiere das Vorwärts- und Rückwärtsgehen noch einmal.

Analyse: Wie verändern sich die eigene Sicherheit, die Führungsmöglichkeit und die gemeinsame Bewegungsfähigkeit?

Ergänzende Beispiele:

Man kann für diese Übung auch einen Ball zwischen den Köpfen halten und nach Musik tanzen.

Jeder der Partner kann sich auf ein Bein stellen und den anderen dazu veranlassen, ihn zu balancieren oder sich um 180° drehen, so daß die Brücke in der Rückwärtsbeuge gebildet wird.

Man kann in der Partnerschaft gemeinsam verschiedene Tierarten mit mehreren Beinen darstellen lassen: Z. B. ein kleiner Maikäfer bewegt sich dicht am Boden vorwärts. Der Krebs muß rückwärts über den mit großen Steinen übersäten Meeresboden krabbeln. Das Kamel hat lange, staksige Beine und geht im Paßgang. Ein Dackel trippelt schneller vor sich hin als ein schwerfälliges Nashorn.

Eigene Beispiele:

Kommentar: Transsensus zur Verbindung

Mit dieser Übung sprechen wir ein soziales Problem an: Beide Partner kommen in eine Situation, in der sie auf die Präsenz des anderen angewiesen sind und sich auf diese Weise gegenseitig Halt geben und unterstützen können. In diesem Vertrauen auf ein Miteinander schwindet die eigene Unsicherheit und Unzulänglichkeit.

Beim formalen Vorgang 1 wird bei aller körperlichen Nähe die Trennung vom anderen demonstriert. Jeder muß hier darauf bedacht sein, sich selbst zu halten, wenn er nicht beim Stirnabrollen nach vorn kippen will und damit den anderen belästigt. Der Andruck der beiden Stirnen wirkt ungleichmäßig und stößig, man rutscht leicht voneinander ab.

Beim Vorgang 2 vollzieht man mit Beginn des Transsensus eine alloplastische Adaptation (vergleiche Übung A IV, S. 217 und B I, Vorgang 2, S. 231). Mit der gefühlsmäßigen Ausweitung auf die Struktur des Partners wird die eigene Koordination verbessert und das Bewegungsprogramm auf Gemeinsamkeit geschaltet. Als erstes wird man zumeist mit Verwunderung vermerken, daß die eigene Stirn, ohne Tendenz abzurutschen, satt und sicher an der des Partners anliegt.

Wenn beim Vorgang 3 der Partner den gleichen Transsensus verwirklicht – was eventuell auch ohne besondere Aufforderung über die Induktion möglich ist – kann der Bogen so extrem weit ausgespannt werden, daß sich keiner von beiden allein in dieser Stellung halten könnte. Für die gegenseitige Unterstützung werden die aufeinander bezogenen Bewegungsmuster durch die wechselseitige Induktion gleichzeitig stabiler und modulationsfähiger. Sie mischen sich automatisch zu einem gemeinsamen Bewegungsablauf der größeren Einheit des Vierfüßlers, der ja seine Last auf mehrere Beine verteilen kann. Das funktioniert darum auch bei ganz unterschiedlichen Partnern wie Groß mit Klein, Zart mit Kräftig, Jung mit Alt und Mann mit Frau. Das beiderseitige aktive Hineinspüren in das andere Bewegungs-System „Mensch" ruft dort eine reaktive Zuwendung auf, die wir als Grundlage jeglichen Vertrauens ansehen.

Der Vorgang 4a wird durch die zusätzlichen Bewegungen im Konsensus zu einer vergnüglichen Interaktion, aus der unter Einbeziehung der weiteren Beispiele ein unbeschwertes, fröhliches Spiel entstehen kann. Der Dreibein- oder Zweibeinstand des vorgestellten Vierfüßlers oder gar der Rücken-zu-Rücken-Bogen machen den Aufbau eines Vertrauensverhältnisses für die Meisterung solcher Situation noch deutlicher.

Beim Vorgang 4 b wird man sehr schmerzlich erfahren, wie notwendig der Transensus für dieses Vertrauen ist. Nimmt man ihn nämlich zurück, so spürt man plötzlich wieder die aneinandergepreßten Stirnen, die sogar voneinander abrutschen. Jeder muß sich schnell um seinen eigenen Halt bemühen, denn sowohl die eigene als auch die gegenseitige Koordination ist zusammengebrochen. Da jeder mit sich selbst beschäftigt ist, kann sich keiner mehr auf die Hilfe des anderen verlassen.

Vorgang 4 c läßt sich unter diesen Umständen überhaupt nicht mehr durchführen.

Bedeutung für den Therapeuten

Wenn auch ein Arzt diese Übungsform kaum in sein therapeutisches Repertoir übernehmen wird, ist sie für das Verständnis sozialer Fehlverhaltensweisen sehr instruktiv, denn wir sehen in der Konjunktion einen weiteren Grundpfeiler der Eutonie.

Hier wird die funktionelle Grundlage des natürlichen Vertrauens unter Beweis gestellt. Die Verbindungsssituation, in der jeder Partner gleichzeitig dem anderen hilft und selbst unterstützt wird, in der also Halt-Bedürfen und Halt-Geben in jedem ausgeglichen sind, finden wir auf vielen anderen Ebenen des täglichen Lebens wieder: Im gemeinsamen Tragen eines Möbelstückes, im „Zur-Seite-Stehen" bei kämpferischen Auseinandersetzungen mit der Umwelt oder im Trost, den gemeinsames Leid spenden kann. Die partnerschaftliche Verhaltensweise kompensiert die Unzulänglichkeit eines einzelnen durch die Bildung einer größeren Einheit, in deren Namen dann beide handeln.

Wird diese Fähigkeit, gefühlsmäßig solche Verbindungen aufzubauen, durch Frustrationen oder allzu starke Selbstdressate blockiert, so treten im Laufe der Anforderungen in zunehmendem Maße Überbelastungssyndrome auf. Statt daß man die erdrückende Bürde einer Aufgabe auf Mitarbeiter verteilt und bei schwierigen Problemen Hilfe in Anspruch nimmt oder überhaupt Partnerschaften akzeptiert, wird allzuoft der persönliche Leistungswille zum eigenen Schaden noch mehr verstärkt. Die mangelnde Vertrauensbildung finden wir dann z. B. als chronisches WS-Syndrom, verursacht durch Verspannungen der Schulter-Nackenmuskulatur auf Grund des sich selbst Halten-Müssens oder als kardiale Insuffizienzen somatisiert.

III. Transsensus zum Standpunktwahren (Stabilität)

Vorgang 1a: Von drei nebeneinander stehenden Partnern halten die beiden seitlichen ihre Hände so, daß sie sie unter geringem Druck an Bauch und Rücken des mittleren in Nabelhöhe anlegen können. Dieser steht in leichter Grätsche und versucht nun, folgende Vorstellung zu verwirklichen:

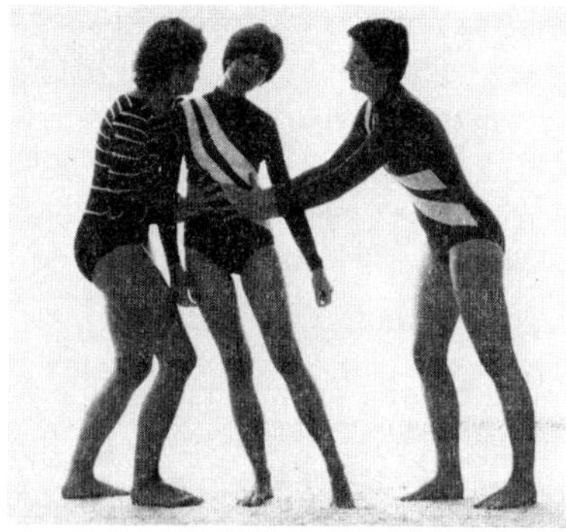

Thema: Ich stehe ganz sicher und mache mich so fest, daß mich keiner umstoßen kann.

Vorgang 1b: Die beiden seitlichen Partner versuchen dann, ihn durch Anstoßen in alle Richtungen aus dem Gleichgewicht zu bringen.

Analyse: Gelingt es dem Mittleren seine Haltung zu bewahren?
Wie sehen die Bewegungen dabei aus?
Wie fühlen sich dabei seine Bauchdecken an?

Vorgang 2a: Wiederholung von Vorgang 1a, wobei sich der Mittlere mit folgendem Thema beschäftigt:

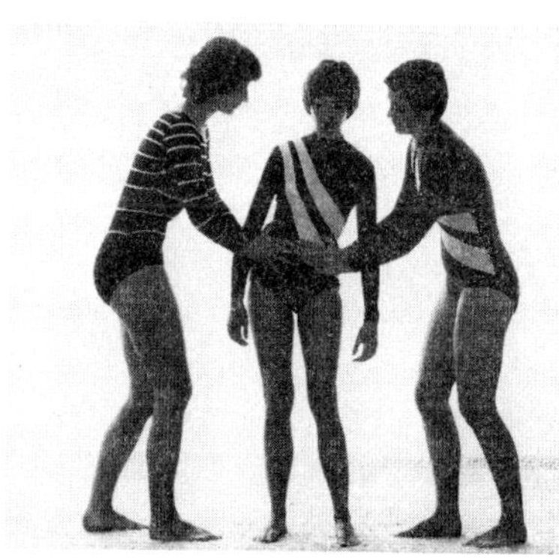

Thema: Ich vergrößere meinen eigenen Raum über die anliegenden Hände, Arme und den Körper des Linken, bis ich mich in dessen Füße stellen kann. In der gleichen Art stelle ich mich auch in die Füße des Rechten.
Jetzt, da ich mir nun vorstellen kann, wo sich meine beiden Partner in unserem gemeinsa-

men Raum befinden, gestehe ich ihnen auch eine dem Menschen übliche Bewegungsmöglichkeit zu.

Vorgang 2b: Nun mögen die seitlichen Partner in gleicher oder eventuell auch kräftigerer Weise wie unter 1b versuchen, den mittleren aus dem Gleichgewicht zu bringen.

Analyse: Hat der Mittlere Mühe, seine Haltung zu bewahren?
Wie sehen seine Bewegungen aus?
Wie fühlen sich dabei die Bauchdecken an?

Ergänzende Beispiele:

Die Übung kann mit folgender Vorstellung vervollständigt werden:
Man steht an einem breiten Fluß, hat rechts ein zappelndes, stoßendes Kind an der Hand und links einen hin und her zerrenden Hund an der Leine. Mit beiden möchte man den Fluß überqueren, muß aber dazu erst den Bootsmann vom anderen Ufer herüberrufen: „Hallo ..., hol' über ...!" (Variation nach *Coblenzer*).

Eigene Beispiele:

Kommentar: Transsensus zur Stabilität

Diese Übung macht uns nach der „Übereinstimmung“ oder Anpassung und nach der „Verbindung“ oder Fähigkeit zur Gemeinschaftsbildung mit einer weiteren Eigenschaft des Transsensus bekannt: Mit dem „Standpunktwahren“ über verbesserte Reagibilität. Hierbei geht es um die Frage: Wie schaffe ich es, gegen mich gerichtete Angriffe zu bewältigen, ohne mich gestört zu fühlen oder ohne zu fordern, daß sich die Umwelt rücksichtsvoller verhalten möge.

Im formalen Vorgang 1 wird deutlich, daß der Mensch seinen Standpunkt nicht verteidigen kann, wenn er sich fest macht. Solange er sich mit sich selbst beschäftigt und nicht das Umfeld mit erspürt, kann er durch Einwirkungen von dort überrascht und behelligt werden. Der mühsam aufgebaute Selbstschutz wird durchbrochen, und er verliert trotz Anspannung der gesamten Muskulatur seine Haltung. Die Anfassenden registrieren zudem beim Anstoßen sofort eine reflektorische, feste Abwehrspannung der Bauchdecken.

Beim Vorgang 2a hat der Mittlere seinen haptischen Raum durch den Transsensus im Sinne der Übungen B I und II auf die beiden anfassenden Personen auszuweiten, aber nicht, um sich zu wappnen, sondern um sie in ihrer Struktur und Bewegungsmöglichkeit zu erfassen. Das aktiviert das GNS in seinen statischen und dynamischen Komponenten, und er kann sich an alle Bewegungsänderungen der Partner, auch wenn sie ihn treffen, adaptieren. Diese besondere Elastizitätsschaltung der Muskulatur werden die Anfassenden am Tonus der Bauchdecken vermerken. Sie schmiegen sich weich den tastenden Händen an. Wohl macht es den Eindruck, als ob die Atemluft diesen Andruck erzeugte, aber er wird nicht rhythmisch durch sie verändert, sondern bleibt stetig angepaßt (s. Eutonieaufbau, III. Stufe, 4. Phase., S. 61).

Beim Vorgang 2b ist der Mittlere nicht mehr aus dem Gleichgewicht zu bringen. Kein Stoß läßt ihn kippen oder unsicher werden, allenfalls schwingt er etwas zur Seite. Jede Einwirkung, auch wenn sie gleichzeitig von beiden Seiten kommt, wird elastisch von den schmiegsamen Bauchdecken abgefangen. Selbst der Atemrhythmus behält seinen für die jeweilige Aufgabe notwendigen Fluß bei.

Das Phänomen der Unbeirrbarkeit des Atemablaufes wird noch offensichtlicher, wenn wir den Mittleren, wie im ergänzenden Beispiel angegeben, tönen lassen. Dazu gehört aber, daß er sein Gefühlsfeld über den

Umkreis der Dreiergruppe hinaus in einen Bereich ausweitet, in den er auch noch einwirken möchte. Die Muskulatur seiner Rumpfwandung erfährt in ihrer Elastizität eine erhebliche Verbesserung, so daß die Stöße und Püffe der beiden, die er unter seine Fittiche genommen hat, seine Standfestigkeit weiterhin nicht irritieren und daß ihm trotzdem noch soviel Spielraum verbleibt, daß der Ton der rufenden Stimme seine Klarheit und Tragfähigkeit behalten kann.

Folgerung: Gelingt es dem Menschen, die Fähigkeit zu kultivieren, mit dem Transsensus im alltäglichen Leben umzugehen, so wird er sich weniger durch untergeordnete Aufgaben gestreßt fühlen und kann seine eigentliche Wirkungskraft für größere Aufgaben einsetzen.

Bedeutung für den Therapeuten

Dieses Prinzip des Transsensus, die Stabilität, läßt sich unserer Erfahrung nach in der gesamten Palette des vegetativ-dystonen Formenkreises anwenden.

Wir hatten schon in einer Übung, die die Rückwirkung im Sachbezug beachtet (A VI, S. 225), darauf hingewiesen, daß zur Beseitigung lokaler Schmerz- und Spannungszustände oder bei unangenehmen Eingriffen nicht die Selbstbeherrschung das Mittel der Wahl sein kann, sondern der bewußte Einsatz der Tonusregulation und damit das Ansprechen der Elastizität der Muskulatur. Dabei ging es dort lediglich darum, sich umschriebenen, sachlichen und gleichbleibenden Einwirkungen anzupassen.

Hier in dieser Übung, die das Beachten einer Rückwirkung vom Partner verdeutlicht, dient das Muskelsystem in seiner Gesamtheit nicht nur zur Stabilisierung der äußeren Haltung, sondern vor allem als Schutz für das innere Milieu gegen von außen kommende, variable Belastungen. Der Mensch hat keinen Chitinpanzer, der sein Vegetativum abschirmt. Sein einziger, ihm angeborener Schutzmechanismus ist die Geschmeidigkeit der Haut und die Elastizität der Muskulatur, die wiederum von einer neuralen Schaltung durch den Transsensus abhängig ist. (Siehe S. 193).

Ist die Muskulatur „entspannt" oder schlaff, so bahnen sich die einwirkenden Kräfte über die Verformung der Wandung direkt einen Weg ins Innere und belasten dort das Vegetativum (vergleichbar einer Kugel, die in den weichen Sand geworfen wird und dort eine Delle hinterläßt). Aus diesem Grunde erfordern auch alle therapeutischen Entspannungsmethoden eine ungestörte, ruhige Umgebung.

Ist die Muskulatur „verspannt“ oder hart, so hinterlassen die einwirkenden Kräfte zwar weniger Wirkung an der Oberfläche, doch die Stoßenergie geht ungedämpft durch die Wandung hindurch und trifft dort auf die anliegenden Organteile. (Man vergleiche eine Stahlkugel, die an zwei oder drei weitere gleiche Kugeln stößt. Sie und die direkt folgenden bleiben liegen, während die letzte der Reihe mit der gleichen Kraft der anstoßenden weiterfliegt.) Aus diesem Grund wird man einem Patienten, der „hart“ im Nehmen ist, auch bei den schmerzhaftesten Untersuchungen kaum anmerken, wie unangenehm es ihm ist. Dennoch wird gerade er verstärkt über Symptome klagen, die gern mit dem Begriff „vegetativdyston“ belegt werden.

Ist die Muskulatur „euton“ oder elastisch, so wird sie, gleich einem federnden Netz, alle Stöße und Püffe in sich selbst abfangen, dadurch zur Aufrechterhaltung der Konstanz des inneren Milieus beitragen und die Homöostase des Organismus garantieren.

Daß eine solche ausgeglichene vegetative Reaktionslage mit der gefühlsmäßigen Ausweitung des haptischen Raumes und mit einem reaktionsbereiten Muskeltonus zu einem Funktionskomplex zusammengehören, ersehen wir an den spezifischen Änderungen des dazugehörigen Atemablaufes. Der sympathikotone Einatem und der vagotone Ausatem harmonisieren sich in diesem Zustand zu einem ausgewogenen, sinusförmigen Rhythmus, der ohne Pausen schwingt. Dieses Atemphänomen ist so charakteristisch, daß sich ein geübter Therapeut bei der Diagnostik der vegetativen Situation seines Patienten daran orientieren kann. (Siehe S. 158).

Der therapeutische Weg von der Dystonie zur Eutonie, von der Irritierung des Vegetativums zu seiner Harmonisierung, von der Verspannung zur Lösung oder vom Gestreßtsein zur Streßbewältigung braucht unserer Erfahrung nach auch diesen Grundpfeiler der Eutonie und sollte eher in der gefühlsmäßigen Eröffnung, Ausweitung und Anpassung an die wirkenden Kräfte bestehen, als in der Abkehr von der Welt, im Sich-Verschließen, Sich-Einkapseln oder Sich-hart-Machen (*Glaser*, 4, 17). Die eutone Einstellung entspricht dem arteigenen Schutzmechanismus des Menschen.

IV. Transsensus zur Beeinflussung (Induktion)

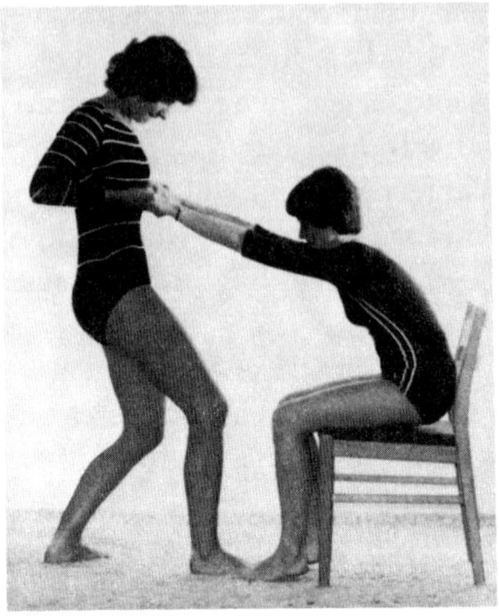

Vorgang 1: Von zwei Partnern sitzt einer auf einem Stuhl, der andere steht davor und reicht dem Sitzenden die Hände. Der Stehende versuche über die erfaßten Arme den Sitzenden zum Aufstehen zu bewegen, ohne ihn anzusprechen.

Thema: Ø

Analyse: Wie empfanden beide die Bewegungen?
Welche Einstellung nahm der Stehende gegenüber dem Sitzenden ein und umgekehrt?
Wie groß war der Kraftaufwand?

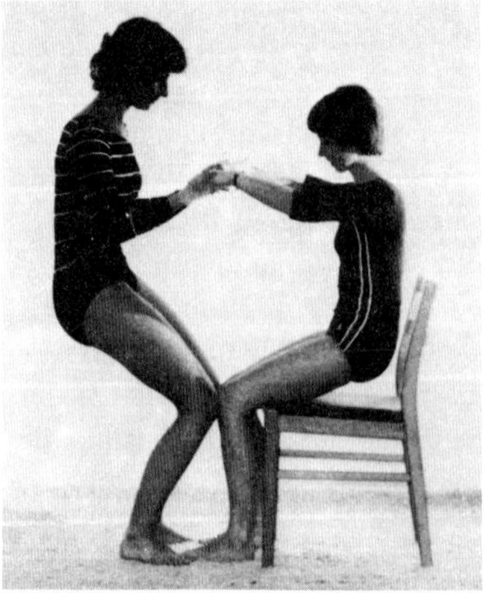

Vorgang 2: Der Stehende stelle sich Knie gegen Knie vor den Sitzenden, nehme dessen beide Hände und ziehe ihn, die Knie als Hypomochlion benutzend, durch Rückneigung des eigenen Körpers vom Stuhl hoch.

Thema: Ø

Analyse: Wie empfanden beide die Bewegungen?
Welche Einstellung nahm der Stehende gegenüber dem Sitzenden ein und umgekehrt?
Wie groß war der Kraftaufwand?

Vorgang 3a: Gleiche Stellung wie Vorgang 1.

Thema: Ich weite als Stehender meinen Raum so weit aus, daß er den Sitzenden ganz umhüllt (vergleiche Übung BI, Vorgang 4a, S. 233). Dabei stelle ich mir vor, daß der andere einen Teil eines mit mir verbundenen größeren Körpers sei.

Vorgang 3b: Der Stehende versuche nun den Sitzenden über die erfaßten Hände zum Aufstehen zu bewegen, ohne ihn anzusprechen.

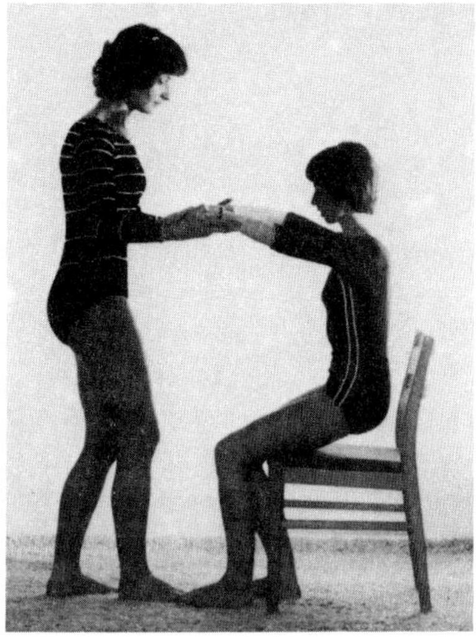

Thema: Ich stehe im Sitzenden auf, so als ob sich ein Teil meines Körpers vom Stuhl erheben würde; ähnlich einem Vierfüßler, der nun auch mit den Vorderfüßen aufsteht.

Analyse: Wie empfanden beide die Bewegung?
Fühlte sich der Sitzende zum Aufstehen animiert?
Wie groß war der Kraftaufwand?
Wenn diese Übung nicht gelang, wovon wäre das Aufstehen abhängig?

Ergänzende Beispiele:

Umbetten von Bewegungsbehinderten
Gesellschaftstanz
Blindenführung

Eigene Beispiele:

Kommentar: Transsensus zur Beeinflussung

In dieser Übung geht es um das Problem, auf Grund seiner eigenen Wirkungskraft beim Partner auf taktil-kinetischem Wege unterbewußt die Intention zur eigenen Initiative eines gemeinsamen Bewegungsaktes zu übertragen.

Versucht man nach dem formalen Vorgang 1 den Sitzenden ohne besondere Kontaktaufnahme zum Aufstehen zu bringen, so kommt der Sitzende in Gefahr, entweder in der Hüfte nach vorne abzukippen oder nach vorne zu rutschen. Der Sitzende wird sich eventuell zu irgendeiner Bewegung gezwungen fühlen, deren Sinn und Zweck er nicht unmittelbar erkennt.

Beim Vorgang 2 behandelt der Stehende den Körper des Sitzenden wie ein mechanisches Gliedersystem (vergleiche S. 219), das er unter zusätzlicher Berücksichtigung der Hebelgesetze leichter und zielsicherer bewegen kann. Auf diese Weise vermag man einem Menschen, der ohnmächtig geworden ist oder aus anderen Gründen keine Initiative zur Eigenbewegung vollziehen kann, relativ ökonomisch Hilfestellung leisten. (*Pietron* in Kgy. Bd. 1. 268. ff.).

Auch *Veldman* hat Hebe- und Lagerungspraktiken nur nach den mechanischen Hebelgesetzen in seinem Buch „Lichte Lasten", das speziell für die Krankenbettung geschrieben wurde, abgehandelt.

Beim Vorgang 3a und b wird ein völlig neuartiges Reaktionsverhalten auf einen Transsensus angebahnt: Die Verwandlung des bisher passiven Partners in einen aktiven, der das induktiv Veranlaßte aus eigenem Vermögen selbst ausführt. Um den Sitzenden nun zum Aufstehen zu bewegen, bedarf es keines groben Zuges mehr.

Als erstes bewirkt die seelische Hinwendung des Stehenden einen unspezifischen, diffusen Transsensus (Vorgang 3a) wie bei der Konsens-Übung BI, S. 231 ff. Durch die Ausweitung des eigenen haptischen Raumes wird seine Muskulatur über das GNS vortonisiert. Die daraus resultierenden feinsinnigen Haltungs- und Tonusänderungen werden vom Sitzenden taktil-kinetisch über die Hände wahrgenommen und stimulieren von der Peripherie her sein GNS. Dadurch wird auch seine Muskulatur für evtl. Bewegungsimpulse vortonisiert. Das bedeutet gleichzeitig, daß auch der Sitzende auf unspezifischen Transsensus schaltet und den Anfassenden seinerseits auch in seinen haptischen Raum aufnimmt. Er baut also gefühlsmäßig ebenfalls eine Gemeinsamkeit auf, die einer unbewußten, reaktiven Erwartungshaltung entspricht. Nur wurde diese nicht von der willkürlichen Entscheidung aufgerufen. Sie stellt sich unterbewußt durch die Stimulierung von der Peripherie her ein.

Beim Vorgang 3b vollzieht sich dann das tatsächliche Aufstehen mit einer so natürlichen Selbstverständlichkeit, daß der Vorgang von seiten des Stehenden ohne Kraftaufwand durchgeführt und von seiten des Sitzenden weder als persönliche Leistung noch als Manipulation empfunden wird. Die unspezifische, vom Stehenden ausgehende Vortonisierung im Sitzenden ist die Basis dafür, daß jede Bewegungsvorstellung des Stehenden, die sich in ihrer ganzen Komplexität schon im hingereichten Arm abspielt, sich dem Sitzenden über das Anfassen als Mikrobewegung *(Meinel)* mitteilt und in ihm ein adäquates Bewegungsmuster anregt. Dieser Vorgang wird nicht von der kortikalen Bewußtseinsinstanz geschaltet. Darum wird auch die Initiative zur Intention des Aufstehens nicht als bewußte Willensleistung empfunden, sondern „es“ geschieht einfach.

Die Induktion, die in dieser Übung als taktil-kinetische Beeinflussung eines anderen Menschen erarbeitet wurde, bildet die Voraussetzung dafür, daß man auch ohne Berührung, also nur durch die Gestik, einen anderen Menschen oder eine Gruppe induzierend beeinflussen und zur konsensuellen Eigenaktivität bewegen kann.

Die Induktion ist aus dem kommunikativen sozialen Leben nicht wegzudenken. So ist z. B. für darstellende Künstler die Fähigkeit, das Publikum zu beeinflussen, eine Existenzgrundlage. Aber auf dem merkantilen Parkett oder auf der politischen Bühne, sehen wir eine Gefahr, wenn die Induktion bis zur Despotie und Manipulation eskaliert. Unter diesem Blickwinkel wird dann die Frage der Beeinflussung auf dem psychagogischen und psychotherapeutischen Sektor mit vielen Für und Wider diskutiert.

Bedeutung für den Therapeuten

Desungeachtet wird jeder Arzt, der in irgend einer Weise Krankheiten oder auch Fehlverhaltensweisen korrigieren will, bewußt oder unbewußt mit der taktil-kinetischen Induktion umgehen müssen, sofern er bereit ist, sich selbst als therapeutisches Agens einzusetzen. Es ist unbestreitbar, daß durch die Wirkung des Transsensus eine tiefergreifende Beeinflussung der vegetativen Struktur des Patienten geschieht als durch die allgemein bekannte Stimulierung über die kuti-viszeralen Reflexe. Orientiert sich dabei die Korrektur immer an der Übereinstimmung (Konsensus), so wird der Patient die Hilfe nicht als Forderung oder Manipulation, sondern eher als Anregung zur Eigeninitiative empfinden. Wir glauben auch, daß selbst der Gesundungswille und die Stärkung der Durchhaltefähigkeit, ohne die letztendlich auch die modernste Medizin nicht viel ausrichten kann, mit diesem Mechanismus in Zusammenhang gebracht werden darf.

Die Induktion bildet nach unserer Auffassung auch eine Voraussetzung für die Haptonomie *(Veldman)*. Sie nennt sich zwar mit Recht nondirektiv, bedarf jedoch dieses stimulierenden Einfühlungsvermögens, wenn sich der Helfende auf die Verhaltensmöglichkeiten des Partners einstellen soll. Hierbei bedeutet Hilfe, eine solche Zuwendung zu realisieren, daß das Gefühl der Gemeinsamkeit erwächst. Kann man die Schwierigkeiten des Partners erspürend mitleben, so entnimmt man daraus, welche eigenen Bewegungsmuster man zur Verfügung zu stellen hat, um sie zum Nutzen des anderen mit einzubringen. Die „Technik“ liegt hierbei nicht in dem, „was man zu tun hat“, sondern darin, „wie man sich auf den anderen zu beziehen hat“. Und dieses therapeutische Verhalten ist schulbar.

Wie diese induzierende Form des Transsensus therapeutisch zur Anwendung kommen kann, soll hier an dem sehr extremen Beispiel der Behandlung von cerebralparetischen (CP) Patienten erklärt werden.

Eine frühere Mitarbeiterin von mir, *T. Jörimann*, Schweiz, hat auf der Grundlage der induzierenden Einstellung eigenständig eine physiotherapeutische Behandlungsmethode für zerebral geschädigte Kinder entwikkelt.

Das Primäre dieser Arbeit ist die einfühlsame Zuwendung zum kranken Kind, die taktil-kinetisch übertragen wird und wohl volkstümlich auch als liebevolles Umfassen bezeichnet werden könnte. Dazu muß die Therapeutin mit Hilfe des Transsensus ihr eigenes Wesen über die ganze kleine Person ausweiten. Sie muß das Kind annehmen, so wie es augenblicklich ist, ohne es sofort verändern zu wollen. Auf diese Weise fühlt es sich nicht behelligt. Es wird sogar im Gegenteil ein koinästhetisches Wohlgefühl in ihm geweckt. Vielleicht dürfte man dazu sagen: „Dem kleinen Patienten wird zuerst das Gefühl der Geborgenheit vermittelt."

Durch zartes Streichen, leichtes Wiegen und eventuell beruhigendes Tönen erzeugt die Therapeutin dabei im Kind eine unspezifische Belebung und Munterkeit. Neurophysiologisch gesehen wird über diesen Einwirkungsmodus des unspezifischen Transsensus zwar das GNS angeregt, jedoch das Alpha-System für die spezifischen Schaltungsmuster der affektiven Reaktionen noch nicht aktiviert. So baut sich die bekannte reaktive Spastizität gar nicht erst auf oder sie kann sich, für Experten oft verblüffend schnell, unter den induktiven Berührungen vermindern.

Erst von dieser Ausgangshaltung aus beginnt dann das behutsame Spiel des „gemeinsamen Bewegens". Dabei muß sich die Therapeutin **im Kind mitbewegen,** so wie es im Vorgang 3b heißt: „Ich stehe im Sitzenden mit auf". Sie erwartet noch nicht, daß sich das Kind selbst bewege. So braucht sie weniger auf spezielle Reflexe einzugehen, wie es von *Bobath* oder *Vojta* angegeben wird, sondern sie kann beim aktivierten GNS auf dessen periphere Selbstkoordination (die üblicherweise bei CP-Kindern ja nicht gestört ist) vertrauen. Sie stellt mit ihren induzierenden Bewegungen ihren eigenen Alpha-Code für die gemeinsamen Bewegungsmuster zur Verfügung, bis sich im Kinde auf der Basis der allgemeinen Gamma-Aktivität die noch verfügbaren kortikalen Bahnen herauskristallisiert haben, um diesen Alpha-Code, der über Hemmungsbahnen läuft, zu übernehmen.

Durch eine solche Behandlung werden jene Bewegungsmuster gefördert, die eine positive gefühlsmäßige Bezugnahme auf die Umwelt beinhalten und somit keine Abwehrmechanismen mit Kontraktionstendenz aufweisen. Es wird das „Umgehen mit etwas" oder möglichst auch „– mit jemandem" angesprochen, während das „Sich selbst Bewegen" oder „Etwas mit sich selbst Machen" keine Beachtung findet. Das CP-Kind wird über diese taktil-kinetische Induktion darin gefördert, eigenständig zu antworten und letztendlich selbst Kontakt aufzubauen. (*Glaser*, 20)

C) Intention zur Wesensfindung

I. Transsensus und Haltung (Transzendenz)

Vorgang 1: Man versuche, so lange aufrecht und gerade zu stehen, bis Ermüdungserscheinungen auftreten.

Thema: Ø

Analyse: Wie fühlte man sich dabei und danach?
Wie erlebte man z. B. Standfestigkeit und Ermüdbarkeit?

Vorgang 2: Nach dem Ausruhen wieder die gleiche Haltung einnehmen, sich aber folgende Vorstellung vergegenwärtigen:

Thema a: Auch auf meinen Körper wirkt die Schwerkraft. Durch sie bin ich ein Teil der Erde unter mir.

Analyse: Welche Empfindungen in bezug auf Körperschema und Atemablauf haben sich eingestellt?

Thema b: Ich bin als lebendes Wesen dem Licht, der Luft und dem Himmel verbunden.

Analyse: Haben sich das Körperschema und der Atem geändert?

Thema c: Thema a und b, gleichzeitig.

Analyse: Was fühlte man von sich?
Wie erlebte man Standfestigkeit und Ermüdbarkeit?

Vorgang 3: Gleiche Haltung wie in Vorgang 1 und Vorgang 2. Man meditiere über den Begriff:

Thema a: „Mutter Erde"

Analyse: Was hat sich am persönlichen Empfinden geändert?
Was hat man von seiner Körperlichkeit gemerkt?

Thema b: „Vater im Himmel"

Analyse: wie unter a.

Thema c: Thema a und b miteinander.

Analyse: Wie empfand man das längere Stehen?
Hat die Haltung eine Bedeutung bekommen?
Wie reagierte der Atem?

Eigene Erfahrungen:

Kommentar: Transsensus und Haltung

Die Auseinandersetzung mit der Schwerkraft ist für alle auf der Erde lebenden Wesen eine Existenzfrage, der sich keines auch nur für einen Augenblick entziehen könnte. Dabei ist die Einordnung in die Vertikale für den auf dem Lande lebenden Menschen nicht nur ein kinetisches Haltungsproblem, sondern bildet in der Phylogenese wie auch in der Ontogenese die wesentlichste Voraussetzung für die Entwicklung zur Persönlichkeit.

Beim formalen Vorgang 1 ist der Übende durch das ausschließliche Bemühen um seine aufrechte Haltung nur auf sich selbst gerichtet und kann darum an sich merken, daß das eigentliche „Stillstehen“ eine Mittelhaltung ist, die sich aus einem leichten Vor- und Zurückbewegen ergibt. Beim Vorschwingen wird er Spannungssensationen in der Rückenmuskulatur und beim Zurückpendeln Kontraktionen in der Bauchmuskulatur wahrnehmen. Das sind Stellreflexe, die die Wirkung der Schwerkraft auf einem senkrecht stehenden Körper automatisch kompensieren und damit die Standfestigkeit garantieren. Sie sind in ihrer Reaktionszeit von den Muskelspindeln abhängig, deren Ansprechbarkeit in der Müdigkeit vermindert ist. Dadurch werden die Pendelbewegungen nach einer gewissen Zeit größer, bis schließlich die Haltekraft ganz nachläßt und der Mensch zusammensinkt. Die Stell- oder Haltereflexe tonisieren gleichzeitig über die reziproke Innervation das Zwerchfell, so daß der Atemimpuls zum Aus- und Einatmen durch ein verstärktes Vor- und Rückwärtsschwingen beeinflußt wird.

Beim Vorgang 2 wird durch die Beschäftigung mit den beiden gegensätzlichen Themata a und b der Transsensus aufgebaut. Durch die Vorstellung des Erdhaft-Seins scheint sich der eigene Körper bodenwärts zu verbreitern. Rumpf und Glieder werden stärker nach unten gezogen und trotz Schwere als massiver und stabiler empfunden. Die zunehmende Veränderung des Atemrhythmus in Richtung Ausatmen bei gleichzeitig höher werdender Frequenz ist mit dem Eindruck der körperlichen Festigkeit verbunden. Wir nehmen an, daß durch den Transsensus nach unten besonders die dynamischen, intrafusalen Muskeln angesprochen werden, die die tonische Skelettmuskulatur prompter auf Lageveränderungen reagieren lassen (posturaler Effekt, „fusimotor hold“-Funktion), damit für die Stabilität verantwortlich zeichnen und das Gefühl für Schwere simulieren. (Ausführlicher S. 139)

Durch die Vorstellung des Himmelwärts-Strebens werden alle Sensationen umgekehrt. Die Erdenschwere und Materialisation wird scheinbar aufgehoben. Der ganze Körper gleicht einer auf die Spitze gestellten Pyramide, die schwerelos gen Himmel zu ziehen scheint. Er bekommt die Tendenz zum Aufgehen im All, als gäbe es keine leiblichen Grenzen mehr. Der Atemrhythmus verändert sich zunehmend in Richtung Einatem bei Verlangsamung der Frequenz und vermittelt das Gefühl des Luftigseins. Wir nehmen an, daß der Transsensus nach oben einen verstärkten Einfluß auf die statischen, intrafusalen Muskeln ausübt, damit die phasische Regulation der Zielmotorik (phasischer Effekt, „fusimotor-move"-Funktion) begünstigt und das Gefühl von Leichtigkeit simuliert.

In der Verknüpfung beider Momente erfährt sich der Mensch als ein zwischen Himmel und Erde aufgerichtetes Wesen, ohne seine muskuläre Haltefunktion willentlich und bewußt einsetzen zu müssen.

Beim Vorgang 3 verleiht der Übende seiner aufrechten Haltung einen Sinn, indem er durch die Personifizierung von Himmel und Erde Erlebnisinhalte aus der zwischenmenschlichen Beziehung auf das vertikale Bezugsverhältnis überträgt, das bei nüchterner Betrachtung ja gar keine gleichartigen Rückmeldungen geben kann. Dabei wird für ihn, je nachdem, ob seine Erfahrungen positiv oder negativ geprägt sind, der Begriff „Mutter Erde" verschiedene Bedeutungen annehmen. Er kann bei ihr Ruhe finden oder aus ihr Kraft schöpfen, sich in ihren Schoß betten oder sich ihr anheim geben. Aus dem Gefühl für Geborgenheit erwächst dann ein ahnungsvolles Wissen um den Urgrund seines Seins. Wird derselbe Begriff aber zur Fessel, die nichts loslassen will, oder gar zum alles verschlingenden Moloch, so wachen Empfindungen wie Kettungsangst und Unstetigkeit im Übenden auf.

In gleicher Weise kann beim Bild vom „Vater im Himmel" dieser als eine Instanz empfunden werden, die ihm Aufgabe, Ziel und Richtung weist, damit er aus seinen eigenen, dunklen Tiefen und begrenzten Möglichkeiten emporwachse zum freien, verantwortungsbewußten Handeln in geistiger Klarheit. Wird aber dieselbe Vorstellung auf Grund einer negativen Vatererfahrung zum Inbegriff von Forderungen, Befehlen und Strafen, so besteht die Gefahr, daß in dieser Übung Niedergeschlagenheit statt Aufrichtung, Unsicherheit statt Eigenständigkeit oder Angst statt Verantwortung anklingen werden.

Vermag der Übende die positiven Aspekte beider Themen zu verknüpfen, so steht er nicht nur in kindlicher Unbefangenheit, aufgerichtet zwischen Himmel und Erde, sondern getragen vom Elternimage aus mütterlichen und väterlichen Elementen, empfindet er seine aufrechte Haltung als Ausdruck seines Wesens. Dann wird er als Persönlichkeit, in einer gesunden Selbstsicherheit gründend, eigenständig und verantwortungsbewußt im Leben stehen und aus seiner Mitte heraus auf seine Umwelt wirken. Entfaltet sich aus dieser Meditation im Stehen auch noch keine Bewegung, so ist die Haltung doch belebt, von Atemfülle getragen und gefestigt. Die Leiste ist gestreckt, die Glieder sind gelöst, das Haupt erhoben, der Blick offen: so steht ein Mensch als Teil der Welt, frei und allen erkennbar. Die gesamte Sensomotorik in allen ihren Verbindungszügen ist hierbei zum **Eutonus** integriert.

Fragen wir nun danach, wo die oben erwähnte leib-seelische „Mitte" im Menschen liegt, so werden wir verschiedenen Wirksphären begegnen, die, je nach der Betonung der Aufrichtethematik, im Körper eine andere Lokalisation aufweisen.

Die „Erdmitte" des Menschen, nach *von Dürckheim* (3) die Übersetzung des japanischen Begriffs „Hara", zentriert sich auf einen Punkt im Unterleib, der zwischen Nabel und Symphyse in der Rumpfmitte liegt. Er projiziert sich auf den taoistischen „Tan-t'ien" („Zinnoberfeld"-Punkt) oder den japanischen „Tanden". Er symbolisiert den Urgrund, aus dessen Tiefe die ursprünglichen Strebungen in die Sphäre der Bewußtheit aufsteigen und aus dem heraus sich alles Handeln und Bewegen entwickeln sollte. Dort kann sich der Mensch auch zur Ruhe sammeln, um seine Basis zu gründen. Bei dieser Thematik dominiert das GNS.

Sieht sich der Mensch dagegen als geistig orientiertes Geschöpf oder im *Steiner*schen Sinne als Inkarnation höherer Wesen, so verschiebt sich das Empfinden für seine Mitte, aus der heraus er handelt, zwangsläufig in den Bereich des oberen Brustkorbes. Die geistigen Instanzen, denen das Erkennen, das Differenzieren oder das Entscheiden und das Bewerten zukommen, werden dann zum „Herren" der Körperlichkeit. Bei dieser Thematik dominiert das ANS.

Doch der, der die Kommunikation mit der lebendigen Umwelt als seine Bestimmung ansieht, geht von der „Herzmitte" aus, die er im Gebiet des Solarplexus empfindet. Die Kräfte der drangvollen Tiefe und die der verantwortungsbewußten Oberschicht verbinden sich dort zu einem Gefühl, das wir mit Liebe umschreiben wollen. Durch sie wird der Mensch erst zum „wahren Menschen", echt, verantwortungsbewußt und liebend. Bei diesem Thema verbinden sich die beiden motorischen Steuerungssysteme des ANS und GNS zum ausgewogenen Zusammenspiel.

Bedeutung für den Therapeuten

In unserer heutigen leistungsorientierten Gesellschaft klagen Patienten immer häufiger über indifferente Überlastungssyndrome, die noch dazu mit einer ungenügenden Regenerationsfähigkeit im Schlaf einhergehen.

Ihr Arzt und Therapeut wird sich zwangsläufig mit dem Problem beschäftigen müssen, Qualitäten wie z. B. Ermüdung und Erholung oder Widerstandsfähigkeit und Ausdauer nicht nur als sportphysiologische Parameter zu betrachten, sondern diese natürlichen Reaktionen des Menschen als Ausdruck seiner leib-geistig-seelischen Einheit zu werten und sie entsprechend in einem Therapieplan zu berücksichtigen.

Beim Vorgang 1 wird deutlich, daß jede körperliche Aktivität eine Stabilisierung gegen die Schwerkraft voraussetzt und jede Ermüdung den Menschen eigentlich zu Boden sinken läßt. Die Auffassung von einem Entweder-Oder-Prinzip zwischen körperlicher Leistung und entsprechender Erholung finden wir z. B. in der Aktiven Entspannungsbehandlung nach *Faust* (Anspannen und Hängenlassen der Glieder) oder im Autogenen Training nach *J. H. Schultz* (Schwereempfindungen und das Zurücknehmen). Der gezielte Umgang mit den unbewußten, atemanregenden Halte- und Stellreflexen wird in der Schwingepraxis der Schule *Schlaffhorst-Andersen*, im Schwingegurt nach *Asta Hilt* und auch in den Schaukelstuhl-Rezitationen von *Coblenzer* als Ausgleichsübungen gegen übersteigerten Einsatz und Kräfteaufwand verwendet.

Beim Vorgang 2 verwandelt das erdwärts gerichtete Transsensusthema a das Gefühl der Erschlaffung und Kraftlosigkeit, das bei Ermüdung eintritt, in Empfindungen wie Kraft, Festigkeit und Stabilisierung. Diese aktive Kommunikation zum Boden treffen wir z. B. bei *Gerda Alexander* an, wenn sie empfiehlt, den Körper vorstellungsmäßig in den Boden zu verlängern, um der Schubkraft eines Gegners Widerstand zu leisten*. Das himmelwärts gerichtete Transsensusthema b ändert das Leistungs- und Anstrengungsgefühl, das bei längerer Aufrichtung und Haltearbeit entsteht, in Richtung Schwerelosigkeit und Weite. Dieses Moment wenden viele Haltungs- und Gymnastikschulen an, wenn sie, den Naturvölkern gleich, Gegenstände auf dem Kopf balancieren, um eine erübte, aufrechte Haltung ungezwungen und graziös erscheinen zu lassen.

Das Prinzip des Vorganges 3, die Verknüpfung des Transsensus mit spezifischen mütterlichen und väterlichen Erlebnisinhalten, konfrontiert

---

* Vergleiche dazu die beiden Übungen B II und III, die vom Aufbau oder Thema her Ähnlichkeit zeigen. Die bodenwärtsgerichtete Rückverbindung bei *G. Alexander* führt zwar zur Stabilisierung gegen eine vektorielle Krafteinwirkung, die in Richtung und Größe konstant bleibt. Doch wird erst durch die Hinwendung auf ein lebendiges Gegenüber auch die Bewältigung variabler Stoßkräfte möglich, ohne ständig eine neue Orientierung aktiv einstellen zu müssen.

uns mit unterschiedlichen Ansatzpunkten des **pädischen** und **therapeutischen** Vorgehens beim Aufbau des rechten menschlichen Verhaltens.

Kann der Übende die Prinzipien dieses Versuchsganges auf Grund seines relativ ungestörten Umweltbezuges verwirklichen, so erfährt er, daß ihm seine „aufrechte Haltung" ohne Mühen selbstverständlicher und länger zur Verfügung steht als in den vorangegangenen Vorgängen. Der **Leibtherapeut, Atempädagoge** oder **Psychagoge**, der seinem Patienten ein solches Erlebnis, einschließlich des gesamten psychosozialen Umfeldes vermitteln kann, wird auf Ratschläge wie: „Sie müssen mal wieder ausspannen" oder „Ein Fitness-Training wird Sie schon wieder auf die Beine bringen" gern verzichten. Bringt er ihn dazu, nicht nur aus persönlichen Bedürfnisantrieben zu handeln, sondern diese auch in bezug auf höhere Werte abzuwandeln, so aktiviert er seinen natürlichen Erholungsmechanismus (GNS und ANS arbeiten gleichwertig zusammen). Dafür muß das Verbundenheitsgefühl zu Instanzen angesprochen werden, die über ihm und hinter ihm stehen, von denen er sich anerkannt fühlt und die ihm Rückhalt geben, denen gegenüber er aber auch bereit ist, Verantwortung zu übernehmen und in ihrem Namen zu handeln. So kann z.B. die **pädische Arbeit** an Haltung und Aufrichtung eine sinnvolle Verhaltensschulung beim unspezifischen vegetativ-dystonen Symptomkomplex (Herz-Kreislaufschwäche, Atembeschwerden, Schlafstörungen) bedeuten, wenn dadurch der gesunde Regelungsmechanismus zwischen unterer und oberer Wirksphäre angesprochen wird. Sie führt aus der kraftspendenden Ursprünglichkeit des positiv erlebten Mutterbezuges über die Verwirklichung ethischer, moralischer, sozialer und religiöser Leitvorstellungen (Vaterbezug) zur Entwicklung eines natürlichen, freien und liebenden Menschen.

Bleibt die Polarisation zwischen „unten" und „oben" durch unzureichende Anlagen, durch frühkindlichen Mangel an haptisch-taktiler Erfahrung, durch zu frühzeitige geistige Leistungsanforderung oder Dressate oder durch falsche Leitbilder aus einem gestörten sozialen Umfeld desintegriert, so treffen wir auf die vielfältigsten Formen somatischer und psychischer Verhaltensanomalien, die diagnostisch und therapeutisch in das Gebiet der **Psychotherapie** fallen.

Wir wollen keine vollständige Aufzählung aller möglichen Theorien und Methoden aufstellen, möchten aber an Hand einer graphischen Darstellung versuchen, Beziehungen zwischen psychotherapeutischen Verfahren und der Desintegration der Wirksphären zu klären.

Es wird dabei unterschieden, ob sich der Therapeut wahlweise auf die untere oder obere Ebene stellt und ob er die eine oder andere Mitte im Patienten ansprechen will. Bei einigen Methoden, die entweder nur aufdeckend oder nur erlebnisorientiert arbeiten, wird er darauf angewiesen sein, daß sich autonom ein Überleitungseffekt auf die nicht angesprochene Sphäre einstellt und so zur Integration der Person führt. Bei Verfahren,

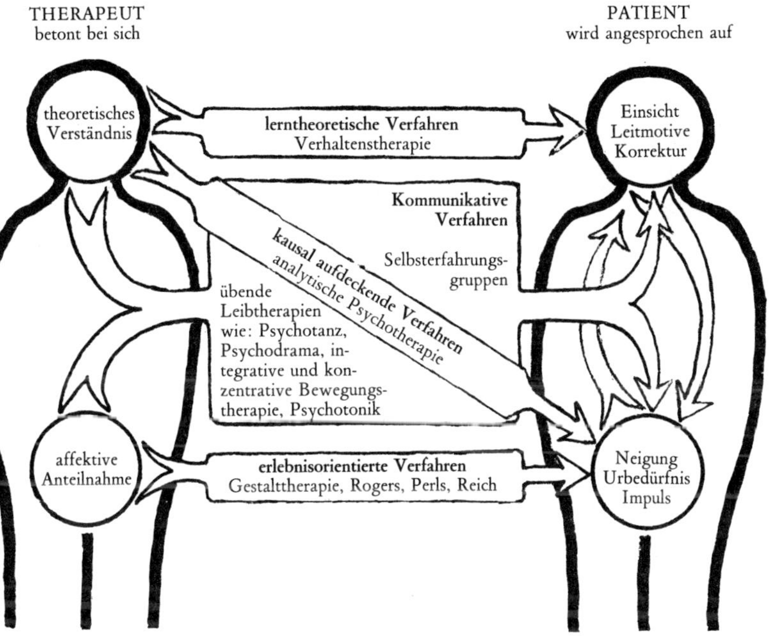

Psychotherapeutische Verfahren bei Desintegration der Wirksphären

die dagegen an die Korrekturmöglichkeiten und höheren Ideale appellieren, muß diagnostisch (psychologische Tests) sichergestellt sein, daß der vitale Untergrund tragfähig genug ist, damit der Patient nicht in Drill oder stures Kopieren von Verhaltensschemata abgleitet.

Die kommunikative Form der Psychotherapie versucht bewußt beide Ansatzpunkte miteinander zu verbinden. So führt z. B. in der **Psychotonik** die einfühlsame Einstellung des Therapeuten, die auf der taktilen Eigenerfahrung unter Berücksichtigung eines natürlichen, biologischen Ordnungsschemas basiert, zur Aktivierung der Empfindungsfähigkeit des Patienten und beinhaltet gleichzeitig eine Aufforderung, ein gleichsinniges Feedback zu verwirklichen.

II. Transsensus und Ruhe (Entelechie)

Vorgang 1: Man setze sich mit untergeschlagenen Beinen (Lotos- oder Schneidersitz) auf ein fußhohes Polster und schließe die Augen. Diese Haltung ist über längere Zeit* beizubehalten.

Thema: Ich achte darauf, daß ich geradesitze, meine Beine gut abgewinkelt sind, meine Arme ruhig liegen, die Schultern entspannt sind und der Nacken gestreckt ist.

Analyse: Was für körperliche Sensationen treten auf? Wie ist das Befinden?

Vorgang 2: Nach einer Zeit* der Erholung nehme man wieder die gleiche Sitzhaltung ein, schließe die Augen und beschäftige sich in freier Reihenfolge mit folgender Vorstellung:

Thema a: Ich habe einen Rumpf mit einer Vorderwand, einer Rückwand, einer rechten und einer linken Seite, einer Kopfhaut und einer Begrenzung nach unten.

Analyse: Wie empfindet man seinen Körper in bezug auf Innengefühl und Wandgefühl (Körperschema)?
Wie macht sich der Atem bemerkbar?

* Zeit stellt in dieser Übungsfolge einen relativen Begriff dar. Sie kann im Sinne des Za Zen ein jahrelanges Exerzitium als initiatischen Zugang zur Transzendenz beinhalten.

Thema b: Ich spüre in den Raum, der vor mir, hinter mir und neben mir ist. Ich empfinde den Raum unter und über mir.

Analyse: Wie läßt sich das Gefühl für die Körperhülle beschreiben?
Hat sich das Befinden geändert?
Gelingt es, alle Räume in der gleichen Intensität zu empfinden?

Thema c: Ich lasse alles gelten, was sich in den erspürten Räumen um mich herum befindet: Das Nachbarliche neben mir, das Nie-Erkennbare hinter mir, das Zu-Begegnende vor mir, den tragenden Boden unter mir und den unendlichen Himmel über mir.

Analyse: Man wird sich nur in der Poststimulation über das eigene Befinden und die eventuell veränderten Phänomene klar werden können.

Vorgang 3: Man verbleibe in der gleichen Sitzhaltung. Die Augen sollten geöffnet werden.

Thema: Ich suche nach dem Hintergrund der Dinge, nach dem Sinn allen Seins, in dem das Erfaßbare und ich gemeinsam eingeschlossen sind.

Analyse: Hier ist keine begriffliche Analyse mehr möglich.

Eigene Erfahrungen:

Kommentar: Transsensus und Ruhe

Diese Übung vollkommener Untätigkeit ist bei scheinbarer Einfachheit doch sehr komplex. Bisher ging es darum, den Transsensus für die tätige Auseinandersetzung mit der Umwelt sowie für die dazu notwendige Regulation des Muskelspieles einzusetzen. In dieser Übung führt die absichtslose Hinwendung auf ein unspezifisches Umfeld zur Regulierung und Nivellierung des Muskeltonus. Dieser Zustand ist verbunden mit einem Gefühl der heiteren Ausgeglichenheit und Gelassenheit, von dem *von Dürckheim* (1) sagt: „Der Mensch, von dem Stille ausgeht, weil die Einheit ihm aufging, ..., wirkt klärend, ordnend und heilend, ohne **zu tun**. Er wirkt ganz einfach aus seinem Wesen."

Der formale Vorgang 1 wird wohl dem Zustand eines Ungeübten entsprechen, dem längeres Sitzen in ruhiger Haltung noch Schwierigkeiten bereitet. Muskelspannungen und Schmerzen treten in den einzelnen Körperabschnitten und Gliedern auf und ketten die Aufmerksamkeit in ständigem Wechsel an die unterschiedlichsten Gebiete des Leibes. Die Aufrichtung des Rückens wird ähnlich der Übung C I, Vorgang 1 als Leistungs- und Willensaufgabe vollzogen, wobei die auftretende Ermüdung zum Schwanken und somit zur körperlichen Unruhe führt. **Der Körper ist ein Ding**, mit dem der Verstand umgeht. Da hierbei leicht Atemirregularitäten wie Apnoe, Frequenzunregelmäßigkeiten u. ä. auftreten, wird man bemüht sein, bewußten Atemanweisungen zu folgen. Die neuralen Schaltmuster sind mit denen dieser Übung vergleichbar.

Beim Vorgang 2 verbessern die verschiedenen Stufen des Transsensus die muskulären Spannungszustände und verändern auch das Verhältnis zum eigenen Körper.

Bei der Beschäftigung mit dem Thema a steigt die Vorstellung eines Körperraumes auf, dessen äußere Wandung je nach Intensität der Hinwendung in Dichte und Ausmaß schwankt. Sie wird beispielsweise als enger oder weiter, als dicker oder dünner, als fester oder elastischer erfahren. Diese Wandlungsfähigkeit des persönlichen Empfindens für die Begrenzung der Gestalt wird fachlich als Körperschema bezeichnet *(Schilder)*. Der Inhalt dieses Körperraumes ist nicht fest strukturiert und wird im Zustand natürlicher Gesundheit als leer oder luftgefüllt beschrieben *(Fuchs, Plügge, Schaarschuch)*. Obwohl das Ausmaß dieses erfühlten Innenraumes bei weitem das des anatomischen Respirationsraumes der Lunge übersteigt, legen sich für einen Konsistenzvergleich trotzdem Begriffe wie Luft, Atem, Odem oder Pneuma nahe. Der Atemraum entspricht dabei dem Ausmaß des Körperschemas. Die sich im Laufe der Übung entwickelnde Charakteristik der Dreidimensionalität ist nicht wie am Anfang mit ständig wechselnder Aufmerksamkeit zu erfassen, sondern wird über Gefühlsvorstellungen global aufgenommen. Eigentümlicherweise bewertet man dann seinen Innenraum als Besitz. **Man hat einen Körper**, dessen Gelöstheit als angenehm empfunden wird.

Nach den bisherigen Ausführungen kann eine Lösung der Muskulatur, wenn sie mit einem angenehmen koinästhetischen Gefühl einhergeht, nie mit einer Erschlaffung verglichen werden. Sie bedeutet immer eine Tonisierung in Richtung **Eutonisierung.** Deshalb spielt auch in dieser Übung das GNS eine maßgebende Rolle. Es wird zwar nicht wie in den bisher beschriebenen Übungen unter A und B durch den direkten Transsensus zur Umwelt aktiviert, und der entsprechende Obtentus wird auch nicht bestätigt. Dennoch spricht bei dieser Körperfühlarbeit bis zu einem gewissen Grade der gleiche Funktionsmechanismus an, wenn die aus einer gesunden und natürlichen Kindheitsentwicklung gespeicherten Erfahrungswerte der Polarität Ich – Umwelt auf eine neue Polarität Intellekt – Körper transponiert werden können.

Neurophysiologisch gesehen wird dabei die Reglerfunktion der Muskelspindeln nur geprüft, aber noch nicht durch eine Aufgabe sinngemäß moduliert. Die globale Verteilung dieser „indirekten" Gamma-Aktivierung über den gesamten Körper bewirkt das Gefühl der Dreidimensionalität.

Befaßt man sich mit dem intentionalen Thema b, so nimmt man nicht mehr nur zu sich selbst Stellung, sondern die „gesamte" Person bezieht sich auf ein Draußen. Während sie in den Raum hinein spürt, entschwindet das Leibgefühl für die Körperhülle und damit auch das Empfinden für die Atembewegungen aus der bewußten Beobachtung. In dem Maße, in dem die Sinne den Umweltraum erfassen, scheint die leibliche Hülle weiter, durchlässiger und transparenter zu werden. Die Gefühle für Innen und Außen gleichen sich an. Der Übende sieht sich nicht mehr abgegrenzt und getrennt vom Ganzen, als separates Wesen, dessen Geist den Körper im Besitz hat. Er erlebt sich als Teilrepräsentanz einer größeren Einheit, wobei nunmehr der Geist über die Seele den Umweltraum erfüllt. Er hat nicht mehr einen Körper, den er beobachtet. **Er ist der Körper** und damit eine Person in der Welt. Er ist sich seiner leibseelischen Ganzheit inne und lebt seinen Körper unreflektiert als einheitliche Struktur im Raum, ohne sich jedoch in ihm zu verlieren. Eher ist für den gelebten Transsensus das Gegenteil charakteristisch: Soweit der Mensch seinen Umweltraum erfühlen kann, soweit ist er auch fähig, ihn zu begreifen und als Eigenes zu betrachten. Erst durch dieses Ausgeweitetsein gewinnt er ein Gefühl für die Sicherheit seiner Existenz in diesem Raum.

Es wird gewiß nicht jedem auf Anhieb gelingen, das Bezugsverhältnis zum Raum gleichmäßig in alle Richtungen auszuweiten, Dem, der gewohnt ist, sich einer Führung anzuvertrauen, wird der rückwärtige Raum deutlicher aufgehen. Dem, der mehr Betonung auf ein soziales Verhalten und zwischenmenschliches Verstehen legt, wird es leichter fallen, die seitlichen Räume zu erspüren. Der zielstrebig in die Zukunft Blickende, wird dagegen eher den Bezug zum vorderen Raum aufbauen können. Auch der untere und obere Raum kann sich für den einen zugänglicher erweisen als für den anderen. Doch gerade diese Erkenntnis, daß beim Entwickeln des Transsensus bestimmte Richtungen durch prägende Zielsetzungen, durch eingeschliffene Gewohnheitshaltungen oder gar durch verbildende Dressate betont oder verstärkt und andere Richtungen vernachlässigt werden, bietet dem Übenden auch die Möglichkeit, unterschiedliche Strebungen auszugleichen und zu nivellieren. Versucht er, sein räumliches Bezugsfeld zur Umwelt abgerundet auszuweiten, so wird ihm eine harmonische Transparenz und das Erlebnis seiner Einheitlichkeit zuteil werden.

Die neurophysiologische Regelung dieser Vorstellung, sich in den Raum hinein auszuweiten, löst eine zentrale Stimulation des GNS aus und zwar vornehmlich in bezug auf die statischen intrafusalen Muskeln. Die dadurch bewirkte Tonusumstellung in der Peripherie erweckt in uns ein Empfinden für die Transparenz der Körperhülle und das Gefühl für die Größe und Weite des erspürten Umfeldes. An diesen Vorgang ist eine Vertiefung der Atmung und eine Anhebung der Atemausgangslage geknüpft, ohne daß beides während der Übung subjektiv bemerkt wird.

Beschäftigt sich der Übende mit dem intentionalen Thema c, so wandelt sich seine unspezifische Aufgeschlossenheit einem leeren Raum gegenüber in eine aktive Anteilnahme an alldem, was diesen Raum ausfüllen, in ihm leben und dort auch Geltung beanspruchen könnte. Seine vollwache Bereitschaft, sich dieser lebendigen Umwelt gegenüber zum Partner zu machen, weckt in ihm die bewährten Erfahrungsbilder, die sich im Laufe seiner individuellen Entwicklung in der tätigen Auseinandersetzung mit der Welt gebildet haben. Stehen diese im Einklang mit den eingeborenen, an Urerfahrungen des menschlichen Seins geknüpften Verhaltensweisen (Übung C I), so werden die unbegrenzten Möglichkeiten des Zulassens und Handelns sein Gefühl für Verbundenheit und Liebe zu alldem, was ihn umgibt, reifen lassen. Indem sich der Mensch so als wirkende Mitte empfindet, **„repräsentiert" er seinen Leib** *(Derbolowsky).* In solcher Zentrierung seines Wesens erfährt er eine beglückende, allumfassende Atemfülle, die sich für seinen Weg ins zukünftige, tätige Leben als tragender Untergrund erweisen wird.

Allerdings ist auch hier zu bedenken, daß der Bezug auf Lebendiges im erspürten Raum gewiß nicht in jedem nur positiv gestaltende, glückliche und befriedigende Erfahrung anklingen lassen wird. Es könnte ja sein, daß ein Mensch den Raum **unter** sich als bodenlos empfindet, wenn es ihm am Anfang seines Lebens nicht vergönnt war, genügend Sicherheit im geborgenen Getragenwerden zu erleben (Übung C I, Vorgang 3 a), oder daß er nur deswegen keine Beziehung zu übergeordneten Leitbildern und Idealen herstellen kann, weil er **über** sich zu selten eine führende Hand verspüren durfte, die ihm den Weg zur Anerkennung einer ordnenden Instanz wies (Übung C I, Vorgang 3 b). Es wäre auch denkbar, daß der belebte rückwärtige Raum dem Übenden Angst einflößt, weil er nie Menschen **hinter** sich hatte, denen er vertrauen konnte (Übung C II, Vorgang 2). Und schließlich gilt es, die Ungewißheit zu berücksichtigen, die ihm in dem **vor** ihm liegenden Handlungsraum begegnen könnte, weil er z. B. frühzeitig in der Befriedigung vitaler Grundbedürfnisse enttäuscht wurde und nicht genug Erfahrung im Besitzhaben und -verteidigen oder im Berücksichtigenkönnen gesammelt hat (Übung D, Vorgang 5 c Dynamik und 6 c Aufnehmen), weil er nie Partner an seiner Seite hatte, denen er sich ebenbürtig fühlte oder in deren Gemeinschaft er sich eingliedern konnte (Übung D, Vorgang 3 c Wandlung und 4 c Austausch), oder weil er angestrebte Ziele nicht erreichen konnte und auch nicht den Mut aufbrachte, seine eigene Meinung genügend zu vertreten (Übung D, Vorgang 1 c Entscheidung und 2 c Überfluß).

Ist der Übende durch solche oder ähnliche, frustrierende Lebenserfahrungen geprägt, so wird der Versuch, sich auf alles Lebendige im Umfeld einzustellen, bei ihm anfangs Unbehagen und Ängste auslösen. Er wird aus dem einen oder anderen Raum wieder auf sich zurückgeworfen und dadurch daran gehindert werden, den Zustand zu erleben, in dem er sich inmitten von allem fühlt. Während des stillen, tatenlosen Sitzens werden aber weder die negativen Empfindungen noch die durch den Transsensus aktivierten archaischen Intentionen in eine Handlung ausfließen oder gelebt. Statt dessen kann die in jedem Menschen wirkende Entwicklungs- und Gestaltungskraft in dieser Ruhe alle körperlich determinierten Verhaltensprogramme aufeinander abstimmen und sie aneinander angleichen. In der Übung der Stille wird der Mensch die harmonische Ordnung seines Lebens wiederfinden, wenn er „als Mitte seines Wesens etwas erfährt, das sehr viel mehr ist als nur sein Ich" (*von Dürckheim*, 1). So wird die adaptierende und koordinierende Wirkung der Entwicklungstendenzen in ihm (Entelechie) zur Geltung kommen und zur Reifung der Person beitragen.

Die neuralen Schaltmuster werden in dieser Übung durch die Vorstellung, alles lebendige Bewegtsein im erspürten Umfeldraum zu akzeptieren, in folgender Weise abgewandelt: Zusätzlich zu den statischen Komponenten der Muskelspindeln werden nun auch die dynamischen stimuliert, wodurch sich eine besondere Elastizität der Körperwandung einstellt (Eutonie-Aufbau, 4. Phase, S. 61ff.).

Die Stimulierung der emotionellen Reaktionsmechanismen führt durch die gleichzeitige und generalisierte Anregung des extrapyramidalen Anteils des Limbischen Systems zu einer Nivellierung der entsprechenden Handlungsmuster. So kommt keine der spezifischen, affektiven Regungen in einer Handlung zum Ausdruck, jedoch entsteht durch das Zusammenwirken von ANS und GNS ein persönliches Empfinden für Impulsivität und Reagibilität. Der Atem wird kraftvoller, ohne seine Zentrierung in der Tiefe zu verlieren.

Sollte es dem Übenden vergönnt sein, in die Wesensschau des Vorganges 3 einzutreten, so wird es für ihn kaum Worte geben, um diesen Zustand begrifflich auszudrücken. Er wird das **Einssein mit allem** erleben, nicht handelnd und doch omnipotent, transparent in seiner Leiblichkeit. Er würde sich voll gegenwärtig empfinden und doch so angepaßt sein, als gäbe es ihn nicht. Ohne Aufhebens würde er beseligt in diesem Zustand ruhen.

Für ihn verlieren Gut und Böse an Gewicht.
Der Wertmaßstab liegt nicht bei ihm.
Das Gesetz geschieht.
Es gibt für ihn keine Hoffnungen noch Befürchtungen, keine Reflexion.
Es ist wie es ist:
Das einfach *Sein*.

Ein Ahnen sagt uns, daß dieser Zustand dem reinen Glück der unerweckten Kindheit wie auch dem vollkommenen Menschen eignet, dessen Erkenntnis schon durch die Unendlichkeit gegangen ist (*Kleist*). In diesem In-der-Welt-über-die-Welt-hinaus-Sein (*Binswanger*) hätte der Mensch dann zu seinem Wesen gefunden (*von Dürckheim*, 1) und im vollen Umfang das große Thema der Agape verwirklicht *(Lotz)*.

Es ist die vorprädikative Eutonie des Kindes sowie die transzendente Eutonie des Vollendeten.

Das neurophysiologische Modell, das wir diesem Verhaltensmuster zuordnen, ergibt folgendes Bild: Im Zustand innerer Erhebung und Entrückung entspricht die Funktionscharakteristik des Nervensystems in seiner Gesamtheit voll der des Gamma-Nervenfasersystems, d.h., daß nun auch die zerebralen Areale sowie die Assoziationszentren global und unspezifisch geschaltet werden. Diese globale und unspezifische Aktivierung des Nervensystems führt zu einer universellen Erkenntnisfähigkeit und Einsicht in übergeordnete Zusammenhänge, die einseitige Stellungnahme und zielgerichtetes Handeln unwichtig machen. Im harmonischen Zusammenklang beider Systeme finden Denken, Fühlen und Wollen einen Niederschlag in der Glückseligkeit des Weisen.

Bedeutung für den Therapeuten

Der Sinn einer solchen Ruheübung erschöpft sich nicht darin, einem durch Existenzkrisen verunsicherten Menschen nur während der Zeit des Sitzens eine persönliche Beglückung zu verschaffen. Das Erschließen und Vertiefen harmonisierender und ausgleichender Erlebnisbereiche kann Gegenstand therapeutischen und erzieherischen Vorgehens (z.B. Psychotherapie, Pneopädie, Leibtherapie) werden und die Gesamthaltung des Patienten zu seiner Umwelt sowie zu sich selbst entscheidend verändern. Die dabei ins Bewußtsein tretenden Erlebnisgehalte und Erkenntnisse eröffnen ihm eine neue Kommunikations- und Daseinsthematik. Sie stärken in ihm Verhaltensweisen, die zur Rückgewinnung oder Neuentwicklung seiner individuellen Seinsweise beitragen und ihm letztendlich auf dem Weg des Reifens den „Durchbruch zu seinem innersten Wesen“ (*von Dürckheim*, 2) ermöglichen.

Im Za Zen der Asiaten (*Suzuki*) wird eine Verhaltensform angebahnt, die zugleich in das tägliche Leben hineinspielen soll. „Im alltäglichen Tun geht es darum, unter den jeweiligen Bedingungen der augenblicklichen Situation zu bezeugen, was in der Stille der besonderen Übung gespürt und geübt wurde" (*von Dürckheim*, 3).

Diese Ausrichtung auf das Nachhinein gilt für die gesamte hier angegebene Stufenfolge der Ruheübung, wobei auf jeder Stufe Ansatzpunkte für therapeutische oder pädische Einstiege erkennbar sind. Sie sind jedoch so vielgestaltig und die Literatur darüber so immens, daß es selbst Experten schwerfällt, sie zu überschauen und auszuwerten (*Stokvis* und *Wiesenhütter*). Gäbe es nicht die geheimnisvolle Kraft der Selbstregulation, die oft nur eines Anstoßes bedarf, um den rechten Weg auf dieser Stufenleiter selbst zu finden, so könnte man irre werden an der Mannigfaltigkeit wohlgemeinter Ratschläge und Therapieformen. An einige Beispiele aus dieser Vielzahl wollen wir hier erinnern.

Anweisungen zu Darstellungen gemäß des formalen Vorgangs 1, die der Mensch des Westens in vielfältigen Abwandlungen aus dem asiatischen Kulturkreis übernommen hat, werden nur allzuoft als leistungssteigernde Fitneßaufgaben durchexerziert. Sie sind aber nicht nur als Selbstzweck und körperliches Trainingsprogramm anzusehen, sondern als Anstoß zur Selbstregulation oder als Einstieg in eine persönliche Entwicklungsmöglichkeit. Erst in dieser Bewertung wird deutlich, daß Praktiken wie die **Yoga-Asanas**, das **Za Zen** oder die chinesischen Atemstellungen nach *Palos* und *Stiefvater* die Harmonisierung psychophysischer Zusammenhänge nachvollziehen können.

Unter den gleichen Gesichtspunkten läßt sich das gesamte Feld der Körperfühlarbeit, wie sie von *Gindler* intendiert wurde, dem Bereich der Übung Vorgang 2a zuordnen. Der Mensch kann in dieser Einstellung seine Leibgefühle als Muskelverspannungen und -lösungen, als Atemraum und -fluß, als Körperschema und Wandungsgefühl bewußt beobachten und sich mit ihnen beschäftigen, indem er sie einfach zuläßt, ohne sie zu dirigieren. (*F. M. Alexander, G. Alexander, Fuchs, Middendorf, Peltzer, Schaarschuch, Selvers*).

Dieselben Autoren arbeiten zum Teil aber auch mit der Vorstellung des Vorgangs 2b, die über die leibliche Grenze hinaus den umgebenden Raum abtastet. Dabei vertrauen sie darauf, daß der einmal angestoßene Stein des Über-sich-hinaus-Spürens weiterrollt und das therapeutisch angestrebte Ziel, die natürliche „Kontaktfähigkeit zum Mitmenschen" (*G. Alexander*, 2) erreicht.

Die Thematik des Vorgangs 2c, die Einstellung auf Lebendiges im Umfeldraum, wird als therapeutisches Agens z. B. bei *Glaser* und *Veldman* verwendet, um im verbal-taktilen Eutonieaufbau das Kommunikationsgefühl direkt zu kultivieren. Doch gehört es wohl auch zu den Grundlagen vieler Lebenslehren, alles gelten zu lassen, gegen Niemanden und Nichts zu sein oder umfassender ausgedrückt: Alles Lebendige zu lieben.

Jeder Arzt, der mit dem Gefühl eines inneren Auftrages in seinem Beruf steht, wird sich des tiefgreifenden Einflusses der Transzendenz (Vorgang 3) auf den Heilungsprozeß inne sein und Momente davon in seine Therapie einfließen lassen. Versucht derjenige, der medizinisch, psychologisch oder pädagogisch in der Menschenführung tätig ist, selbst das Wesen und die „Ganzheit menschlichen Seins" (*von Dürckheim,* 4) zu erkennen, so wird sein Umgang mit Unheilbaren, Schwerstkranken und Sterbenden von einer ethischen und moralischen Grundhaltung bestimmt werden, die weit über die wissenschaftliche Ebene hinausgeht. Er wird auch im Patienten das Vertrauen festigen, Teil einer größeren Einheit zu sein, um dann gemeinsam mit ihm jene Fragen zu erörtern, die um eine sinnvolle Gestaltung, um die Vollendung oder um die Verlängerung des menschlichen Daseins kreisen. Findet der Patient seinerseits zur Erkenntnis seines Wesens, so wird in ihm ein eingeborenes Urwissen um den Stellenwert des Eigenen im Ganzen erhellt, das ihn zum Bejahen der gegebenen Situation bereitet; sei es das rechte Annehmen einer Krankheit und ihres Leidens, sei es die Entscheidung, trotz unheilbaren Gebrechens oder im vorgerückten Alter seine Aufgabe im Gemeinschaftsleben zu verwirklichen oder sei es gar die Bereitschaft, angstfrei den Schritt über die Schwelle des Todes zu gehen.

In diesen Erkenntnissen und Gedanken berühren sich therapeutische und erzieherische Richtlinien mit weltanschaulichen Fragen und Ausrichtungen, die wir als Sinn und Ziel in den unterschiedlichsten Exerzitien und Meditationspraktiken westlicher und östlicher Religionen wiederfinden.

Wir sind uns bewußt, daß sich die hier beschriebene Übungsfolge von anderen bewährten Ruheübungen in zwei wesentlichen Momenten unterscheidet:

1. Durch die unterschiedliche Charakteristik der Intention,
2. durch die Haltungsanweisung.

1. Unter Intention verstehen wir mit *Kienle* die Aktivität, die einer „Einstellungsvariation" zugrunde liegt. Sie ist im Autogenen Training nach *J. H. Schultz* wie auch bei einer Reihe weiterer autosuggestiver Prak-

tiken *(Langen)* durch Vorsatzbildung auf die **Vorwegnahme des Zieles** ausgerichtet. („Mein Arm ist schwer“, auch wenn er es tatsächlich noch nicht ist.)

Die Intention unserer Ruheübungen ist hingegen auf den **Ansatz einer Entwicklung** orientiert. Sie geht vom gegenwärtigen Zustand aus und tendiert **fragend** auf Zukünftiges. Zur methodischen Unterscheidung gegen die Suggestion gebrauchen wir den Begriff „Thematik“.

Die menschliche Verantwortung dessen, der die Empfehlung gibt, eine bestimmte Intention einzunehmen, ist bei der Suggestion ungleich größer als bei Verfahren, die direkt mit dem Transsensus arbeiten. Sie umgehen die Gefahr einer zielgerichteten Manipulation, da die Einstellung auf eine fragende Thematik dem Menschen während der Übungsphase die Freiheit persönlicher Entscheidung und Entwicklung in höherem Maße beläßt als die Suggestion, „die sich wie ein Dieb in der Nacht ins Haus einschleicht und es dann als Hausherr verkleidet verläßt“ (*Stokvis* und *Wiesenhütter*).

2. Mit Vorbedacht haben wir für unsere Ruheübung den aufrechten „Schneider-“ oder „Lotussitz“ gewählt. Die dabei notwendige Auseinandersetzung mit der Schwerkraft (Übung C II) bedingt eine Wachheitsaktivität und ermöglicht leichter den Umgang mit Gefühlsqualitäten, die an den Transsensus gebunden sind. Im Gegensatz dazu führen Liegepositionen oder die „Kutscherhaltung“ des Autogenen Trainings mit dem intendierten Schweregefühl durch Minderung der Alpha- und der Gamma-Impulse zu einer Erschlaffung der Muskulatur. Während der „Generalisierung“ beim Autogenen Training tritt eine Ermüdungstendenz auf, in der der Erholungsstoffwechsel eingeleitet wird. Die weitere Vorsatzbildung „Wärme“ verstärkt diesen Vorgang, der einer natürlichen Einschlafregelung entspricht. Ist der Übergang in den Schlaf nicht erwünscht, muß die Übung durch „aktives Anspannen“ und „Festmachen“ abgebrochen oder beendet werden. In dem Maß, in dem der Körper gleichmäßig in die Erholungsphase gelangen konnte, wird sich dann im Nachhinein ein Zustand allgemeiner Frische und Munterkeit einstellen. Der aber aktiviert in der Regel immer über die Formatio reticularis das Gamma-System und damit die Fähigkeit zum Transsensus, zum Über-sich-hinaus-Spüren und -Wirken. So ergibt sich auch über die Vorsatzbildung des Autogenen Trainings oder in anderen Entspannungspraktiken eine Möglichkeit, auf dem Umweg der vegetativen Umschaltung in die Stufenfolge der Entelechie einzusteigen.

D) Die potentiellen archaischen Intentionen (Kei Raku)

Bewegungen, die unter Transsensus zu Handlungen werden, bringen alle eine spezifische Lebensthematik zum Ausdruck.

Aus der Vielfalt der Bewegungsmöglichkeiten lassen sich 6 Grundformen herauslösen, die alle eine Befriedigung menschlicher Grundbedürfnisse intendieren. Jede einzelne symbolisiert ein Grundprinzip der Verhaltensweisen des Menschen. Eigentümlicherweise werden dabei Beziehungen zwischen Muskeldehnungsketten und dem Verlauf der chinesischen Meridiane (japanisch: Kei Raku) erkennbar. Alle 6 Grundformen der Bewegungsentwicklung (GFE) gemeinsam führen zu einer Haltungsform, die wir Integralhaltung nennen. Sie ist die eutone Bereitstellung aller Handlungsmöglichkeiten des Menschen.

Um in der Charakteristik der Lehrbeispiele zu bleiben, die didaktisch die Erlebnisfähigkeit des Menschen benutzen, um Zusammenhänge zwischen motorischen und emotionalen Verhaltensweisen, vegetativen Reaktionen und lebensaktivierenden Motivationen verständlich zu machen, haben wir die 6 GFE in dreifacher Weise gegliedert:

1. Beim Vorgang 1–6a gilt es, die Haltung rein formal aufzubauen.
2. Beim Vorgang 1–6b sollte man sein Empfinden darauf richten, der Dehnungslinie nachzuspüren.
3. Beim Vorgang 1–6c kommt es darauf an, jeweils den Sinngehalt als Ausdruck darzustellen und den Unterschied über die FAB-Methode zu erfassen.

Die GFE sind keine praktischen Übungen, die durch häufiges Wiederholen eine bessere Dehnbarkeit der Muskulatur garantieren (wie z. B. die Yoga-Asanas) oder die eine pathologische Verhaltensweise verändern helfen.

Integralhaltung

Vorgang 1a: Man nehme eine Ausgangsstellung ein, die der Integralhaltung entspricht.

(Leichte Grätsche der Beine, Kniegelenke sind locker bei maximal möglicher Außenrotation der Oberschenkel. Rumpf ist aufgerichtet. Arme werden leicht angewinkelt in Brusthöhe gehalten, Finger sind leicht gespreizt.)

Nun versuche man, die Bewegungsform, die der Abbildung entspricht, nachzuahmen.

(Dazu wird das Gewicht auf den rechten Fuß verlagert, der dann durch Abstemmen und Abrollen den gesamten Körper in die Höhe hebt. Der linke Fuß wird um einen Schritt nach vorn gesetzt. Der Rumpf bleibt aufrecht. Der rechte Arm wird bei angewinkeltem Ellenbogen gleichzeitig adduziert und außenrotiert, dann soweit antevertiert, bis die Hand in Supination über dem Kopf gehalten wird. Der Zeigefinger ist gestreckt.)

Thema: Ich achte darauf, die Figur formgerecht durchzuführen.

Analyse: Welche körperlichen Sensationen treten dabei auf?
(Dehnungs- oder Kontraktionsgefühl, Leichtigkeit oder Schwere in den Gliedern, ...?)
Fällt es schwer, die Figur nachzustellen?
Macht sich der Atem bemerkbar?
Legt sich während der Übung oder in der Poststimulation eine Gefühlssensation nahe?

Vorgang 1b: Aus der Integralstellung heraus lasse man nun die gleiche Bewegung durch die Beschäftigung mit folgendem Thema entstehen:

Thema: Ich spüre so über die Spitze meines rechten **Zeigefingers** in den Raum hinaus, daß ich das Gefühl bekomme, er verlängere sich und wachse über seine Begrenzung hinaus. Diese Tendenz setze ich in eine Bewegung um und folge mit dem Arm der Transsensusrichtung. Dabei empfinde ich eine Dehnungslinie, die an der Rückseite des Zeigefingers anfängt und über den Handrücken zur Außenseite des Ellenbogens und weiter hinauf zum Schultergelenk verläuft.

(Sie endet, über das Schlüsselbein und Kinn ziehend, am Nasenflügel.)

Ich spüre gleichzeitig über den **zweiten Zeh** des rechten Fußes in den Raum hinaus. Durch die entsprechende Freigabe der dazugehörigen Bewegung empfinde ich ebenfalls eine Dehnungslinie, deren Verlauf im nebenstehenden Bild eingezeichnet ist.

(Sie beginnt an der Dorsalseite des zweiten Zehenendgliedes und zieht über den Fußrükken am äußeren Knöchel vorbei zur Außenseite des Knies, weiter über die Innenseite der Leistenbeuge, medial der Mamillarlinie entlang bis zum Schlüsselbein und endet, noch über Kiefer und Wange laufend, an der Schläfe.)

Analyse: Wie werden die Glieder gegenüber dem Vorgang a empfunden? Ist es anstrengend oder kompliziert, die Bewegungsform unter Beachtung des Transsensus nachzuvollziehen?
Macht sich der Atem bemerkbar?
Welche Gefühlssensation, die einer Lebensthematik entsprechen könnte, steigt in der Poststimulation auf?

Vorgang 1c: Aus der Integralstellung heraus lasse man eine Bewegungsform entstehen, die den folgenden Sinngehalt erlebnismäßig verdeutlicht.

Thema: Entscheiden (Direktive)

Ich erhebe mich als Persönlichkeit über die Welt und dominiere. Meine Entwicklungsrichtung weist auf höhere und geistige Ziele hin. Ich entscheide, fordere auf, bestimme, weise an, plane und organisiere, lege fest und gebe Richtung.

Der Entscheidungsfähige
Der lehrende Weise
Der Prophet
Der Demagoge
Der Verkünder

Analyse: Was vermerke ich von meinem Körper während der Übung und was in der Poststimulation?
Wann und wie macht sich der Atem bemerkbar?
Könnten auch andere Bewegungsformen, die nicht auf diese Grundform zurückzuführen sind, den gleichen Sinngehalt ausdrücken?

Vorgang 2a: Man nehme als Ausgangsstellung die Integralhaltung ein.

(Leichte Grätsche der Beine, Kniegelenke sind locker bei maximal möglicher Außenrotation der Oberschenkel. Rumpf ist aufgerichtet, Arme werden leicht angewinkelt in Brusthöhe gehalten, Finger sind leicht gespreizt.)

Dann versuche man die Bewegungsform, die der Abbildung entspricht.

(Dazu bleiben Beine und Rumpf in der gleichen Haltung. Beide Oberarme werden leicht außenrotiert und adduziert, die Unterarme bis zur Streckung der Ellenbogen retroflektiert und supiniert. Finger sind gestreckt bei maximaler Abduktion der Daumen.)

Thema: Ich achte darauf, die Figur formgerecht durchzuführen.

Analyse: Welche körperlichen Sensationen treten dabei auf?

(Dehnungs- oder Kontraktionsgefühl, Leichtigkeit oder Schwere in den Gliedern, ...?)

Fällt es schwer, die Figur nachzustellen?

Macht sich der Atem bemerkbar?

Legt sich während der Übung oder in der Poststimulation eine Gefühlssensation nahe?

Vorgang 2b: Aus der Integralstellung heraus lasse man nun die gleiche Bewegung durch die Beschäftigung mit folgendem Thema entstehen:

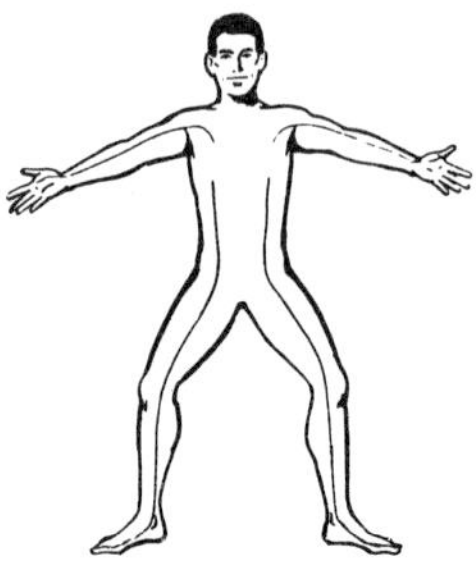

Thema: Ich verlängere meine beiden **Daumen** in den Raum hinaus und vermerke dabei jeweils eine Dehnungslinie, die an der Außenkante des Daumenrückens beginnt und wie im nebenstehenden Bild über den Handballen weiterzieht.

(Von dort läuft sie weiter über die Vorderseite des Unterarmes zum radialen Rand der Ellenbeuge, dann über den Oberarm und über die Vorderseite der Schulter zur Mitte des großen Brustmuskels.)

Gleichzeitig verlängere ich beide **großen Zehen** in den Raum hinaus und empfinde jeweils eine Dehnungslinie, die an der medialen Seite der Großzehe beginnt und am Fußinnenrand entlang vor dem inneren Knöchel hochzieht.

(Von dort läuft sie über die mediale Seite des Unterschenkels und des Knies über die Mitte der Leistenbeuge. Entlang der Mamillarlinie steigt sie zur Mitte des großen Brustmuskels und endet im 2. Interkostalraum.)

Analyse: Wie werden die Glieder gegenüber dem Vorgang a empfunden?
Ist es anstrengend oder kompliziert, die Bewegungsform unter Beachtung des Transsensus nachzuvollziehen?
Macht sich der Atem bemerkbar?
Welche Gefühlssensation, die einer Lebensthematik entsprechen könnte, steigt in der Poststimulation auf?

Vorgang 2c: Aus der Integralstellung heraus lasse man eine Bewegungsform entstehen, die den folgenden Sinngehalt erlebnismäßig verdeutlicht.

Thema: Überfließen (Abundatio)

Ich stehe als Person über der Welt und wirke aus der Fülle dessen, was ich besitze. Von der in mir gewachsenen eigenen Meinung bringt mich nichts ab. Ich werde sie mutvoll und selbstsicher vertreten, stelle mich mit meinem Können anderen zur Verfügung und veranlasse meine Umwelt, das von mir Gegebene anzunehmen.

Der Gebende
Der aus der eigenen Fülle Schenkende
Der Verteidiger einer gerechten Sache
Luther auf dem Reichstag in Worms
Das Verwurzelt Sein

Analyse: Was vermerke ich von meinem Körper während der Übung und was in der Poststimulation?
Wann und wie macht sich der Atem bemerkbar?
Könnten auch andere Bewegungsformen, die nicht auf diese Grundform zurückzuführen sind, den gleichen Sinngehalt ausdrücken?

Vorgang 3a: Man nehme als Ausgangsstellung die Integralhaltung ein.

(Leichte Grätsche der Beine, Kniegelenke sind locker bei maximal möglicher Außenrotation der Oberschenkel. Rumpf ist aufgerichtet, Arme werden leicht angewinkelt in Brusthöhe gehalten, Finger sind leicht gespreizt.)

Dann versuche man die Bewegungsform, die der Abbildung entspricht.

(Dazu wird der gesamte Körper durch Abstemmen und Abrollen des rechten Fußes nach links um die vertikale Achse gedreht bis zur maximalen Innenrotation des rechten Beines. Der Kopf versucht die Frontalebene beizubehalten. Der Mund ist geöffnet. Dann führt der Oberarm eine Innenrotation aus bei maximaler Pronation des Unterarmes und Palmarflexion der rechten Hand.)

Thema: Ich achte darauf, die Figur formgerecht durchzuführen.

Analyse: Welche körperlichen Sensationen treten dabei auf?

(Dehnungs- oder Kontraktionsgefühl, Leichtigkeit oder Schwere in den Gliedern, ...?)

Fällt es schwer, die Figur nachzustellen?

Macht sich der Atem bemerkbar?

Legt sich während der Übung oder in der Poststimulation eine Gefühlssensation nahe?

Vorgang 3b: Aus der Integralstellung heraus lasse man nun die gleiche Bewegung durch die Beschäftigung mit folgendem Thema entstehen:

Thema: Ich verlängere den **Ringfinger** meiner rechten Hand in den Raum hinaus und vermerke dabei eine Dehnungslinie, die an der Rückseite dieses Fingers beginnt und über den Handrücken verläuft.

(Von dort zieht sie über die Außenseite des Unterarmes direkt über den Ellenbogen zur Außenseite des Oberarmes, läuft über die Dorsalseite der Schulter zum Nacken herauf und endet, die Ohrmuschel umschlingend, am Kiefergelenk.)

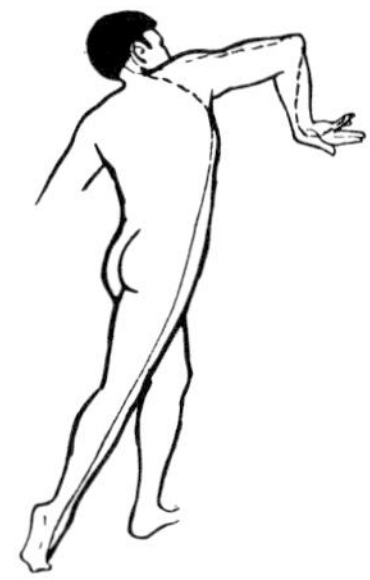

Gleichzeitig verlängere ich die **Zehen** des rechten Fußes in den Raum hinaus und empfinde eine Dehnungslinie, die am 4. Zehen beginnt und über den Fußrücken zum äußeren Knöchel zieht.

(Von dort verläuft sie an der Außenseite des Unter- und Oberschenkels entlang über den Trochanter und Beckenkamm, seitlich am Rumpf bis zur Achselhöhle herauf, durch diese hindurch zu Schulter und Nacken. Sie schwingt sich über das Ohr und endet am äußeren Augenwinkel.)

Analyse: Wie werden die Glieder gegenüber dem Vorgang a empfunden?
Ist es anstrengend oder kompliziert, die Bewegungsform unter Beachtung des Transsensus nachzuvollziehen?
Macht sich der Atem bemerkbar?
Welche Gefühlssensation, die einer Lebensthematik entsprechen könnte, steigt in der Poststimulation auf?

Vorgang 3c: Aus der Integralstellung heraus lasse man eine Bewegungsform entstehen, die den folgenden Sinngehalt erlebnismäßig verdeutlicht.

Thema: Wandeln (Rhythmik)

Ich gebe meine ursprüngliche Kraft für das Spiel mit der Welt frei und bin auf der Suche nach Neuem. Was vor mir liegt, interessiert mich nur so lange, wie es Dahinter-Liegendes verdeckt. Als Erfahrenes lasse ich es hinter mir. Das Zukünftige verwandle ich in Vergangenes. Ich suche das Unbekannte und löse mich von Bekanntem. Ich winde mich hindurch, umgehe Widerstände, weiche aus, lasse mich nicht treffen.

Der Erkundungswillige
Das spielende Kind
Der Bewegungsfreudige
(Tänzer, Gymnast)
Das sportliche Miteinander
(Schwimmer, Diskus- u. Speerwerfer)

Analyse: Was vermerke ich von meinem Körper während der Übung und was in der Poststimulation?
Wann und wie macht sich der Atem bemerkbar?
Könnten auch andere Bewegungsformen, die nicht auf diese Grundform zurückzuführen sind, den gleichen Sinngehalt ausdrücken?

Vorgang 4a: Man nehme als Ausgangsstellung die Integralhaltung ein.

(Leichte Grätsche der Beine, Kniegelenke sind locker bei maximal möglicher Außenrotation der Oberschenkel. Rumpf ist aufgerichtet, Arme werden leicht angewinkelt in Brusthöhe gehalten. Finger sind leicht gespreizt.)

Dann versuche man die Bewegungsform, die der Abbildung entspricht.

(Dazu nimmt man den Zehenstand bei gestreckten Knien ein. Der Rumpf bleibt aufrecht bei gestrecktem Nacken. Elevation beider Arme bei gestreckten Ellenbogen über die 90°-Ebene hinaus, maximale Innenrotation des Oberarmes, maximale Pronation des Unterarmes, Finger werden gespreizt.)

Thema: Ich achte darauf, die Figur formgerecht durchzuführen.

Analyse: Welche körperlichen Sensationen treten dabei auf?
(Dehnungs- oder Kontraktionsgefühl, Leichtigkeit oder Schwere in den Gliedern, ...?)
Fällt es schwer, die Figur nachzustellen? Macht sich der Atem bemerkbar?
Legt sich während der Übung oder in der Poststimulation eine Gefühlssensation nahe?

Vorgang 4b: Aus der Integralstellung heraus lasse man nun die gleiche Bewegung durch die Beschäftigung mit folgendem Thema entstehen:

Thema: Ich verlängere meine beiden **Mittelfinger** in den Raum hinaus und vermerke jeweils eine Dehnungslinie, die an der Innenseite dieses Fingers beginnt und über die Handinnenfläche verläuft.

(Von dort zieht sie in der Mitte der Vorderseite über Unterarm, Oberarm und Schulter und endet auf dem großen Brustmuskel im 4. Interkostalraum.)

Gleichzeitig verlängere ich beide **großen Zehen** in den Raum hinaus und empfinde jeweils eine Dehnungslinie, die an der lateralen Seite des Großzehenrückens beginnt und über den Fußrücken zum inneren Knöchel zieht.

(Von dort gelangt sie über die ganze Innenseite des Beines hoch zur Leiste, kreuzt den vorderen Rippenrand und endet in Höhe des sechsten Interkostalraumes.)

Analyse: Wie werden die Glieder gegenüber dem Vorgang a empfunden?
Ist es anstrengend oder kompliziert, die Bewegungsform unter Beachtung des Transsensus nachzuvollziehen?
Macht sich der Atem bemerkbar?
Welche Gefühlssensation, die einer Lebensthematik entsprechen könnte, steigt in der Poststimulation auf?

Vorgang 4c: Aus der Integralstellung heraus lasse man eine Bewegungsform entstehen, die den folgenden Sinngehalt erlebnismäßig verdeutlicht.

Thema: Austauschen (Diffusion)

Ich breite meine Individualität in die Welt hinein und bin einer unter vielen. Durch mein Eingeordnetsein rege ich die Umwelt an, mich als gleichwertigen Partner zu betrachten. Ich mache andere Interessen zu meinen eigenen und veranlasse gleichzeitig dadurch, daß meine Wünsche zum Bedürfnis der anderen werden.

Der Kontaktbereite
Der Gegensätze Ausgleichende
Der Friedenstiftende
Der Vermittler

Analyse: Was vermerke ich von meinem Körper während der Übung und was in der Poststimulation?
Wann und wie macht sich der Atem bemerkbar?
Könnten auch andere Bewegungsformen, die nicht auf diese Grundform zurückzuführen sind, den gleichen Sinngehalt ausdrücken?

Vorgang 5a: Man nehme als Ausgangsstellung die Integralhaltung ein.

(Leichte Grätsche der Beine, Kniegelenke sind locker bei maximal möglicher Außenrotation der Oberschenkel. Rumpf ist aufgerichtet, Arme werden leicht angewinkelt in Brusthöhe gehalten, Finger sind leicht gespreizt.)

Dann versuche man die Bewegungsform, die der Abbildung entspricht.

(Dazu verstärkt man die Kniebeuge bei außenrotierten Oberschenkeln, verlagert das Gewicht auf das linke Bein. Das rechte Bein wird durch Verstärkung der Anteflexion, der Abduktion und der Rotation des Oberschenkels sowie durch maximale Flexion und Außenrotation des Unterschenkels angehoben. Dorsalflexion und Supination des rechten Fußes. Der Rücken rundet sich maximal, Unterkiefer schiebt sich vor. Weitere Flexion und Supination des rechten Unterarmes, Palmarflexion der Hand bis zur Krümmung der Finger.)

Thema: Ich achte darauf, die Figur formgerecht durchzuführen.

Analyse: Welche körperlichen Sensationen treten dabei auf?

(Dehnungs- oder Kontraktionsgefühl, Leichtigkeit oder Schwere in den Gliedern, ...?)

Fällt es schwer, die Figur nachzustellen?

Macht sich der Atem bemerkbar?

Legt sich während der Übung oder in der Poststimulation eine Gefühlssensation nahe?

Vorgang 5b: Aus der Integralstellung heraus lasse man nun die gleiche Bewegung durch die Beschäftigung mit folgendem Thema entstehen:

Thema: Ich verlängere den **kleinen Finger** meiner rechten Hand in den Raum hinaus und vermerke dabei eine Dehnungslinie, die an der Rückseite des Kleinfingerendgliedes beginnt und über die ulnare Seite des Handrückens verläuft.

(Weiter geht sie über die Außenseite des Unterarmes und des Ellenbogens zur hinteren Schulter. Sie überquert das Schulterblatt und den Hals und endet zwischen Kiefergelenk und Ohr.)

Gleichzeitig verlängere ich den **kleinen Zeh** meines rechten Fußes in den Raum hinaus und empfinde eine Dehnungslinie, die am lateralen Fußrand bis hinter den äußeren Knöchel zieht.

(Von dort verläuft sie über die Mitte der Wade und der Kniekehle, dann verbreitert sie sich über das Gesäß, entlang des großen Rückenstreckers bis zum Nacken, wird wieder linienartig und endet, über den Kopf ziehend, am inneren Augenwinkel.)

Analyse: Wie werden die Glieder gegenüber dem Vorgang a empfunden? Ist es anstrengend oder kompliziert, die Bewegungsform unter Beachtung des Transsensus nachzuvollziehen?
Macht sich der Atem bemerkbar?
Welche Gefühlssensation, die einer Lebensthematik entsprechen könnte, steigt in der Poststimulation auf?

Vorgang 5c: Aus der Integralstellung heraus lasse man eine Bewegungsform entstehen, die den folgenden Sinngehalt erlebnismäßig verdeutlicht.

Thema: In Gang setzen (Dynamik)

Ich beanspruche mit all meiner ursprünglichen Vitalität meinen Platz in der Welt und grenze meinen Lebensraum angstlos ab. Mich der Bedrängung zu stellen, wird mir zum existentiellen Bedürfnis. Ich stemme mich gegen Eindringendes, verteidige mich, ergreife Besitz und suche den Widerstand.

Der Entschlußkräftige
Pan, Dämon, Faun
oder Erdgeist
männliche Sexualität
ursprünglicher Bauerntanz
Das Neugeborene, das seinen Lebensweg antritt

Analyse: Was vermerke ich von meinem Körper während der Übung und was in der Poststimulation?
Wann und wie macht sich der Atem bemerkbar?
Könnten auch andere Bewegungsformen, die nicht auf diese Grundform zurückzuführen sind, den gleichen Sinngehalt ausdrücken?

Vorgang 6a: Man nehme als Ausgangsstellung die Integralhaltung ein.

(Leichte Grätsche der Beine, Kniegelenke sind locker bei maximal möglicher Außenrotation der Oberschenkel. Rumpf ist aufgerichtet, Arme werden leicht angewinkelt in Brusthöhe gehalten, Finger sind leicht gespreizt.)

Dann versuche man die Bewegungsform, die der Abbildung entspricht.

(Dazu werden die Knie stärker gebeugt, Druckbetonung der medialen Fußränder. Oberkörper neigt sich – ohne Lordose – rückwärts, Kopf fällt ebenfalls dorsalwärts. Arme heben sich bei maximaler Pronation der Unterarme und maximaler Dorsalflexion der Hände kranialwärts.)

Thema: Ich achte darauf, die Figur formgerecht durchzuführen.

Analyse: Welche körperlichen Sensationen treten dabei auf?
(Dehnungs- oder Kontraktionsgefühl, Leichtigkeit oder Schwere in den Gliedern, ...?)
Fällt es schwer, die Figur nachzustellen?
Macht sich der Atem bemerkbar?

Legt sich während der Übung oder in der Poststimulation eine Gefühlssensation nahe?

Vorgang 6b: Aus der Integralstellung heraus lasse man nun die gleiche Bewegung durch die Beschäftigung mit folgendem Thema entstehen:

Thema: Ich verlängere meine beiden **kleinen Finger** in den Raum hinaus und vermerke dabei jeweils eine Dehnungslinie, die an der Innenseite dieser Finger beginnt und über den Kleinfingerballen verläuft.

(Sie zieht weiter über die Innenseite des Unterarmes, über die ulnare Seite der Ellenbeuge, über die Innenseite des Oberarmes und endet in der Mitte der Achselhöhle.)

Gleichzeitig verlängere ich mich über einen Punkt der **vorderen Fußsohle**, der zwischen der zweiten und dritten Zehe liegt, schräg nach vorn außwärts in den Boden hinein. Ich empfinde dabei jeweils eine Dehnungslinie, die von dieser Stelle aus über den medialen Fußrand zum hinteren Teil des inneren Knöchels zu verfolgen ist.

(Von dort aus gelangt sie über die mediale Seite des Unterschenkels, der medialen Seite des Oberschenkels zur Innenseite der Leistenbeuge. Sie zieht neben der Symphyse und Linea alba aufwärts und endet am inneren Rand des Schlüsselbeines.)

Analyse: Wie werden die Glieder gegenüber dem Vorgang a empfunden?
Ist es anstrengend oder kompliziert, die Bewegungsform unter Beachtung des Transsensus nachzuvollziehen?
Macht sich der Atem bemerkbar?
Welche Gefühlssensation, die einer Lebensthematik entsprechen könnte, steigt in der Poststimulation auf?

Vorgang 6c: Aus der Integralstellung heraus lasse man eine Bewegungsform entstehen, die den folgenden Sinngehalt erlebnismäßig verdeutlicht.

Thema: Aufnehmen (Konzeption)

Ich unterstelle mich den einwirkenden Kräften der Welt und nehme vertrauensvoll das Eindringende in mich auf. Meine Hingabe verlockt die anderen, das „Rechte“ zu tun: zu schützen oder zu zeugen. Ich gebe nach, nehme Rücksicht, akzeptiere und veranlasse dadurch, daß die anderen zu Gebenden werden.

Der Aufnahmebereite,
Der gute Zuhörer,
Die Blüte,
Weibliche
Sexualbereitschaft,
Eva, die Verführerin.

Analyse: Was vermerke ich von meinem Körper während der Übung und was in der Poststimulation?
Wann und wie macht sich der Atem bemerkbar?
Könnten auch andere Bewegungsformen, die nicht auf diese Grundform zurückzuführen sind, den gleichen Sinngehalt ausdrücken?

Kommentar: Die potentiellen archaischen Intentionen

Im Abschnitt B vertraten wir die Auffassung, daß nur in einem partnerschaftlichen Miteinander vier grundsätzliche Verhaltensweisen des Menschen als Facetten der Eutonie aufleuchten.

Hier mit Abschnitt D wird das Phänomen der Eutonie unter einem anderen Betrachtungsstandpunkt erörtert. Nur scheinbar verlassen wir dabei den Aspekt, der stets das lebendige Feedback einbezieht und den anderen berücksichtigt. Hier geht es darum aufzuzeigen, welche Strebungen im Menschen angelegt sind und im Handeln zur Entfaltung kommen müssen, um ihm die Reifung zu einer abgerundeten Persönlichkeit zu gewährleisten. Solche einzelnen Entwicklungstendenzen sind unmittelbar darauf ausgerichtet, die Welt nach der eigenen Thematik zu verändern, als käme es nur darauf an, sich selbst Geltung zu verschaffen und damit die Grenzen der eigenen Gestaltungsmöglichkeiten auszuschöpfen. Da die Themen jedoch sehr unterschiedlich, ja zum Teil gegensätzlich sind, ergibt sich dann, wenn sie gemeinsam lebendig und ausgewogen im Integral vereint sind, zwangsläufig jene gute Berücksichtigung, die zur eutonen Ausgeglichenheit gehört. Die Entwicklungstendenzen heben sich dabei nicht auf, sondern nivellieren sich zur Spannungsbalance der Eutonie.

Beschäftigt man sich mit den Grundformen der Bewegungsentwicklung (GFE), so erfährt man Verhaltensweisen, die nicht erst als Reaktionen auf Umwelteinflüsse auftreten und noch viel weniger durch Lernprozesse angeeignet werden. Sie werden allein durch Strebungen gesteuert, die als Antriebsmomente jedem lebenden Organismus zu eigen sind. In ihrer artspezifischen Ausdrucksmöglichkeit sind sie jedoch an die jeweilige körperliche Form und Struktur ihres Trägers gebunden. Da sie ähnlich wie Triebe phylogenetisch angelegte Bewegungseinheiten darstellen, werden sie auch im kommunikativen Verhalten unmittelbar verstanden. Sie lassen also „Gemeinsamkeiten erkennen, die Menschen aller Kulturen verbinden". *(Eibel-Eibesfeldt)*

Wir können auf die Fülle therapeutischer Konsequenzen im Rahmen dieses Buches nicht eingehen. Wichtig erscheint es uns aber, darauf hinzuweisen, daß die eutone Einstellung ebenfalls aus dem Integral der GFE erwächst, also nicht als eine Fertigkeit anerzogen werden muß, sondern daß die Fähigkeit dazu durch die ganze Menschheitsentwicklung hindurch, also phylogenetisch, entwickelt wurde und uns somit eingeboren ist. Doch daß sie im individuellen Leben, also ontogenetisch, lebendig bleibt, nicht verkümmert oder verfälscht wird, liegt in der Verantwortlichkeit gegenüber der jeweiligen Gesellschaftsstruktur.

In den Vorgängen a soll jeweils die Form der nebenanstehenden Figuren nachgestellt werden. Wie in der deskriptiven Anatomie oder auch in der Krankengymnastik üblich wird der Bewegungsablauf über Muskelkontraktionen beschrieben. Erfahrungsgemäß ist eine solche Art der Übungsform kompliziert, strapazierend und ermüdend. Die Aufmerksamkeit konzentriert sich auf den eigenen Körper. Dadurch lassen sich zwar alle Regungen des Leibes schon während der Übung verfolgen, aber in bezug auf Umwelt entsteht eine Isolation, die im Grunde jede Bewegung sinnlos erscheinen läßt. Durch die Anstrengung wird der Atem hörbar.

In den Vorgängen b verändert sich das Empfinden für die eigene Körperlichkeit grundlegend. Durch den Einsatz des Transsensus beginnt das Leibgefühl zu schwinden, doch wird man sich mit Hilfe der FAB-Methode (S. 50 und 183ff.) über folgende Phänomene klar werden können.

● Die Glieder erscheinen leichter und geschmeidiger. Die Bewegungen werden fließender. Die einsetzende Gamma-Aktivierung verbessert die Koordination der Muskulatur.

● Trotz des größeren Ausmaßes erfordern die Bewegungen eine geringere Anstrengung und können auch längere Zeit beibehalten werden. Die Ökonomie der Muskelleistung verbessert sich.

● Von den Endgliedern ausgehend vollzieht sich im Bereich zusammenhängender Muskelketten eine **aktive Dehnung**, die wir als **Obtentus** bezeichnen. Subjektiv und objektiv erwecken diese Gebiete den Eindruck von fortlaufenden Linien, die erstaunlicherweise in ihrem Verlauf mit den chinesischen Meridianen „tsing lo“ (japan.: Kei Raku) übereinstimmen und ein Gefühl verstärkter Lebendigkeit vermitteln.

● Gleichzeitig mit diesem Dehnungsvorgang setzt eine Veränderung der Atembewegungen ein. Aber nur in der Poststimulation wird man merken, daß jede Übung eine für sie charakteristische Atemform fördert und daß sogar jeweils andere Körperabschnitte oder -räume an diesem Geschehen beteiligt sind. Das Brustgebiet wird durch die Übungen 1 u. 2

betont, die Mitte des Rumpfes durch 3 u. 4; 5 u. 6 verstärken die Atembewegungen im Unterbauchgebiet. Man vergleiche auch die eigenen Beobachtungen der Atemrhythmik mit der Falttafel auf S. 109.

● Lauscht man diesen Atemformen nach, so werden Gefühlssensationen wachgerufen, die sich deutlich voneinander unterscheiden. Jede Bewegungsform ist mit einer anderen, für sie charakteristischen subjektiven Wahrnehmung verbunden.

Übung	Atemform	Handlungsmotiv	Gefühl für:
1b		weisen	Entscheidungsfähigkeit
2b		überfließen	Freigebigkeit
3b		erkunden	Wandlungsfähigkeit
4b		ausgleichen	Kommunikation
5b		beanspruchen	Aggression
6b		aufnehmen	Berücksichtigung

Bei den Vorgängen c befassen wir uns mit dem Versuch, bestimmte Gefühlsinhalte oder Handlungsmotive durch eine Bewegung oder Geste auszudrücken. Dabei werden wir erstaunlicherweise feststellen, daß das Verhältnis zwischen Emotion, motorischem Ausdruck und Atemform nicht beliebig variiert werden kann, falls ein solches Signal von der Umwelt unmittelbar verstanden werden soll. Es ergeben sich die gleichen Zuordnungen, wie sie schon in den Vorgängen b gefunden wurden.

Wir sind sicher, in diesen 6 verschiedenen **Grundformen der Bewegungsentwickung (GFE)** *(Glaser,* 2, 3, 6, 23, 24, 25) ebenfalls 6 verschiedene Grundelemente von Verhaltensweisen gefunden zu haben, die keinem Lernprozeß unterworfen, sondern phylogenetisch determiniert sind. Die Formen 1, 3 und 5 haben eine aktive Veränderung der Umwelt zum Thema. Die Formen 2, 4 und 6 erreichen die Veränderung der Umwelt durch passive Veranlassung dazu. Einige von ihnen finden wir in den antriebsbezogenen Verhaltensweisen nach *Ehrhardt* als „Erkundungs-, Kontakt- oder Aggressionsbereitschaft" wieder. Andere sind in grundlegenden Verhaltensmustern wie z.B. in Grußverhalten, Imponiergehabe oder Schenkritualen von *Eibl-Eibesfeldt* beschrieben worden.

Obwohl diese Verhaltensweisen z. T. erst im späteren Leben auftreten, sind ihre skelettmotorischen Funktionsanteile schon bei einem gesunden, wachen Säugling kurz nach der Geburt zu beobachten. Vergleicht man seine Haltung mit der Ausgangshaltung dieser Übung, die wir „Integral-Haltung" nennen und die durch eine gleichmäßige, gleichzeitige aktive Dehnung aller Muskelketten (Kei Raku-Linien) definiert ist, so können wir eine verblüffende Ähnlichkeit feststellen. Beide Haltungen empfinden wir als Ausdruck eines Bereitschaftszustands, der für ein handlungsfähiges Reaktionsmuster von grundlegender Bedeutung ist. Die Integral- oder Bereitschaftshaltung braucht nur um ein weniges verändert zu werden, und wir erkennen in ihr den Ausdruck

eines zur Entscheidung entschlossenen Redners,
eines großmütig aus der Fülle Gebenden,
eines Dirigenten, der sein Orchester durch die Welt der Musik führt,
eines friedenstiftenden Partners,
eines zum Kampf bereiten Gegners oder
eines Freundes, der uns anhört und tröstet.

Bedeutung für den Therapeuten

Es gehört schon fast zum Allgemeingut der **orthopädischen Diagnostik**, bei funktionellen Störungen oder unspezifischen Krankheitsbildern des Bewegungsapparates wie z. B. Muskelspasmen, Gelenkbeschwerden oder Schmerzzuständen unklarer Genese, einen psychosomatischen Einfluß zu erörtern. Für den **Arzt** ergeben sich aus den hier beschriebenen psychomotorischen Zusammenhängen der phylogenetisch angelegten Bewegungsmuster (GFE) neue Ansatzpunkte, solche Muskelverspannungen und die damit verbundenen Schmerzen auch als Ausdruck gewohnheitsmäßiger Verhaltensstörungen anzusehen.

Gebraucht der Arzt seine Sensibilität, um die aktiv gedehnten Muskelketten der GFE subjektiv und objektiv nachzuempfinden, so wird er einen leichteren Zugang zum Wirkmechanismus der **Akupunktur** finden, auch wenn er der asiatischen Denkweise noch fremd und verständnislos gegenüber stehen sollte.

Die hier erarbeiteten Zusammenhänge zwischen Dehnungslinien, Sinngehalt und Atem- oder Lebendigkeitsgefühl in bestimmten Körperregionen legen einen Vergleich zum Organbezug der ebenfalls empirisch gefundenen chinesischen Meridiane nahe. So ist z. B. die Dehnungslinie, die durch eine Bewegung mit dem Sinngehalt „ergreifen“ und „wegstoßen“ oder „Dynamik“ bemerkbar wird, an ein Atem- und Lebendigkeitsgefühl gekoppelt, das sich in der Unterbauchgegend lokalisieren läßt. Diese Linie ist nun identisch mit dem Meridianpaar, das nach chinesischer Schreibweise als das „große Yang“ bezeichnet wird. Der Ausdruck Yang symbolisiert dabei das Prinzip der gesteigerten Dynamik. Die europäische Übersetzung, Dünndarm- und Blasenmeridian, macht den Bezug zu Organen, die im Unterbauch liegen, deutlicher.

Atemtherapeuten, die auf dem Gebiet der **Pneopädie** tätig sind, werden in der Druckpunktarbeit nach *Middendorf* ähnliche Beziehungen zwischen Meridianen und Körpergefühl wiederfinden. Ein leichtes Andrükken und spürsames Lösen der Fingerkuppen, auf denen die Meridiane enden, ist mit einer Atembetonung in verschiedenen Körperräumen verbunden:

Zeigefinger und Daumen	→	Brustgebiet	Übg. 1 + 2
Ring- u. Mittelfinger	→	Mitte des Leibes	Übg. 3 + 4
Kleinfinger	→	Unterbauch	Übg. 5 + 6

Ebenfalls scheint die Arbeitsweise der Bioenergetik von *Lowen* auf dieser Grundlage aufgebaut worden zu sein und bringt deshalb muskuläre Verspannungen oder Blockierungen mit seelischen Verdrängungs- und Abwehrmechanismen in Verbindung. In allen Grundübungen der Bioenergetik erkennen wir Prinzipien und Bewegungen der Kei Raku-Formen der unteren Ebene sowie der Integralhaltung wieder.

Die **Krankengymnastin** wird auf der Basis der aktiven Dehnung nicht nur einzelne somatische Symptome oder ihre psychischen Entsprechungen behandeln, sondern mit einer sinnvollen Bewegungstherapie den Menschen in seiner eigenen Ganzheit berücksichtigen oder ihn als Teil eines großen Ganzen anerkennen.

Literatur

Alexander, F.: Des Menschen höchstes Erbe (Man's Supreme Inheritance) London 1910 und 1918.

Alexander, G.: Die Lehre von der Entspannung und Eutonie. In: Eutonie. Karl F. Haug Verlag, Ulm 1964. (1)

–: Eutonie, ein Weg der körperlichen Selbsterfahrung. Kösel Verlag, München 1976. (2)

von Arnim, G.: Körperschema und Leibessinne. In *König, K.:* Sinnesentwicklung und Leibeserfahrung. Verlag freies Geistesleben, Stuttgart 1971.

Beckmann, D.: Forschung in der Medizinischen Psychologie. MMW (Münchner Medizinische Wochenschrift) H. 10, 1981.

Bergsmann, O.: Bioelektrische Funktionsdiagnostik. Karl F. Haug Verlag, Heidelberg 1979.

Bergström, R. M.: Über das Wahrnehmen der Bewegung. Ann. Acad. Sci. fenn, A 5 (1964), No. 106/2.

Berlyne, D. E.: Arousal and reinforment. Nebraska Symp. Motivation, Nebraska 1967 (zit. nach *Ehrhardt*).

Bernstein, N. A.: Bewegungsphysiologie. J. A. Barth Verlag, Leipzig 1975.

Bethe, A. in *G. v. Bergmann* (Hrgb.) Handbuch der normalen und pathologischen Physiologie. 15. Bd. Berlin 1931.

Binswanger, L.: Grundformen und Erkenntnisse menschlichen Daseins. 3. Aufl., E. Reinhardt Verlag, München 1962.

Bischko, J.: Einführung in die Akupunktur. 11. Aufl. Karl F. Haug Verlag, Heidelberg 1979. (1).

–: Akupunktur für Fortgeschrittene. 6. Aufl. Karl F. Haug Verlag, Heidelberg 1978 (2).

Bobath, B. und *K.:* Bei *Feldkamp / Danielcik:* Krankengymnastische Behandlung der zerebralen Bewegungsstörungen im Kindesalter. Pflaum Verlag, München 1976.

Bodenheimer, A. R.: Versuch über die Elemente der Beziehung. Schwabe & Co. Verlag, Basel – Stuttgart 1967.

Boyesen, G.: Über den Körper die Seele heilen. Kösel Verlag, München 1987.

Brähler, E. (Hrsg.): Körpererleben. Springer-Verlag, Heidelberg 1986.

Brügger, A. Forschungs- und Schulungszentrum: Die Funktionskrankheiten des Bewegungsapparates nach Dr. Alois Brügger: KG. 4/1987.

Buber, M.: Das Dialogische Prinzip. Lambert Schneider Verlag, Heidelberg 1965.

Bühler, Ch. und *Eckstein, R.:* Anthropologische Resultate aus biographischer Forschung. In: Neue Anthropologie. Bd. 5, G. Thieme Verlag, Stuttgart 1973.

Bühler, K.: Ausdruckstheorie. G. Fischer Verlag, Stuttgart 1968.

Buytendijk, F. J. J.: Allgemeine Theorie der menschlichen Haltung und Bewegung. Springer-Verlag, Berlin 1956. (1)

–: Prolegomena einer anthropologischen Physiologie. O. Müller Verlag, Salzburg 1967. (2)

Calon, P. J. A. und *Prick, J. J. G.:* Psychologische Grundbegriffe. O. Müller Verlag, Salzburg 1969.

Clara, M.: Das Nervensystem des Menschen. A. Barth Verlag, Leipzig 1942.

Coblenzer, H.: Erfolgreich sprechen. Österreichischer Bundesverlag, Wien 1987.

Coblenzer, H. und *Muhar, F.:* Atem und Stimme. Österr. Bundes V. f. Unterr., Wissensch. u. Kunst, Wien 1976.

Corda, M. und *Euler, C.:* Proprioceptive innervation of the diaphragma. J. Physiol. 1965.

Derbolowsky, U.: Inkarnation – Okkupation – Repräsentation. In: Transzendenz als Erfahrung. Festschrift zum 70. Geburtstag von Graf *Dürckheim.* O. W. Barth Verlag, Weilheim 1966.
von Dürckheim, K.: Japan und die Kultur der Stille. O. W. Barth Verlag, Weilheim 1949. (1)
–: Durchbruch zum Wesen. 3. Aufl., M. Niehans Verlag, Zürich 1954. (2)
–: Hara. O. W. Barth Verlag, Weilheim 1958. (3)
–: Die anthropologischen Voraussetzungen jeglichen Heilens. Therapiewoche 8/6 (1958). (4)
Eccles, J. C.: Das Gehirn des Menschen. Piper Verlag, München 1975.
Edel, H. und *Knaut, K.:* Grundzüge der Atemtherapie. Müller u. Steinicke, München, 4. Aufl. 1984.
Ehrenberg, H.: In Krankengymnastik. Taschenlehrbuch 1–3 Thieme Verlag, Stuttgart 1982.
Ehrhardt, K. J.: Neuropsychologie motivierten Verhaltens. Enke Verlag, Stuttgart 1975.
Eibl-Eibesfeldt, I.: Der vorprogrammierte Mensch. 3. Aufl. Molden Verlag, München 1973.
von Euler, C.: Proprioceptive control in respiration. Nobel Sympos. I. Musc. afferents and motor control. Edit. *Granit.* Almquist & Wiksell Verlag, Stockholm 1966.
Ey, H.: Das Bewußtsein. Walter de Gruyter Verlag, Berlin 1967.
Fast, J.: Körpersprache. Rowohlt Verlag, Reinsbek 1971.
Faust, J.: Aktive Entspannungsbehandlung. Hippokrates Verlag, Stuttgart 1964.
Feldenkrais, M.: Körper-Geist-Beziehungen. In: Eutonie. Karl F. Haug Verlag, Ulm 1964. (1)
–: Der aufrechte Gang, Insel Verlag, Frankfurt 1968. (2)
Feldkamp, M.: Krankengymnastische Behandlung der cerebralen Bewegungsstörungen im Kindesalter. Pflaum Verlag, München 2. Aufl. 1980.
Fine, R.: Psychotanz. In: *Petzold, H.:* Psychotherapie und Körperdynamik. Junfermann Verlag, Paderborn 1974.
Frey, M. v.: Studium über den Kraftsinn. Z. f. Biolog. 63 (1914) 124–154.
Fromm, E.: Die Kunst des Liebens. Ullstein Tb. 258, 1959.
Fuchs, M. und *Wiesenhütter, E.:* Funktionelle Entspannung. Hippokrates Verlag, Stuttgart 1975. (1)
–: bei *Rosa, K. R.* und *Rosa-Wolf, L.:* Psychosomatische Selbstregulation. Hippokrates Verlag, Stuttgart 1974. (2)
Gaymans, F.: Die Bedeutung des Atemtyps für die Mobilisation der WS. Manuelle Medizin, 6/1980.
Gindler, E.: Die Gymnastik des Berufsmenschen. Gymnastk 1, 1926.
Glaser, V.: Die Bedeutung der Variationen im Ablauf der Atembewegungen. Ärztl. Forschung 3–5 (1948). (1)
–: Sinnvolles Atmen. Lüttke Verlag, Berlin 1957. (2)
–: Realisierung der chinesischen Meridiane. Erfahr.hk. IV (1957) 11. (3)
–: Atemtherapie der vegetativen Dystonie. Atem und Mensch 1 (1959). (4)
–: Das chinesische Meridiansystem als Grundlage einer modernen Bewegungslehre. In: Eutonie. Karl F. Haug Verlag, Ulm 1964. (5)
–: Physiologische Grundlagen einer modernen Bewegungslehre. Atem u. Mensch 1-4 (1964) u. 1 (1965). (6)
–: Das Gamma-Nervenfaser-System (GNS) als psychosomatisches Bindeglied. Asklepios, 6. Jg. (1965) H. 7. Nachdruck in: *Heyer:* Atemschulung als Element der Psychotherapie. Wiss. Buchges., Darmstadt 1970. (7)
–: Die Psychotaktile Therapie nach *Glaser-Veldman.* Physik. Med. 10 (1966). (8)

–: Atmung und Atemtherapie aus der Sicht des manuellen Behandlers. Erfahr.hk. 10 (1967). (9)
–: Integrale Tonusregulation - das Wirkungsprinzip der Psychotaktilen Therapie nach *Glaser-Veldtman*. Physik. Med. u. Rehab. 5 (1970). (10)
–: Einführung in die Haptonomie und Tonusregulation. Erfahr.hk. 12 (1974). (11)
–: Heilungsvorgänge bei der Anwendung von Haptonomie und Tonusregulation. Erfahr.hk. 5 (1977). (12)
–: Regelungsmechanismen der Atembewegungen. Erfahr.hk. 6 (1978). (13)
–: Psychomotorik der Atembewegungen (Atem u. Seele). Atem u. Mensch 2–4 (1977). (14)
–: Modifikation des bioelektrischen Potentials durch emotionelle Faktoren. Karl F. Haug Verlag, Heidelberg 1978. (15)
–: Eutonie als integrale Verhaltensweise. Erfahr.hk. (1980). (16)
–: Atem und Vegetativum. Ärztl. Zsch. f. Naturhk. 8 (1981). (17)
–: Atemtherapie auf der Basis der Psychotonik. In: *Maurer, Y.* (Hrsg.): Bedeutende Psychotherapieformen der Gegenwart. Hippokrates Verlag, Stuttgart 1985. (18)
–: Spielräume. In *Wagner G.* (Hrsg.): Festschrift für Udo *Derbolowsky.* Karl F. Haug Verlag, Heidelberg 1985. (19)
–: Rehabilitation of efferent spinal tracts by tactile-kinetic Stimulation of communicative intentions. International Symposion: Neuro-orthopaedics and Rehabilitation. Prag 1986. (20)
–: Eutonie und Schmerzbewältigung. In: *Derbolowsky, J.* und *Middendorf, I.* (Hrsg.): Psychosomatische Störungen. Verlag für Medizin Dr. Ewald Fischer, Heidelberg 1986. (21)
–: Vom Krankheitsgefühl zum Gesundheitsbewußtsein. Erfahr.hK. 6/1987. (22)
–: Die Hauptmeridiane als Wirkungsfeld archaischer Intentionen und ihre Berücksichtigung in der BFD. Erfahr.hk. 11/1987. (23)
–: Das chinesische Meridiansystem als psychomotorisches Phänomen: In: Akupunktur – Theorie und Praxis. 3 (1988) 130–143. (24)
–: Aggression u. Trauer als Wege zueinander. In: *Steinaecker, v. K.* und *Derbolowsky, J.* (Hrsg.): Der schwierige Fall. Verlag für Medizin Dr. Ewald Fischer, Heidelberg 1988. (25)
–: Natürliche Atemtherapie. Ärztezeitschr. f. Naturheilverf. 12/1988. (26)
Goldstein, K.: Der Aufbau des Organismus; Martius Nijhoff V. Haag 1934. Nachdruck 1963.
Graumann, C. F.: Grundlagen einer Phänomenologie und Psychologie der Perspektivität. Walter de Gruyter Verlag, Berlin 1960.
Grosch, G.: Kurze Geschichte der Krankengymnastik in Taschenbuch der Krankengymnastik Bd. 3. Thieme V., Stuttgart. 1982.
Grossmann-Schnyder, M. (Hrsg.): Psychotonik. Karl F. Haug Verlag, Heidelberg 1987.

Haase, J.: Haltung und Bewegung und ihre spinale Koordination. In: Sensomotrik. Bd. 14 der Physiologie des Menschen. Urban & Schwarzenberg, Taschenbuch, München 1976.
Hasselbach, W.: Muskel. In Bd. 4 der Physiologie des Menschen. 4. Aufl., Urban & Schwarzenberg, München 1975.
Hassler, R.: Limbische und diencephale Systeme der Affektivität und Psychomotorik. In: Muskel und Psyche. Karger, Basel - New York 1964.
Heisenberg, W.: Physik und Philosophie. Ullstein Tb. Frankfurt o. Jg.
Henatsch, H.-D.: Bauplan der peripheren und zentralen sensomotorischen Kontrollen. In: Sensomotorik. Bd. 14 der Physiologie des Menschen. Urban & Schwarzenberg, Taschenbuch, München 1976.

–: Zerebrale Regulation der Sensomotorik. In: Sensomotorik. 1976.
Herrigel, E.: Zen in der Kunst des Bogenschießens. Barth Verlag, München-Planegg 1954.
Heyer, G. R.: Vom Kraftfeld der Seele. Kindler, TB 2009.
Hilt A.: Der Schwingegurt. Atem u. Mensch 2 (1961).
Holst, v. E. u. *Mittelstädt, H.:* Das Reafferenzprinzip. Naturwissenschaft. 37 (1950) 464-476.
Husserl, E.: Phänomenologische Psychologie (1925). Husserliana Bd. 9, M. Mijnhoff Verlag, Den Haag 1968.

Jacobs, D.: Die menschliche Bewegung. Henn Verlag, Ratingen 1962. (1)
–: Bewegungsbildung - Menschenbildung. Henn Verlag, Kastellaun 1978. (2)
Jacobson, E.: Progressive Relaxation. Amer. J. Psychol. 36 (1925) 73. Entspannungsmethode Jacobson bei *Stokvis* und *Wiesenhütter.*
Jung, R.: Einführung in die Bewegungsphysiologie. In: Sensomotorik. Bd. 14 d. Physiologie des Menschen, Urban & Schwarzenberg, München 1976.

Kehrer, H. E.: Kindlicher Autismus. S. Karger Verlag, Basel 1978.
Keidel, W. D.: Kurzgefaßtes Lehrbuch der Physiologie. Thieme Verlag, Stuttgart 1967.
Keller, W.: Philosophische Anthropologie - Psychologie - Transzendenz. In: Neue Anthropologie. Bd. 6, Thieme Verlag, Stuttgart 1975.
Kienle, G.: Die hypnotische Analgesie. In: Hypnose und Schmerz. Karger Verlag, Basel 1968.
Kleist, H. v.: Das Marionettentheater.
Knobloch, F. und *J.:* Psychogymnastik. In: Psychotherapie und Körperdynamik. Hg. *Petzold.* Junfermann Verlag, Paderborn 1976.
Koepchen, H. P.: Atemregulation. In: Atmung. Bd. 6 der Physiologie des Menschen. 2. Aufl., Urban & Schwarzenberg, München 1975.
König, G. u. *Wancura, I.:* Neue chinesische Akupunktur. Maudrich Verlag, Wien 1975.
Kornhuber, H.: Tastsinn und Lagesinn. In: Somatische Sensibilität. Bd. 11 d. Physiologie des Menschen. Urban & Schwarzenberg, München 1972.
Küchler, G.: Motorik, Steuerung der Muskeltätigkeit. VEB V. Thieme, Leipzig 1983.
Kückelhaus, H.: Fassen, Fühlen, Bilden. Gaia V., Köln 1978.

Lang, W.: Akupunktur und Nervensystem, 2. Aufl., Karl F. Haug Verlag, Heidelberg 1976.
Langen, D.: Die gestufte Aktivhypnose. 3. Aufl., Thieme Verlag, Stuttgart 1969.
Leonhard, K.: Der menschliche Ausdruck in Mimik, Gestik und Phonetik. J. A. Barth Verlag, Leipzig 1976.
Lersch, Ph.: Aufbau der Person. 7. Aufl., Barth Verlag, München 1956.
Lewit, K. u. *Gaymans, F.:* Muskelfazilitations- und Inhibitionstechniken. Manuelle Medizin 6/1980.
Lotz, J. B.: Die drei Stufen der Liebe. Knecht Verlag, Frankfurt/M. 1971.
Lowen, A. u. *L.:* Bioenergetik für jeden. Kirchheim Verlag, Gauting 1979.
Lusseyran, J.: Das wiedergefundene Licht. Klett Verlag, Stuttgart 1970.

Mac Lean, PD.: The limbic system (visceral brain) and emotional behavior. Arch. Neurol. Psychiat. (Chicago) 73 (1955).
Maeder, A.: Der Psychotherapeut als Partner. Rascher Verlag, Stuttgart 1957.
Magoun, H. W.: The waking brain. 2. Aufl., Springfield 1963.
Marquardt, H.: Reflexzonenarbeit am Fuß. 19. Aufl., Karl F. Haug Verlag, Heidelberg 1987.

Mayr, F. X.: Schönheit und Verdauung. Verlag Neues Leben, Schwarzach 1954. (1)
–: Darmträgheit. Verlag Neues Leben, Schwarzach 1953. (2)
Medau, H.: Moderne Gymnastik, Lehrweise Medau. Pohl Verlag, Celle 1967.
Medau, H. J.: Organgymnastik, Lehrweise Medau. Pohl Verlag, Celle 1987.
Meinel, K.: Bewegungslehre. Volk u. Wissen VEB Verlag, Berlin 1976.
Merleau-Ponty, M.: Phänomenologie de la Perception. Paris 1957.
Middendorf, I.: Atmungstherapie in Prävention u. Rehabilitation. Atem 3 (1969). (1)
–: Der Erfahrbare Atem. Junfermann Verlag, Paderborn 1984. (2)
Molcho, S.: Körpersprache als Dialog. Mosaik. Verlag, München 1988.
Moreno, J. L.: Gruppentherapie und Psychodrama. Thieme Verlag, Stuttgart 1959.
Moruzzi, G. und *Magoun, H. W.:* Brainstem reticular formation and activation of the EEG. Elektroenceph. Clin. Neurophysiol. 1 (1949).

Nghi, van N.: Pathogenese u. Pathologie d. Energetik in der chines. Medizin. ML Verlags-GmbH, Uelzen 1974.
Nierenberg, G. I.: Wer sieht, kann erkennen. Scherz Verlag, München 1972.

Palos, St.: Chinesische Heilkunst. Delp'sche Verlag, München 1963. (1)
–: Atem und Meditation. Barth Verlag, Weilheim 1968. (2)
Peltzer, R.: Atemarbeit und personale Leibtherapie. Atem 1 (1972).
Perls, F. S.: Gestalttherapie in Aktion. Klett Verlag, Stuttgart 1974.
Pflaum, H.: Praktikum der Bioelektronischen Funktions- und Regulationsdiagnostik (BFD). 2., verb. Aufl., Karl F. Haug Verlag, Heidelberg 1986.
Pietron, H.: Hebetechniken im Rahmen des Übersetzens von Behinderten. Med.-orthop. Techn. 100 (1980) 156–162.
Pietschmann, H.: Das Ende des wissenschaftlichen Zeitalters. Ullstein Sb, Frankfurt 1980.
Pischinger, A.: Das System der Grundregulation. 7., verb. Aufl., Karl F. Haug Verlag, Heidelberg 1989.
Plügge, H.: Vom Spielraum des Leibes. O. Müller Verlag, Salzburg 1970.
Poeck, K. und *Orgass, B.:* Über die Entwicklung des Körperschemas. In: Fortschr. Neurolog. Psychiatrie 32 (1964). (1)
–: Phantome nach Amputation und nach angeborenem Gliedmaßenmangel. Dtsch. Med. Wschr. 94 (1969). (2)
Pohlmeier, H.: Wende zur psychologischen Medizin? MMW, H. 10, 1981.

Porkert, M.: Die theoretischen Grundlagen der chinesischen Medizin. F. Steiner Verlag, Wiesbach 1973.
Prekop, J.: Hättest Du mich festgehalten. Kösel Verlag, München 1989.
Pribram, K. H.: Die Struktur des Gedächtnisses. In: *Haselhoff* (Hrsg.): Struktur und Dynamik des menschlichen Verhaltens. Kohlhammer Verlag, Stuttgart 1970. (1)
–: Hologramme im Gehirn. Psychologie heute 10 (1979) (2)
–: Worum es geht beim holographischen Paradigma. In *Wilber, K.* (Hrsg.): Das holographische Weltbild, Scherz Verlag, München 1986. (3)

Reich, W.: Die Funktion des Orgasmus. 5. Aufl., Kiepenheuer Verlag, Köln 1971.
Remplein, H.: Psychologie der Persönlichkeit. 4. Aufl., Reinhardt Verlag, München 1963.
Rogers, C. R.: Die Entwicklung der Persönlichkeit. Klett Verlag, Stuttgart 1973. (1)
–: Die klientenzentrierte Gesprächstherapie. Kindler, Tb. 2175, München 1976. (2)
Rohracher, H. u. *Inanaga, K.:* Die Mikrovibration. Huber Verlag, Bern 1969.
Rosen, I. und *Asanuma, H.:* Topographical organisation of cortical efferent zones projecting to distal forlimb muscles in the monkey. Exp. Brain Res. 14 (1972).

Rudolf, G.: Intentionalität: Die Geschichte des Begriffs und seine heutige Bedeutung für das Verständnis kommunikativer Vorgänge. Psychoth. u. Mediz. 2 (1979).

Schaarschuch, A.: Lösungs- und Atemtherapie bei Schlafstörungen. Arch. f. physikal. Therapie 1 (1957). Nachdruck: Turm Verlag, Bietigheim 1962.

Scheler, M.: Der Formalismus in der Ethik. Bern 1954.

Scheidt, W.: Die menschlichen Inbilder. Urban & Schwarzenberg, München 1954.

Schewe, H.: Die Bewegung des Menschen, Entstehung und Organisation. Thieme Verlag, Stuttgart 1988.

Schilder, P.: Das Körperschema. Berlin 1923.

Schlaffhorst, C. und *Andersen, H.:* Atmung und Stimme. Möseler Verlag, Wolfenbüttel 1928.

Schmincke, B. und Ch.: Leibdynamik des Qi und ihre neurophysiologische Interpretation in der Theorie von *Volkmar Glaser*. Dtsch. Zschr. Akup. 33 (1990).

Schmitt, J. L.: Atemheilkunst, 4. Aufl., H. G. Müller Verlag, München 1960.

Schultz, J. H.: Das Autogene Training. 14. Aufl., Thieme Verlag, Stuttgart 1973.

Seguin, C. A.: Grundformen zwischenmenschlicher Beziehungen ... Zeitschr. d. Psychotherapie u. med. Psycholog. 1 (1963). (1)

–: Der Arzt und sein Patient. Huber Verlag. Bern 1965. (2)

Selvers, Ch. und *Brooks, Ch.: Sensory* Awareness. In: *Pätzold, H.:* Psychotherapie und Körperdynamik. Junfermann Verlag, Paderborn 1974. (1)

Selvers, Ch.: Der Anfang vom Anfang. *Zeitler* (Hrsg.) München 1985. (2)

Sherrington, C. S.: The integratiave action of the nervous system. Constable V., London 1906.

Steiner, R.: Die Erziehung des Kindes vom Gesichtspunkt der Geisteswissenschaft. Dornach 1969. (1)

–: Allgemeine Menschenkunde als Grundlage der Pädagogik. Dornach 1975. (2)

Stiefvater, E. u. *I.:* Chinesische Atemlehre und Gymnastik. 3., erw. Aufl. Karl F. Haug Verlag, Heidelberg 1985.

Stokvis, B. u. *Wiesenhütter, E.:* Der Mensch in der Entspannung. 3. Aufl., Hippokrates Verlag, Stuttgart 1971.

Stolze, H.: Psychotherapeutische Aspekte einer konzentrativen Bewegungstherapie. In: Kritische Psychotherapie. München 1959. (1)

–: Konzentrative Bewegungstherapie nach *Stolze*. In: *Stokvis*. (2)

Strata, P.: Das Kleinhirn. In: Sensomotorik. Bd. 14 der Physiologie des Menschen. Urban & Schwarzenberg, München 1976.

Suzuki, D. T.: Zen und die Kultur Japans. Deutsche Verlagsanstalt, Stuttgart 1941.

Thoden, U.: Neurophysiologische Terminologie. In: Sensomotorik. Bd. 14 der Physiologie des Menschen. Urban & Schwarzenberg, München 1976.

Trincker, D.: Taschenbuch der Physiologie. Bd. III, 1+2. VEB Verlag G. Fischer, Jena 1977.

Trüb, H.: Heilung aus der Begegnung. Klett Verlag, Stuttgart 1962.

Tschabitscher, A. und *Czerwenka-Wenkstetten, H.:* Affekt und Muskelspannung. In: I. Funktionsabläufe unter emotionellen Belastungen. II. Muskel und Psyche. Beide bei Karger Verlag, Basel 1964.

von Uslar, D.: Ontologische Voraussetzungen der Psychologie. In: Neue Anthropologie. Bd. 5 (Psychologische Anthropologie). Thieme Verlag, Stuttgart 1973.

Veldman, F.: Lichte Lasten. 2. Aufl., Spruyt, v. Mantgen u. de Does, Leiden 1977. (1)

–: Tasten naar zinvol contakt. Spruyt, v. Mautgen u. de Does, Leiden 1977. (2)

Vojta, V.: Bei *Feldkamp/Danielcik:* Krankengymn. Behandlung der zerebralen Bewegungsstörungen im Kindesalter. Pflaum Verlag, München 1976.
von Weizsäcker, V.: Der Gestaltkreis. Stuttgart 1958.
Whiting, H. T. A. (Hrsg.): Human motor actions, Berstein reassessed. Elseviere science publishers B. V., Amsterdam 1984.
Wolf, K.: Integrale Atemschulung. Humata Verlag, Bern, o. Jg.
Wunderlich, Ch.: Über das Phantomerlebnis. Diss. med. Fak., Heidelberg 1948.
Wyss, D.: Strukturen der Moral. Sammlung Vandenhoeck. 2. Aufl., Göttingen 1970.

Autorenregister

Fremdwörtererklärung

Abundatio	überfließen
adäquat	angemessen, entsprechend
Adaptation	Anpassung
Äquivalent	Gleichwertiges
Affekt	gesteigerte, ungehemmte Gemütsbewegung
afferent	von einem Sinnesorgan zu einem Zentrum hinführend
Agape	die schenkende Liebe Gottes
Agilität	Regsamkeit
akzeptieren	etwas annehmen, hinnehmen
alloplastisch	das andere verändern
alternieren	abwechseln
Ambiguité	Doppelsinnigkeit
anaerober Weg	der ohne Sauerstoffzufuhr ablaufende Stoffwechselvorgang bei der Muskeltätigkeit
Analgesie	Schmerzlosigkeit
Analogie	Entsprechung auf anderem Gebiet
ANS	Alpha-Nerven-System = Willkür-Nerven-System
Antagonisten	Gegenspieler
Anteflexion	Beugung nach vorn
Anthropologie	Menschenkunde
Antizipation	gedankliche Vorausplanung eines Handlungsablaufes
anvisieren	sich anschicken, auf etwas zu zielen
Apnoe	Atemstillstand
Apotonie	auf Gegenseitigkeit bezogene Einstellung
Apperception	Bewußtmachen sinnlicher Erfahrungen
Appetenzmotive	Anlässe zur Triebbefriedigung
ARAS	aufsteigendes reticuläres Aktivierungs-System
Arousal	Erweckungsvorgang, Anregung größerer Neuronenverbände durch einen unspezifischen Reiz
Arthralgien	Gelenkschmerzen
Ascitis	Bauchwassersucht
Assoziation	Verknüpfung von Vorstellungen mit einer vorausgegangenen Vorstellung
AT	Autogenes Training nach J. H. Schultz
Autismus	krankhaftes Sich-Abschließen von Umwelteindrücken
autonom	selbständig, nach eigenen Gesetzen ablaufend
autoplastische Adaptation	durch eigene Veränderung getätigte Anpassung
autosuggestiv	sich selbst beeinflussend
averbal	ohne die Stimme zu benutzen
Axon	der von einer Nervenzelle ausgehende Nervenstrang
Ballotement	Rückschwingung
Basalganglien	die Nervenzentren im Gehirn, die unter der Hirnrinde liegen

Bettkanten-hämatoma	blaue Flecken an den Beinen, die entstehen, wenn man sich in der Höhe der Bettkanten anstößt
Bioelektronik	Lehre von den elektrischen Eigenschaften des Organismus
bioelektrisches Potential	der elektrische Spannungsgrad des Organismus
Brachialgien	Schmerzen im Schultergürtel und am Oberarm
Caudatum	Schwanzteil des Linsenkernes, Teil des Extrapyramidalen Systems
Chemoreceptoren	Sinnes-Nervenzellen, die auf stoffliche Reize reagieren
Chiffrierung	in Geheimschrift abfassen
Choreographie	Regieanweisungen für Bewegungsfolgen (vornehmlich für Tänzer)
circulus vitiosus	Teufelskreis, durch den sich Fehlverhaltensweisen immer weiter aufschaukeln
Code	eine Information unkennbar machen (verschlüsseln) (siehe auch Kodierung)
co-präsent	gleichzeitig gegenwärtig (siehe auch ko-präsent)
Coxalgie	Hüftgelenkschmerzen
CP-Patienten	Patienten mit Bewegungsstörungen, die durch Gehirnschädigung entstanden sind
cutico-viscerale Reflexe	Nervenverbindungen von der Haut zu den Eingeweiden
Decerebrierung	Unterbrechung der Nervenverbindungen zum Großhirn
Dechiffrierung	Entschlüsselung einer unkenntlich gemachten Information (siehe auch Decoder)
Decoder	Entschlüsselung (siehe auch Dechiffrierung)
Defäkation	Stuhlgang
Dendriten	kurze Fortsätze der Nervenzellen, von denen aus sie erregt werden
depolarisieren	entladen, durchschalten
Dermatom	Hautbezirk, der von einem bestimmten Nerven versorgt wird
Dermographismus	Streifen- und Striemenbildung auf angestrichener Haut
Desintegration	Auseinander-Fallen, Verwirrt- und Zerrissen-Sein
deskriptiv	beschreibend
Detektoren	Gerät zum Erkennen eines Signals
Didaktik	Unterrichtslehre
Dilemma	Zwangslage
Diskrepanzen	Unstimmigkeiten
Dissoziierung	Trennung, Zerfall einer Ordnung
disynaptisch	Erregungsübertragung im Nervensystem, die über 2 Kontaktstellen läuft
Divergenz	Auseinanderstreben
dominant	vorherrschend
Dorsalflexion	Beugung nach rückwärts
Dorsalseite	Rückseite
Dysmelie-Kinder	Kinder mit angeborenen Mißbildungen der Glieder
Dystonie	Zustand mit Fehlspannungen

Effektorsysteme	Organsysteme, die durch efferente Nervenimpulse gesteuert werden wie z. B. Muskeln, Drüsen
elektiv	auswählend
Elevation	Erhebung
Empathie	Mit- und Einfühlungsfähigkeit
Empirie	Erfahrung
endokrin	die innere Drüsensekretion betreffend
endothym	die tiefere seelische Schicht des Menschen betreffend
Engagement	hier: der Grad des persönlichen Einsatzes
Entelechie	die im Organismus liegende Kraft, die seine individuelle Entwicklung und Vollendung bewirkt
Enteroceptoren	Sinnesorgane, die auf die Reize aus dem Körperinneren ansprechen
eo ipso	eben dadurch, von selbst, selbstverständlich
EPS	Extrapyramidales System (unbewußte motorische Regelung)
eruieren	ermitteln, zutage fördern
eskalieren	ansteigen, zunehmen
Eutonie	Zustand mit gutem, psychosomatischem Spannungsgleichgewicht
exploratorisch	erforschend
Extensormuskeln	die Streckmuskulatur
Exteroceptoren	Sinnesorgane, die auf Umwelteinflüsse ansprechen, z. B. Sehzellen, Tastzellen
extrapyramidal	von der Hirnrinde ausgehende motorische Einflüsse, die nicht den direkten Weg über die „Pyramiden-Bahn“ nehmen, sondern mehrfach umgeschaltet werden
FAB-Methode	Fühlen mit alternierendem Bewußtsein
Facetten	in unterschiedliche Richtungen spiegelnde Schleifflächen eines Körpers
Fakten	mitbestimmende Ursachen, Tatsachen
Feedback	Rückwirkung
Flexor	Beugemuskel
Fokussierung	Bündelung, etwas Zerstreutes auf einen Punkt ausrichten, sammeln
follow-up servo	Verstärkungsregelung
Formatio reticularis (FR)	netzförmiges Nervenzentrum am Übergang vom Stammhirn zum Rückenmark
Fragment	Bruchstück
fragmentarisch	bruchstückhaft
Fusimotoneurone	(siehe Gamma-Motoneurone)
fusimotorisch	die Binnenmuskeln in der Muskelspindel betreffend
Gamma-Aktivierung	Anregung des GNS (siehe auch Gamma-System)
Gamma-Motoneurone	Nervenzellen im Rückenmark, die die Binnenmuskeln der Muskelspindeln innervierenden Fusiomotoneurone (siehe auch Fusiomotoneurone)
Gamma-System	Nervensystem aus dünnen Fasern, die die Muskelspindeln sensomotorisch versorgen
Gelenkirritation	Gelenkbeeinträchtigung

Gelosen	Muskelhärten
GFE	Grundformen der Bewegungsentwicklung
global	auf den gesamten Bereich bezogen
Glykogen	Fleisch-Milchzucker = Grundstoff für die Muskeltätigkeit
GNS	Gamma Nervenfaser-System, das tonusregulierende Nervensystem
haptisch	den Tastsinn betreffend
haptokinetisch	durch Tasten und Bewegen
Haptonomie	Lehre von der guten, affektiven Annäherungsform (FELDMAN)
Hara	Ein fiktiver Punkt in der Mitte des Unterleibes. Nach Graf Dürckheim die sog. Erdmitte des Menschen
Hierarchie	Rangordnung
Hieroglyphen	altägyptische Schriftzeichen, schwer verständlich
HIT	Hoch integrierte Tonusregulation
Hologramm	Photographie und Laserstrahl, wobei das Bild dreidimensional erscheint. Besonderheit: Jedes einzelne Bruchstück der Aufnahme gibt jeweils das gesamte Bild wieder
holographisch	nach dem Prinzip der Holographie arbeitend. Hier: Jedes Teil des Nervensystems enthält jeweils die Information des gesamten Nervensystems
Homöostase	das Gleichgewicht der Körpersäfte
homonym	gleichnamig, gleichlautend, aber wesensverschieden
HWS-Syndrom	Krankheitszeichen, die mit einer Störung der Hals-Wirbel-Säule in Zusammenhang stehen
hydrostatischer Druck	der physikalische Druck eingeschlossener Flüssigkeiten
Hypermobilität	übersteigerte Beweglichkeit
Hypertonie	Spannungserhöhung 1. der Skelettmuskulatur, 2. des Blutdrucks
Hypogastrium	Bauchgebiet
Hypomochlion	Drehpunkt eines Hebels
Hypothalamus	Teile des Zwischenhirns
Hypothese	unbewiesene Voraussetzung
Hypotonie	Spannungsverminderung 1. der Skelettmuskulatur, 2. des Blutdrucks
Identifikation	sich am anderen wiedererkennen
ignorieren	absichtlich nicht beachten, übersehen
Image	vorgefaßtes Charakterbild einer Sache oder Persönlichkeit
Imagination	Einbildung, Phantasie
imponieren	Eindruck machen, erscheinen als ...
Inaktivitätsblockade	Bewegungseinschränkung durch Ruhigstellung des Gelenks
Inaktivitätsschwäche	Muskelschwäche durch Untätigkeit
Induktion	Beeinflussung
inhärent	einbezogen, innewohnend, dazugehörig
initiativ	Anregung gebend
Initiative	Entschlußkraft
Inkarnation	Verkörperlichung eines geistigen (göttlichen) Wesens
inklinieren	in eine gegebene Richtung einschwenken
Inkorporation	Einverleibung

Instanz	maßgebliches Kontrollzentrum
Integral	das Gesamtbild aus unterschiedlichen Wirk-Komponenten
integrierte Schaltung	kleines elektronisches Schaltelement, das vielfältige Einzelfunktionen in sich vereinigt
Intention	Absicht, Vorhaben
Interaktion	wechselseitige aktive Beeinflussung
Intercostalraum	Zwischenrippenraum
Interneuronenpool, spinaler	Zwischen- oder Schaltneurone im Rückenmark, Diener der Erregungsverarbeitung
Interpretation	Erklärung, Deutung, Auslegung
intrafusale Muskeln	Binnenmuskeln in den Muskelspindeln
Introspektion	Selbstbeobachtung, Innenschau
Involution	Rückentwicklung
Inzision	operativer Einschnitt
irradieren	allseitige Ausbreitung

Kai ra ku	japanische Bezeichnung der chinesischen Meridiane
kardinal	vorzüglich, hauptsächlich, hervorzuhebend
Kinästhesie	Bewegungsempfindung
Kinetik	Lehre von der Bewegung (durch Kräfte)
Klaustrophobie	krankhafte Angst in abgeschlossenen Räumen
Kodierung	in Geheimschrift umsetzen (siehe auch Code)
Kohärenz	Zusammenhang
Koinästhesie	Gemeingefühl, Wohlbefinden
Kollaterale	Seitenäste von Nervenzellen
Kolorit	Farbgebung, Farbwirkung
Kommunikation	soziale Verständigung und Verbundenheit
Kompensation	Ausgleich
Komplexität	Gesamtheit (aller Merkmale)
Komponenten	zum Ganzen gehörige Teile
Kompression	Zusammenpressung, Verdichtung
Kongestion	Blutandrang
konsensuell	übereinstimmend
Konsistenz	Dichtigkeit, Zusammensetzung
Konsolidierung	Verfestigung, Versteifung
Konstellation	Art der Gruppierung
Kontrakturen	dauernde Verkürzung von Muskeln und Weichteilen
kontralateral	auf der gleichen Seite gelegen
Konvergenzen	Sich-einander-Annäherndes
Konzeption	1. Entwurf, 2. Befruchtung, Empfängnis
Koordination	harmonisches Zusammenwirken
ko-präsent	gleichzeitig, gegenwärtig (siehe auch co-präsent)
Korrelate	bedeutungsvolle Zusammenhänge, Entsprechung
kortikales Arousal	die Erweckung der Hirnrinde zur Bewußtseinshelligkeit
kortikofuge Afferenzen	vom Endhirn ausgehende Einflüsse auf die Sinnesempfindungen
Kriterien	unterschiedliche Merkmale

kybernetisches Schema	bildliche Darstellung von Regelungsfunktionen
labil	schwankend, veränderlich
lateral co-präsent	nebenbei gegenwärtig, am Rande bewußt
Lepröse	von der Lepra (Aussatz) Befallene
Level	Niveau, Ebene
Limbisches System	funktionell zusammengefaßte Hirnstrukturen zwischen Hirnstamm und Hirnrinde, regelt Affekt- u. Triebverhalten
Lipome	gutartige Fettgeschwülste
Lordose	Krümmung der Wirbelsäule nach vorn
Lumbalgien	Schmerzen des Lendengebietes
LWS	Lendenwirbelsäule
Mamillarlinie	senkrechte Linie unter der Brustwarze
Manifestation	das Offenbarwerden, das Offenbarmachen
Manipulation	1. gezielter Handgriff, 2. gezielte Beeinflussung
marginal	am Rande
Medulla ablongata	das nach oben verlängerte Rückenmark
mental	geistig, gedanklich
Mesenchym	embryonales Gewebe, das sich zum Stütz- und Bindegewebe entwickelt
mißkreditieren	in Verruf bringen
modifizieren	abwandeln
Modulation	Abwandlung, Veränderung
Moloch	alles verschlingende Macht
Momente	Merkmal, Gesichtspunkt, ausschlaggebender Umstand
Monade	das Symbol der Einheit des Seins, Ursymbol des Lebens
monosynaptischer Reflex	Erregungsübertragung im Nervensystem, die über eine Kontaktstelle läuft (einfachster Reflexbogen)
Morphologie	Lehre von der Gestalt und dem Bau des Menschen
Motoneuron	Nervenzelle im Rückenmark, die eine Kontraktion der Muskelfasern auslöst
„motor-hold"-Funktion	Haltefunktion
myelinisiert	Nerven mit Marktscheide (schnelleitend)
myoneurale Synapse	Stelle der Erregungsüberleitung vom Nerv zum Muskel (motorische Endplatte)
myovisceral	Verbindung zwischen Muskeln und Eingeweiden
Myriaden	unzählig große Mengen
Nivellierung	Ausgleichung von Unterschieden
Normotonus	statistischer Mittelwert der muskulären Spannung
NS	Nerven-System
Obtentus	das Sich-entgegen-Strecken (Kontaktende, muskuläre Bewegung)
Ökonomie	sparsame Durchführung

omnipotent	allmächtig
Ontogenese	individuelle Entwicklung
operant	eigenaktiv
pädisch	erzieherisch
Pallidum	Ansammlung von Nervenzellen im Zwischenhirn, Teil des Extrapyramidalen Systems
Palmarflexion	Beugung der Fußsohle
Paradoxon	Widerspruch in sich selbst
Parameter	veränderliche oder konstante Hilfsgrößen, gebräuchliche Richtwerte
pathisch	passiv erlebend, schauend
persistieren	überdauern, auf etwas beharren
Phänomenologie	Forschungsrichtung, die das durch die Sinne Erfaßbare als Grundlage nimmt (Wesensschau)
Phänomen	das sich den Sinnen zeigende, das Erscheinende
Phantom	Trugbild
Phase	Abschnitt einer stetigen Entwicklung, Stufe
Philia	Menschenliebe
Phrasenende	hier: rhythmischer Abschnitt (beim Sprechen)
Phrasenlänge	hier: rhythmischer Abschnitt (beim Sprechen)
Phylogenese	Stammesgeschichte
pluriintentional	auf vielerlei ausgerichtet
Pneopädie	Atemschulung
Perkutieren	Abklopfen und Deuten des Klopfschalles
polisynaptisch	über mehrere Nervenverbindungen laufend
Poststimulation	Nacherleben
Präambel	Einleitung, Vorerklärung
Praestimulation	Vorausempfinden
präzisieren	genauer angeben
Privileg	Vorrecht
probat	erprobt, wirksam, bewährt
progressiv	stufenweise fortschreiten, fortschrittlich
Prolongement miracouleux de notre corps	wundersame Erweiterung unseres Leibes
Pronation	Einwärtsdrehung der Hand
Prononcierung	Betonung
Proprioceptoren	Mechanorezeptoren des Bewegungssystems
Psychosen	Geisteskrankheiten
Psychosomatik	Lehre von der Gesamtheit der Beziehungen zwischen Leib und Seele
Psychotonik	Lehre von den Beziehungen zwischen seelischem Verhalten und der muskulären Spannungsregelung
PT	Pyramidenbahn, -trakt
Putamen	äußere Schicht des Linsenkernes, Teil des Extrapyramidalen Systems
Radikale	ein bestimmender Grundwert
ratio	Verstand
Reafferenz	Rückmeldung

Reagibilität	Fähigkeit zur Reizbeantwortung
Redressements	Überkorrektur einer Verformung
Reflexion	Besinnung, Überlegung, innere Bezugnahme auf etwas
Reflexions-intentionalität	Einstellung auf sich selbst
Regeneration	Erneuerung, Wiederauffrischung
Relais	Schaltglied zur verbesserten Weiterleitung von Informationen
relativiert	eingeschränkt, nur unter Umständen gültig
Relaxation	Entspannung, Erschlaffung, Elastizitätsminderung
Religio	Ehrfurcht, Anerkennung eines höheren Prinzips
Repertoir	geordneter Vorrat
Repräsentation	bedeutsame Vertretung
Reservoir	Sammelbecken, Speicher
Resistenz	Widerstandsfähigkeit, Härtegrad
Resonanz	Mitschwingen und -klingen
retardiert	verspätet, verzögert
retikulär	netzförmig
Retraktion	Rückzug, Flucht
reziprok	wechselseitig aufeinander bezogen
Reziprozität	Wechselseitigkeit
Rezitation	künstlerischer Vortrag

Samadhi	letzte Stufe der Meditation: Eins-Sein mit dem Kosmos
Segment	einzelner Körperabschnitt
selektiv	trennscharf herausgehoben
Sensibilität	Fähigkeit, Reize aufzunehmen; Empfindlichkeit
Solarplexus	sympathisches Nervengeflecht im Oberbauch
Sensomotorik	die Lehre von der Verschaltung der Empfindungsbahnen mit den motorischen Vollzügen
signifikant	als bedeutungsvoll zu bezeichnen
somatisch	körperlich
somatotopisch	Anordnung zentralnervöser Strukturen entsprechend der Körperteile zueinander
Spinalmotorik	im Rückenmark verschaltete reflektorische Bewegungskontrolle
Spinalreflexe	Reflexe, an denen nur das Rückenmark beteiligt ist
Spindelafferenz	von den Muskelspindeln ausgehende Einflüsse
Spindelaktivität	der Erregungszustand der Muskelspindeln
stabilisieren	standfest machen
stato-kinetische Reflexe	Lageänderungen ausgleichende Reflexe (Labyrinth-Reflexe)
Stimulation	Anregung, Ermunterung
Striatum	Teil der Basalkerne
subcortical	die Hirnrinde nicht erreichend
Subsidiaritätsprinzip	Das übergeordnete System kommt nur zum Einsatz, wenn das untergeordnete System sich nicht regeln kann
Substantia nigra	der schwarze Kern
Suggestion	Beeinflussung (des Seelischen)
Suppination	Auswärtsdrehen der Hände

supraspiral	oberhalb des Rückenmarks
suspekt	verdächtig
Sympathicotonus	Leistungszustand des vegetativen Nervensystems
Symphyse	Schambein
Synapsen	Nervenverbindungen
Synergisten	zusammenwirkende Muskelgruppen
Tableau-Bewußtsein	Einstellung auf das Gesamtbild der Umwelt
Tabu	Unantastbares, Verbotenes
Tactus	Tastsinn
Tai-gi-tu	das chinesische Lebenssymbol zweier Tropfen im Kreis
taktil-kinetisch	durch Berührung und Bewegung
Tektonik	Gliederung im Aufbau eines Gebäudes
Tendenz	Entwicklungsrichtung, Streben, Neigung, Absicht
Terminologie	Gesamtheit der in einem Fachgebiet gebrauchten Begriffe
Thalamus	Koordinationszentrum, in dem innere und äußere Empfindungen miteinander verknüpft werden und in affektbetonter Weise gefärbt werden (Lust, Unlust)
theistisch	auf Gott als Schöpfer bezogen
Tonusregulation	sinnvolle Veränderung der Muskelspannung
transponieren	hier: eine Einstellung auf andere Lebenssituationen übertragen
Transsensus	„Über-sich-hinaus-Spüren“, Körperschema erweitern
Transzendete Valenzen	die Grenzen sinnlicher Erfahrung überschreitende Werte
TRS	Tonus regulierendes System
Turgor	durch Flüssigkeiten bedingter Spannungszustand im Gewebe
ulnar	an der Kleinfingerseite liegend
undulierend	wellenartig verlaufend
Urevidenz	nicht mehr widerlegbare Gewißheit
Valenz	Wertigkeit, Entfaltungsstärke
vektoriell	in Richtungswerten ausdrückbar
verbal	sprechend
Vestibular-Apparat	Gleichgewichtsorgan im Innenohr
Vestibulariskerne	Nervenzentrum im Hirnstamm, in dem die Gleichgewichtsreaktionen geschaltet werden
Vigilanz	Wachheit
Vigilität	Vitaltonus, Lebendigkeit
virtuell	scheinbar
visceral	die Eingeweide betreffend
viscero-kutan	Nervenverbindung zwischen Eingeweiden und Hautbezirken
viscero-myotom	Nervenverbindung zwischen Eingeweiden und Rückenmuskulatur
visuell	das Sehen betreffend
Vitaltonus	Lebendigkeitsgrad
VNS	vegetatives Nervensystem = autonomes, unbewußtes NS
vorcognitiv	bevor etwas erkannt wird, bzw. werden kann
vorprädikativ	noch nicht objektbezogen

Yoga-Asanas	Körperhaltungen beim Hatha-Yoga
Za Zen	Japanische Sitzhaltung zur inneren Sammlung
ZNS	Zentral-Nerven-System (ohne vegetatives Nerven-System)

Sachregister

A

B

C

D

E

F

G

H

I

K

L

M

N

O

P

Q

R

S

T

U

V

W

Y

Z